STEIDL

taschenbuch 96

Bernt Engelmann, 1921 in Berlin geboren, erlebte den Zweiten Weltkrieg zunächst als Soldat bei der Luftwaffe, dann als Mitarbeiter eines Wirtschaftsbüros. Er gehörte einer Widerstandsgruppe an, wurde zweimal von der Gestapo verhaftet und erst bei Kriegsende, nach langer »Schutz«haft in Gefängnissen und Konzentrationslagern, aus dem KZ Dachau befreit.

Engelmann arbeitete für den SPIEGEL und das NDR-Fernsehmagazin »panorama«, von 1962 bis zu seinem Tod 1994 war er freier Schriftsteller. Viele seiner Bücher wurden ins Englische, Russische, Französische, Italienische, Polnische, Finnische, Ungarische, Schwedische und Japanische übersetzt.

Sein Werk ist im Steidl Verlag erschienen: »Im Gleichschritt marsch«, »Bis alles in Scherben fällt«, »Wir haben ja den Kopf noch fest auf dem Hals«, »Die unfreiwilligen Reisen des Putti Eichelbaum«, »Richter zwischen Recht und Macht«, »Wir Untertanen«, »Einig gegen Recht und Freiheit«, »Deutschland-Report«, »Berlin«, »Die Aufsteiger«, »Schwarzbuch«, »Du deutsch?«, »Die Beamten«, »Großes Bundesverdienstkreuz«, »Hotel Bilderberg«, »Die Laufmasche«.

Bernt Engelmann

Im Gleichschritt marsch

Wie wir die Nazizeit erlebten

Band 1
1933–1939

Steidl

»Im Gleichschritt marsch« erschien erstmals 1982 im Verlag Kiepenheuer & Witsch, Köln.

Wir senden Ihnen gern unser kostenloses Gesamtverzeichnis zu:
Steidl Verlag, Düstere Straße 4, D-37073 Göttingen

97 98 99 00 9 8 7 6 5 4 3 2 1

Umschlaggestaltung: Klaus Detjen
unter Verwendung eines Fotos von AKG
Satz, Druck, Bindung:
Steidl, Düstere Straße 4, D-37073 Göttingen
Printed in Germany
ISBN 3-88243-502-X

Inhalt ›Im Gleichschritt marsch‹

BERNT ENGELMANN

1933–1939
IM GLEICHSCHRITT MARSCH

Vorbemerkung des Autors

Dieser Schilderung des Lebens in Deutschland während der Nazi-Herrschaft, deren erster Band, ›*Im Gleichschritt marsch!*‹, die Jahre 1932–1939 beschreibt, liegen – neben meinen eigenen Erinnerungen – die Berichte von vielen Personen zugrunde. Ihre Aussagen sind größtenteils wörtlich, anhand von Tonbandaufzeichnungen, in den Text aufgenommen worden.
Dabei wurden – wie es meinen Interviewpartnern von mir zugesichert worden war – die meisten Namen, Orts- und sonstigen Angaben, die auf die wahre Identität der betreffenden Personen schließen lassen könnten, abgeändert. An dem Wahrheitsgehalt ändert sich dadurch nichts.
Alle Schilderungen tatsächlicher Ereignisse wurden, da im Abstand von fast einem halben Jahrhundert Irrtümer und Verwechslungen nicht auszuschließen waren, sorgfältig überprüft und, wo nötig, korrigiert.
Zahlenangaben, zum Beispiel in bezug auf Preise oder Löhne, wurden mit den amtlichen Statistiken verglichen. Ebenfalls zur Überprüfung, besonders von Stimmungsberichten, wurden die vorhandenen Lageberichte des Sicherheitsdienstes (SD) sowie die ›Deutschland-Berichte der Sozialdemokratischen Partei Deutschlands (Sopade)‹ aus den Jahren 1934–1940 herangezogen.

Wie die Republik unterging

Die Herrschaft der Nazis, die sie selbst das ›Dritte Reich‹ nannten, begann für mich nicht erst am 30. Januar 1933, einem Montag. Da wehte, als ich morgens, kurz vor acht Uhr, zur Schule kam, am Mast des kleinen Türmchens auf dem Dach unseres Gymnasiums in Berlin-Wilmersdorf eine große Hakenkreuzfahne. Unter den Schülern und erst recht bei den Lehrern herrschte große Aufregung. Alle standen auf dem Schulhof herum und redeten aufeinander ein. Im Vorübergehen hörte ich, wie ein älterer Lehrer den Hausmeister anfuhr: »Nun holen Sie sie doch endlich herunter! Es ist ein Skandal! Warum stehen Sie hier herum?«
Der Hausmeister antwortete, ziemlich unverschämt grinsend, daß der Schlüssel zur Turmtür verschwunden sei. Der Herr Direktor telefoniere gerade mit der Schulbehörde, die entscheiden solle, was nun zu geschehen habe. Einige ältere Schüler, die dabeistanden, lachten. Einer sagte: »Vielleicht ist Adolf Hitler schon Reichskanzler geworden – dann muß die Fahne natürlich am Mast bleiben!«
»Dann rollen bald Köpfe!« ließ sich ein anderer vernehmen, und der Hausmeister nickte beifällig.
Der Lehrer tat so, als hätte er nichts gehört, und wandte sich ab. Dann wurde es plötzlich still auf dem Schulhof. Alle reckten die Hälse und starrten nach oben, wo jemand aus einer Dachluke kletterte, und als erkennbar wurde, wer der Mann auf dem Dach war und was er dort machte, begannen erst einige wenige, dann immer mehr Schüler und Lehrer Beifall zu klatschen. Die Pfui-Rufe und Pfiffe, die folgten, gingen unter in dem nun schon stürmischen Applaus.
Der Mann auf dem Dach war Dr. Levy, unser Französischlehrer. Wir erkannten ihn daran, daß der linke Ärmel seines Jacketts leer war und lose im Wind flatterte, als er sich von außen über das Dach dem Türmchen näherte, die eiserne Feuerleiter hinaufstieg, sich über das Gitter schwang und die Hakenkreuzfahne einholte.
In der zweiten Stunde hatten wir bei Dr. Levy Unterricht. Alle

Hoffnungen, er würde mit uns über den Vorfall sprechen, wurden enttäuscht. Die Stunde verlief wie gewöhnlich: Wir nahmen ein neues Stück durch, und dann schrieb Dr. Levy die unregelmäßigen Verben an die Tafel. Die Reihe wurde immer länger, und als die Tafel voll war, schob er sie nach oben, um auf der zweiten, bisher verdeckten Tafel die letzten, noch fehlenden Verben anzuschreiben. Aber da standen bereits, in großen Blockbuchstaben, zwei Worte: SALOPE JUIF!

Diese Vokabeln waren uns unbekannt, und auch Dr. Levy, so schien es zunächst, wußte damit nichts anzufangen. Jedenfalls starrte er kopfschüttelnd auf die Tafel. Dann drehte er sich zur Klasse um und fragte: »Hat jemand von euch das geschrieben? Nein? Ich glaube es euch – in dieser Klasse gibt es keinen, dem ich so etwas zutraue . . . Weiß jemand, was die Worte bedeuten sollen? Nein? Ich dachte es mir . . . Also, ›salope‹ bedeutet umgangssprachlich und figürlich soviel wie ›Sau‹. Das Wort ist auch im Französischen feminin – ›la salope‹ –, und daher müßte das Adjektiv richtig ›juive‹ heißen, nicht ›juif‹. ›Le juif‹ ist die französische Bezeichnung für ›Jude‹, ›juif, juive‹ heißt ›jüdisch‹ . . . Was dort geschrieben steht, könnte also mit ›jüdische Sau‹ übersetzt werden. Gemeint ist vermutlich ›Judensau‹, aber derjenige, der mir diese Beschimpfung zugedacht hat, kann mit der französischen Sprache nicht umgehen und war nicht einmal imstande, aus dem Lexikon richtig abzuschreiben . . .«

Dann nahm er den Schwamm, wischte das Wort ›SALOPE‹ aus und schrieb dafür ein neues Wort. Nun stand ›MANCHOT JUIF‹ an der Tafel. ›Manchot‹, das wußten wir von ihm, war die umgangssprachliche Bezeichnung für Kriegskrüppel, die einen Arm verloren hatten – wie er 1917 bei Arras.

An diesem Tag, dem 30. Mai 1932, fühlten sich die Nazis schon ›so gut wie an der Macht‹, wie ich einen von ihnen sagen hörte, als wir mittags nach Hause gingen. Es war ein Untersekundaner, drei oder vier Jahre älter als ich. Er trug auch in der Schule Breecheshosen, braune Motorradstiefel und unter dem Pullover, den er noch auf dem Schulhof auszog, ein Braunhemd mit Hakenkreuzarmbinde, Koppel und Schulterriemen.

Der Grund für die Siegesgewißheit, die sich unter den Nazis ausgebreitet hatte, war ihr Sieg bei den Landtagswahlen in Oldenburg, wo sie tags zuvor die absolute Mehrheit errungen hatten. Außerdem war der Reichskanzler Brüning, dem der Reichspräsident v. Hindenburg ›das Vertrauen entzogen‹ hatte, soeben zurückgetreten. Viele rechneten damit, daß Hitler Brünings Nachfol-

ger werden würde, obwohl sich erst im April bei den Präsidentenwahlen fast zwei Drittel aller deutschen Wähler gegen ihn entschieden hatten.
Die etwa vierzig Nazis unter den rund 450 Schülern unseres Gymnasiums waren wohl davon überzeugt, daß die Stunde ihres Sieges schon geschlagen hätte. Jedenfalls führten sie sich an diesem Montag so auf; die Flaggenhissung und die Verunglimpfung des einzigen jüdischen Lehrers stellten nur den Auftakt dar zu dem, was sich im Laufe des Vormittags noch ereignete:
In der großen Pause gingen drei Schüler aus der Oberstufe, einer in SA-, die beiden anderen in HJ-Uniform, zum Direktor, um sich über Dr. Levy zu beschweren. Es war eine offene Provokation, denn die Reichsregierung hatte ein striktes Uniformverbot für alle politischen Kampfverbände erlassen. Der Direktor hätte eigentlich sofort die Polizei rufen müssen. Statt dessen hörte er sich an, was die drei gegen Dr. Levy vorbrachten: Er habe als Jude kein Recht, sich in ›deutsche Angelegenheiten‹ einzumischen, außerdem habe er die Fahne der ›Bewegung‹ entweiht! Anstatt die drei hinauszuwerfen, versprach der Direktor ihnen eine ›sorgfältige Prüfung‹ des Falles, und den Studienrat Dr. Levy beurlaubte er ›bis auf weiteres‹. Es sprach sich an der Schule wie ein Lauffeuer herum. Die meisten Schüler waren empört, die Nazis feixten.
So ermuntert, begannen sie mittags, als der Unterricht vorbei war, Jagd auf jüdische Mitschüler zu machen. Ihr erstes Opfer war Philipp Löwenstein, ein schmächtiger, immer sehr blasser Junge von knapp zwölf Jahren aus meiner Parallelklasse.
Vier Hitlerjungen aus der Mittelstufe, alle einen Kopf größer und wesentlich stärker als Philipp, überfielen ihn am Hohenzollerndamm und schlugen ihn mit Fäusten und Schulterriemen so zusammen, daß er aus Mund und Nase blutend am Boden lag und sich vor Schmerzen krümmte. Als einige meiner Klassenkameraden und ich herbeigerannt kamen, ließen sie eilig von ihm ab und zogen sich auf die andere Straßenseite zurück. Einer schrie uns zu: »Wenn Hitler heute an die Macht kommt, dann hängen wir sie alle auf, diese Judensäue!«
Als ich dann mit einiger Verspätung zu Hause am Mittagstisch Platz nahm, erkundigte ich mich als erstes, ob es wirklich stimme, daß Hitler heute zum Reichskanzler ernannt werden würde. Ich war sehr erleichtert, als ich erfuhr, daß sich die Nazis zu früh gefreut hatten. Ich erzählte dann meinen Eltern, was in der Schule passiert war und wie sich unser Direktor von den Hitlerjungen hatte einschüchtern lassen.

»An solcher Feigheit geht die Republik zugrunde«, sagte mein Vater, und meine Mutter meinte, schon auf der letzten Elternversammlung sei ihr einiges aufgefallen: Der Direktor habe zwar erklärt, er werde ›mit äußerster Strenge‹ jede Politisierung seiner Schule verhindern, aber er habe es vermieden, etwas zu sagen, das sich gegen die Nazis richtete. Es ging immer nur gegen die anderen, sagte sie, und das mit sehr markigen Sprüchen. Man erkenne es ja schon am Ton, wenn einer mit den Nazis sympathisiere.
Bald darauf zogen wir von Berlin fort, und ich kam auf eine neue Schule, wo vom ›Dritten Reich‹ glücklicherweise noch nichts zu spüren war.
Seitdem sind fast fünfzig Jahre vergangen, und zwölf davon *waren* dann das ›Dritte Reich‹, die Jahre der Nazi-Herrschaft. Sie haben meine Generation geprägt, die Hoffnungen der einen gründlich zerstört, die schlimmsten Befürchtungen der anderen noch bei weitem übertroffen. Und dennoch begegnet man mitunter Überlebenden dieser Jahre, an denen die größte Katastrophe der neueren deutschen Geschichte anscheinend spurlos vorübergegangen ist.

1. Schatten der Vergangenheit

»Hören Sie, lieber Doktor, dieses ewige Verhandeln, das ist doch Quatsch, das führt doch zu nichts! Die einzige Sprache, die der Russe versteht, ist eiserne Härte! Nachgeben ist Schwäche, und die nutzt er sofort aus. Er muß die Überlegenheit zu spüren bekommen, glauben Sie mir das!«

Es war in Detmold, im Herbst 1981. Der Herr am Nebentisch des Hotelrestaurants, in dem ich zu Mittag gegessen hatte, redete so laut, daß ich die Lektüre der ›Lippischen Rundschau‹ unterbrach und zu ihm hinsah. Es war ein hochgewachsener Endsechziger mit kurzgeschnittenen grauen Haaren, ein sonnengebräunter, energischer Managertyp. Am Revers seines dunkelblauen Blazers trug er ein winziges Rotarierabzeichen.

»Stellen Sie sich vor, lieber Doktor, die Sowjets greifen *uns* wieder an! Dann helfen keine wirtschaftlichen Sanktionen und keine bloßen Proteste ... Man darf beim Russen keinen Zweifel daran aufkommen lassen, daß man selbst der Stärkere ist, sonst fällt er erbarmungslos über einen her. Ich kenne doch den Iwan! Damals, im Dezember '43, westlich von Kiew, bei Schitomir, da war ich als junger Dachs ...«

Während er nun von seinen Kriegserlebnissen erzählte, rechnete ich nach: 1943/44, als die sowjetischen Truppen bei ihrer großen Gegenoffensive eine deutsche Armee nach der anderen eingekesselt und aufgerieben hatten, mußte dieser Herr am Nebentisch schon etwa dreißig Jahre alt gewesen sein, jedenfalls alt genug, um gewußt zu haben, daß der Krieg im Osten mit einem *deutschen* Überfall, erst auf Polen, dann auf die Sowjetunion, begonnen hatte, und wer dann mit wem ›erbarmungslos‹ umgegangen war.

Er erzählte gerade seinem Gesprächspartner – der sich mir dann mehrmals, etwas verlegen, zuwandte, wie wenn er für den anderen um Entschuldigung bitten wollte –, daß er damals ›Panzerführer bei der Leibstandarte‹ war; daß er sich freiwillig zum Fronteinsatz im Osten gemeldet hatte. Ich mußte an jemanden denken, der vor vielen Jahren ebenfalls in Rußland gewesen war und damals ganz ähnlich geredet hatte: ›Hart durchgreifen‹, ›keine Schlappheit‹, ›Volkstumskampf‹ und ›staatspolitische Notwendigkeiten‹ ... Schon seit Tagen verfolgten mich solche und ähnliche Erinnerungen, immer wieder wachgerufen durch irgendwelche Äußerungen anderer, die ich zufällig gehört oder gelesen hatte. Am Morgen dieses Tages, im Speisewagen des Zugs, mit dem ich von Köln nach Bielefeld gereist war, hatten sich zwei Herren über die Lage in Mittelamerika unterhalten. Der eine hatte die Militärs verteidigt, die sich der Guerilleros – ›Das sind doch Partisanen, und da gibt's bekanntlich kein Pardon!‹ – anders als durch sehr drastische ›Maßnahmen‹ nicht mehr erwehren könnten.

»Wo gehobelt wird, fallen Späne«, hatte er noch hinzugefügt und damit meine Erinnerung an eine Zeit wachgerufen, als dieses Sprichwort immerzu zur Entschuldigung von Greueltaten herhalten mußte, wie sie unser Land seit dem Dreißigjährigen Krieg nicht mehr erlebt hatte.

Später, beim Umsteigen in Bielefeld, als ich durch die Unterführung zum Zug nach Detmold gegangen war, hatte ich die mit schwarzer und roter Farbe an die Tunnelwand gemalten Parolen gelesen: ›Türken raus!‹, ›Ali go home‹ und ein paar Meter weiter ›Haut ab ihr Judenschweine‹. In demselben Tunnel, so hatte ich mich erinnert, waren am 10. November 1938, vor fast auf den Tag genau dreiundvierzig Jahren, mehrere tausend jüdische Männer aus ganz Westfalen auf dem Weg ins KZ Buchenwald von SS-Leuten mit Lederpeitschen ›bearbeitet‹ worden; auf den Steinstufen der Treppe gegenüber hatten sie den 75jährigen Rabbiner mit Stiefeltritten ›erledigt‹ ...

Und jetzt, im Hotelrestaurant in Detmold, sagte der grauhaarige Manager mit dem Rotarierabzeichen gerade zu dem anderen Herrn an seinem Tisch: »Ach, Sie haben ja keine Ahnung, Doktor! Für uns gab es doch damals nicht den geringsten Zweifel an unserer guten Sache und am Endsieg. So sind wir doch aufgewachsen und erzogen worden – zu Hause, in der Schule und bei der HJ. Ich war ja schon *vor* '33 dabei. Beinahe wäre ich deshalb noch kurz vor dem Abitur vom Gymnasium geflogen ...«

Er lachte fröhlich und erzählte, daß seine Familie damals ihren ganzen Einfluß habe aufbieten müssen, damit er mit einer Verwarnung davonkam. Man habe ihm seinen ›jugendlichen Idealismus‹ zugute gehalten.

»Wir verstanden uns natürlich vor allem als Schutzwall gegen die rote Gefahr ... Vergessen Sie nicht, Doktor, daß ein bolschewistischer Umsturz drohte! Denken Sie an die sechs Millionen Arbeitslosen, die es 1932 gab! Wir kleinen Fabrikanten wären doch die ersten gewesen, die sie aufgehängt hätten!« Sein Gegenüber machte einen Einwand.

Ich konnte nicht verstehen, was er sagte, aber gewiß fand er, daß der Grauhaarige die Ängste der Detmolder Bürger übertrieben dargestellt hatte. Jedenfalls gab dieser nun zu, daß die Kommunisten in Detmold keine große Rolle gespielt hätten; daß die Mehrheit der Bevölkerung, zumal auf dem Lande, ›national gesinnt‹ gewesen wäre.

»Auch die meisten Beamten und sogar ein Großteil unseres Personals hatten durchaus gesunde Ansichten«, sagte er. Er erinnerte sein Gegenüber daran, daß die Partei Hitlers, die NSDAP, schon kurz vor der Machtübernahme in Lippe-Detmold einen großen, für den schließlichen Durchbruch entscheidenden Wahlsieg errungen hatte.

»Das war am 15. Januar 1933, zwei Wochen vor der Machtergreifung – erinnern Sie sich, Doktor? Oder waren Sie damals noch nicht hier?«

Diesmal konnte ich die Antwort verstehen. Der als ›Doktor‹ Angeredete erwiderte, daß er sich gerade erst ein paar Tage vor diesem Datum in Detmold niedergelassen hätte.

»Na ja, da kannten Sie sich hier noch nicht aus. Aber gesehen werden Sie es doch auch haben: das Fahnenmeer, die jubelnde Menschenmenge, die ungeheure Begeisterung. Ich werde das nie vergessen! Soviel glückstrahlende Gesichter habe ich weder vorher noch seitdem je wieder gesehen. Es war ein wahrer Freudentaumel ... Am Abend des 30. Januar 1933, als Hitler endlich Reichskanzler geworden war, da holte mein Vater selbst die besten Flaschen aus dem Keller und schrie noch mitten in der Nacht von unserem Balkon immerfort ›Sieg Heil! Sieg Heil!‹ ... Und meine Mutter weinte vor lauter Freude. ›Daß ich *das* noch erleben darf‹, sagte sie, ›jetzt wird alles gut ...‹ Im übrigen ist dann ja alles wirklich sehr korrekt und diszipliniert zugegangen, jedenfalls hier in Detmold. Daran müssen Sie sich doch auch noch erinnern, Doktor?! Bei uns ist niemandem ein Haar gekrümmt worden – auch später nicht, jedenfalls: soviel ich weiß ...«

Er brach ab.

Vielleicht hatte sein Gesprächspartner eine Bemerkung gemacht, die ihm nicht gefiel. Jedenfalls fuhr der Grauhaarige nach kurzem Zögern in leicht verändertem Ton fort: »Na ja, wir sind inzwischen alle klüger geworden ... Obwohl ich mir manchmal wünsche, unsere heutige Jugend hätte wenigstens halb soviel Disziplin wie wir

damals und etwas mehr Begeisterungsfähigkeit für die wesentlichen Dinge – na, Sie wissen schon ...«
Dann winkte er den Kellner heran, zahlte und erklärte, daß er noch mal ins Werk müsse.
»Morgen früh kommt wichtige ausländische Kundschaft – da gibt's immer noch einiges zu tun ... Also, es hat mich wirklich sehr gefreut, lieber Doktor! Bis auf bald einmal wieder, hoffe ich ...«

Kaum hatte der Grauhaarige den Speisesaal verlassen, wechselte sein Gesprächspartner auf den gerade frei gewordenen Platz. Es war ein kleiner, rundlicher Herr von Mitte Siebzig mit Apfelbäckchen und flinken Augen hinter funkelnden Brillengläsern. Er bestellte sich eine Tasse Kaffee und begann unvermittelt ein Gespräch mit mir.
Nachdem er sich erkundigt hatte, ob ich für längere Zeit in Detmold sei oder nur auf der Durchreise und ob ich mir die Stadt schon angesehen hätte – es lohne sich wirklich –, sagte er: »Also, ganz so braun, wie es der Herr, der an meinem Tisch saß, geschildert hat, war Detmold nun wirklich nicht! Natürlich hatte die Hitler-Partei auch hier in Lippe ihre Anhänger, aber unser Ländchen war keineswegs eine Nazi-Hochburg. Und was Detmold betrifft, so war es – wie im Grunde auch heute noch – eine biedere Kleinstadt mit damals erst etwa achtzehntausend Einwohnern. Die Stadt hatte kaum Industrie. Man sprach zu Recht von der ›stillen Vornehmheit der einstigen Residenz‹ ...«
Er erzählte dann, daß er aus Anklam in Pommern gebürtig sei, in Greifswald studiert hatte und im Januar 1933 als Assistenzarzt nach Detmold ans Krankenhaus gekommen war. Er hatte sich später als praktischer Arzt hier niedergelassen.
»Ich kenne mich in Detmold aus«, erklärte er, »und ich kann Ihnen versichern: Es gab im Lippischen auch vor 1933 eine demokratische Tradition. Das weiß ich von meiner Frau, einer hiesigen Pastorentochter. Bis 1932 waren die Sozialdemokraten die bei weitem stärkste Partei in Lippe-Detmold. Ihr Vorsitzender, der alte Heinrich Drake, genoß allgemeine Achtung. Er war bis zur Machtübernahme durch die Nazis der Chef der hiesigen Landesregierung ...«
Lippe war damals noch selbständig gewesen, ein Land des Deutschen Reichs wie Hessen oder Bayern. Neben der SPD hatten dort vor allem die Nationalliberalen von der Deutschen Volkspartei eine Rolle gespielt. An dritter Stelle standen die Deutschnationa-

len unter Führung von Geheimrat Hugenberg, der auf einem Gut in der Nähe von Detmold lebte. Den vierten und fünften Platz nahmen das gemäßigt konservative Lippische Landvolk und die liberale Staatspartei ein, und erst an siebter Stelle in der Wählergunst, noch hinter den Kommunisten und nur knapp vor dem in Lippe fast bedeutungslosen katholischen Zentrum, kamen die Nazis. Sie hatten bis 1932 im ganzen Ländchen weniger als dreitausend Anhänger und waren kaum mehr als eine Splitterpartei ohne Sitz im Landesparlament. Bei den letzten Landtagswahlen im Freistaat Lippe-Detmold, am 15. Januar 1932, hatte die Nazi-Partei jedoch einen mächtigen Stimmenzuwachs zu verzeichnen gehabt und fast vierzig Prozent der Wähler für sich gewinnen können.
»Aber«, erklärte der alte Herr, »dazu muß man wissen, daß es für die Nazis bei dieser Wahl um Kopf und Kragen ging, und was sie alles anstellten, um diesen Erfolg zu erringen!«
Während der Weltwirtschaftskrise, die 1929 begonnen und sich bis 1932 ständig verschärft hatte, waren durch das wachsende Elend und die Massenarbeitslosigkeit immer mehr Wähler den Parolen der Nazis – ›Gemeinnutz geht vor Eigennutz‹, ›Arbeit und Brot für jeden‹, ›Brechung der Zinsknechtschaft‹ – sowie dem Irrtum erlegen, daß es sich bei der NSDAP tatsächlich um eine nationalsozialistische Partei handelte. Vor allem aus dem untersten Mittelstand hatten sich viele für den ›starken Mann‹ begeistert, der jedem versprach, was er hören wollte, und für alles Elend die Juden verantwortlich machte.
Bei den Reichstagswahlen im Juli 1932 hatte der Zustrom, den die Hitler-Partei aus dem Heer der arbeitslosen kleinen Angestellten, der vor dem Ruin stehenden Kleinbauern und Gewerbetreibenden bekam, seinen Höhepunkt erreicht.
Von da an begannen ihr die Wähler wieder davonzulaufen, und bei den erneuten Reichstagswahlen im November 1932 erlitt die NSDAP im ganzen Reich schwere Rückschläge. Allein im Freistaat Lippe verlor sie fast ein Viertel ihrer Wähler vom Juli, und außerdem drohte der Hitler-Partei die Spaltung.
Der Reichswehrgeneral Kurt v. Schleicher, den der Reichspräsident v. Hindenburg dann mit dem Kanzleramt betraute, versuchte im Dezember, sich die ihm fehlende Mehrheit im Parlament dadurch zu verschaffen, daß er einigen der, wie er meinte, gemäßigteren Nazi-Führer Kabinettsposten anbot. Er verhandelte mit dem ›Reichsorganisationsleiter‹ der NSDAP, Gregor Strasser, gleichzeitig aber auch mit den rechten Sozialdemokraten in der Führung des Allgemeinen Deutschen Gewerkschaftsbundes.

Gegen Jahresende 1932 sahen sich Hitler und seine Getreuen in der Lage von Schwimmern, die sich schon in greifbarer Nähe des rettenden Ufers wähnten und dann feststellen müssen, daß sie die Strömung weit zurückgerissen hat und in den Untergang zu ziehen droht: Die Wähler liefen ihnen davon, der Strasser-Flügel drohte abzufallen und ins Regierungslager überzugehen, und, was für Hitler das Schlimmste war, seine finanziellen Förderer in Industrie und Bankwelt wollten nicht mehr zahlen.

»So boten die Nazis in einer gerade verzweifelten Anstrengung noch einmal alle ihre Kräfte auf, um sich bei den – im Grunde bedeutungslosen – Landtagswahlen in Lippe zu behaupten«, fuhr der alte Herr fort. »Hätten sie nämlich hier erneut eine Schlappe erlitten, und wäre es auch nur ein Minus von zwei-, dreitausend Wählerstimmen gewesen, dann hätten die Leute, auf die es den Nazis ankam, sie endgültig abgeschrieben und fallengelassen. Die Partei wäre dann höchstwahrscheinlich auseinandergebrochen, und dann . . .«

Er machte eine Handbewegung, die zu besagen schien, daß uns Deutschen dann das ›Dritte Reich‹ und Europa der Zweite Weltkrieg mit allen Scheußlichkeiten, die damit verbunden waren, hätten erspart bleiben können.

»In den Tagen um die Jahreswende 1932/33 stand es in Deutschland tatsächlich auf des Messers Schneide, und deshalb kam der sonst belanglosen lippischen Landtagswahl vom 15. Januar 1933 so überaus große Bedeutung zu! Die Nazi-Führung war sich dessen auch bewußt. Jedenfalls machten Hitler und Goebbels den Detmolder Landtag zum Ziel des gewaltigsten Propagandafeldzugs, den es bis heute jemals in Deutschland bei einer Wahl gegeben hat. Glauben Sie mir, als ich Anfang Januar '33 als junger Arzt nach Detmold kam – mitten in diesen Wahlkampf hinein! –, da wäre ich am liebsten gleich umgekehrt. Sie können sich nicht vorstellen, was damals über Lippe-Detmold hereinbrach!«

Das Ländchen, an Fläche nur ein Viertelprozent des Reichsgebiets und mit weniger Einwohnern als eine mittlere Großstadt, erlebte dann tatsächlich einen beispiellosen Wahlkampf. Die Nazi-Führung bot ihre letzten Reserven an Geld und Propagandamaterial auf, holte aus dem ganzen Reich Redner, Agitatoren, Redakteure und Helfer herbei und setzte zu einem Großangriff auf die Gunst der knapp hunderttausend lippischen Wähler an. Mehrere tausend SA- und SS-Leute aus anderen Gegenden wurden nach Lippe-Detmold geschafft – alles mit dem Ziel, den Verfall der Partei aufzuhalten und die Geldgeber sowie die bürgerliche Presse und damit die öffentliche Meinung mit einem neuerlichen spektakulären Wahlsieg zu beeindrucken. Denn ein weiterer Rückschlag wäre für Hitler und die NSDAP katastrophal gewesen.

»Stellen Sie sich vor«, fuhr der alte Herr fort, »innerhalb von nur zehn Tagen, vom 4. bis zum 14. Januar, mußte unser Ländchen *neunhundert* Veranstaltungen der Nazis über sich ergehen lassen! Neunzig Parteiredner waren hier eingesetzt. Hitler selbst sprach in diesen zehn Tagen hier auf *sechzehn* Großkundgebungen! Die örtliche Nazi-Zeitung, der ›Lippische Kurier‹, brachte täglich Sonderseiten und Extrablätter heraus, und die ihre Kampfparolen grölenden SA-Kolonnen marschierten von früh bis spät durch die Dörfer und Städtchen. Auf jedem Marktplatz spielte eine SA-Kapelle oder ein Spielmannszug stundenlang Marschmusik, und Dutzende von Lautsprecherwagen fuhren durch das Land.«

Er machte eine Pause und sah mich triumphierend an.

»Wissen Sie, warum ich Ihnen das erzähle? Nun, ich will es Ihnen sagen: Weil trotz dieser beispiellosen Wahlkampfanstrengungen, trotz aller Tricks, Versprechungen und massiven Einschüchterungsversuche am 15. Januar 1933 dann doch mehr als sechzig Prozent der lippischen Wähler *nicht* für die Nazis gestimmt haben! Gewiß, die Hitler-Partei brachte es auf insgesamt etwa 39000 Stimmen – das waren knapp sechstausend mehr als bei den Reichstagswahlen zwölf Wochen zuvor und immer noch zweitausend weniger als im Juli 1932. Aber die Nazis schafften es damit, den Eindruck zu erwecken, daß der Trend sich wieder zu ihren Gunsten gewendet habe.«

Ich erfuhr dann noch, daß auch die Linken – Sozialdemokraten und Kommunisten – es am 15. Januar 1933 in Lippe auf über vierzigtausend Stimmen, also mehr als die Nazis, gebracht hatten. Aber das war, trotz der erheblichen Zugewinne von SPD und KPD, von der Presse kaum beachtet worden. Alle Zeitungen hatten in ihren Schlagzeilen auf den ›Sieg der Hitler-Partei‹ hingewiesen, obwohl die demokratischen Parteien – von der SPD bis zu den Konservativen – von fast 50000 lippischen Wählern unterstützt worden waren, gegen 39000 Stimmen für die Nazis und 11000 für die Kommunisten.

»So wurde genau der von Hitler gewünschte Eindruck erzielt: Die NSDAP hatte wieder zugenommen und war zur stärksten Partei in Lippe geworden. Damit senkte sich die Waage zugunsten der Nazis, und vierzehn Tage später wurde Hitler von Hindenburg zum Reichskanzler ernannt.«

»Und wie wirkte sich das für das Land Lippe-Detmold aus?« erkundigte ich mich. »Hitler muß den lippischen Wählern doch sehr dankbar gewesen sein.«

Der alte Herr schüttelte den Kopf.

»Von Dankbarkeit konnte nicht die Rede sein, im Gegenteil. Unser Ländchen verlor seine Selbständigkeit, auf die es so stolz gewesen war. Es wurde dann, zusammen mit anderen Kleinstaaten, von einem Reichsstatthalter diktatorisch regiert. Der neugewählte Landtag wurde nach Hause geschickt und nicht mehr gebraucht ... Aber davon ahnten die Leute noch nichts, als sie am 30. Januar 1933 Hitlers Einzug in die Reichskanzlei feierten. Es jubelten ja ohnehin nur die Anhänger der Nazis – die ›schweigende Mehrheit‹, fast zwei Drittel der hiesigen Bevölkerung, hatte keinen Grund zum Feiern und blieb an diesem Tag zu Hause ...«

Er schwieg und schien das Gespräch beenden zu wollen. Aber nun hatte ich noch eine Frage: »Können Sie sich an diesen 30. Januar 1933 noch erinnern?«

Er schien ein wenig überrascht.

»Aber gewiß«, sagte er nach einem Augenblick des Überlegens, »ich erinnere mich noch recht genau: Ich war damals erst vier Wochen in Detmold, arbeitete am Krankenhaus und hatte als jüngster Assistenzarzt Spätdienst in der Ambulanz. Ich weiß noch, wie mir die Oberschwester ganz aufgeregt erzählte, daß Hitler Reichskanzler geworden sei. ›Ist das nicht wunderbar?‹ sagte sie. ›Jetzt wird bestimmt alles besser!‹ Ich lachte darüber. Ich interessierte mich überhaupt nicht für Politik. Später, in der Teepause, fiel mir ein, daß mein Vater – er war Studienrat – gesagt hatte, wenn Hitler an die Macht käme, hätten wir bestimmt bald wieder Krieg. Ich hielt das für übertrieben, außerdem schreckte mich der Gedanke nicht sehr, denn mir als Mediziner, so sagte ich mir, kann ja auch im Krieg nicht viel passieren. Ärzte bleiben zu Hause oder arbeiten in einem Lazarett. Nein, ich machte mir keine großen Sorgen wegen der Nazis ...«

»Auch keine Hoffnungen?«

Er schien nachzudenken. Schließlich sagte er: »Ich habe mich damals tatsächlich gefragt, ob mir die ›Machtergreifung‹ Hitlers nützen könnte. Ich hatte in Greifswald studiert, und von meinen Kommilitonen war mir immer wieder gesagt worden, daß die Berufsaussichten für uns Mediziner von Jahr zu Jahr schlechter würden, weil es zu viele Ärzte in Deutschland gebe. Wenn aber Hitler an die Macht käme, dann würde er die jüdische Konkurrenz ›ausschalten‹, und dann hätte jeder von uns ›Ariern‹ seine eigene, auskömmliche Praxis ...«

Er warf mir einen raschen Blick zu, als erwartete er einen Einwand. Aber da ich schwieg, fuhr er fort: »Das war natürlich Unsinn – es gab damals, 1932/33, etwa fünfzigtausend zugelassene Ärzte im ganzen Deutschen Reich. Das waren weniger als die Hälfte dessen, was es heute allein in der Bundesrepublik an Ärzten gibt. Aber viele sahen damals in den knapp zehntausend jüdischen Ärzten eine ernste Gefahr für unseren Berufsstand. Man beneidete die jüdischen Kollegen, weil sie den stärksten Zulauf an Patienten hatten und so viele der berühmtesten Mediziner Juden waren. Dagegen waren die Aussichten für Leute wie mich, einen Beamtensohn ohne Vermögen, bald eine eigene Praxis eröffnen zu können, nicht gerade rosig ...«
Er brach ab, aber ehe ich etwas dazu sagen konnte, setzte er eilig hinzu: »Sie dürfen mich, bitte, nicht mißverstehen! Ich war durchaus kein wilder Antisemit. Wir hatten zu Hause jüdische Nachbarn, mit denen wir uns ganz gut verstanden, und meine Eltern riefen, wenn es nötig war, immer unseren jüdischen Hausarzt, den alten Dr. Marcuse. Nein, ich hatte wirklich keine Vorurteile! Außerdem stellte ich mir unter der von den Nazis versprochenen ›Ausschaltung‹ der jüdischen Konkurrenz nichts Schlimmes vor – vielleicht eine zeitweise Beschränkung der Zulassung oder etwas Ähnliches ... Möglicherweise habe ich mir da auch nur etwas vorgemacht, denn im Grunde konnte man ja ahnen, was von den Nazis zu erwarten war.«
»Wie meinen Sie das?«
»Nun, mir haben die Nazis jedenfalls immer Angst eingeflößt – mit ihrem brutalen Auftreten, ihrem Hang zur Gewalttätigkeit und ihrer blutrünstigen Sprache ... Am Abend des 30. Januar 1933, als ich in der Ambulanz Dienst hatte, bekam ich auch gleich einen Vorgeschmack von dem, was ihren Gegnern bevorstand. Ich hatte alle Hände voll zu tun mit den vielen Verletzten, die eingeliefert wurden – Kommunisten, Reichsbannerleute, mehrere jüdische Geschäftsinhaber, der Verwalter vom Konsumverein ... Sie waren von der siegestrunkenen SA zusammengeschlagen worden. Und dann die Hetze in den Zeitungen! Am ärgsten ging es damals gegen Fechenbach, den Redakteur des sozialdemokratischen ›Volksblatts‹ – sagt Ihnen sein Name etwas?«
Felix Fechenbach war der engste Mitarbeiter Kurt Eisners gewesen, des ersten bayerischen Ministerpräsidenten nach der Revolution von 1918. Der den Rechtsextremisten besonders verhaßte, bei der Münchner Arbeiterschaft sehr populäre Sozialist Eisner war im Februar 1919 ermordet worden, und danach hatte die politische

Rechte ein Kesseltreiben gegen Fechenbach begonnen. 1922 war Fechenbach wegen angeblichen Landesverrats zu einer elfjährigen Zuchthausstrafe verurteilt worden. Es hatte sich um Rachejustiz an einem ohne Zweifel Unschuldigen gehandelt. 1924 war Fechenbach dann unter dem Druck der empörten Öffentlichkeit ›begnadigt‹ und aus dem Zuchthaus entlassen worden.

»Ich wußte nicht, daß Fechenbach dann in Detmold gewesen ist«, sagte ich. »Kannten Sie ihn persönlich?«

»Ja, ich habe ihn einmal behandelt. Sie müssen wissen, daß Fechenbach wegen seines mutigen Auftretens gegen die Nazis von diesen als ihr ›Todfeind‹ angesehen wurde. Der ›Lippische Kurier‹ hatte wochenlang eine regelrechte Mordhetze gegen den ›Juden und Volksverräter‹ Fechenbach betrieben. Dann, etwa vier, fünf Wochen nach der Machtübernahme durch die Nazis, an einem Sonntag im März '33 – es war wohl am Tage der Reichstagswahl, wenn ich mich recht erinnere – wurde Herr Fechenbach von vier SA-Männern auf offener Straße überfallen und zusammengeschlagen. Ich habe es noch deutlich vor Augen, wie er da vor mir auf der Trage lag, kaum sprechen konnte, aber die geschwollenen, blutigen Lippen zu einem mühsamen Lächeln verzog und zu mir sagte: ›Ich hatte eine kleine Karambolage mit den Nazis, Herr Doktor. Sie mögen mich nicht, und das beruht auf Gegenseitigkeit . . .‹ Ein sehr tapferer Mann war er . . .«

»Und was ist aus ihm geworden?«

»Nachdem ich ihn versorgt hatte, erkundigte ich mich, ob ich seine Familie verständigen sollte. Da sagte er, er hätte seine Frau und seine beiden Kinder schon gleich nach dem 30. Januar von Detmold weg in Sicherheit gebracht. Ich fragte ihn, warum er nicht auch sofort abgereist sei, und er antwortete: ›Sie können mich dumm nennen, Herr Doktor, aber ich kann doch nicht einfach davonlaufen! Die Arbeiter hier vertrauen mir doch, und ich will nicht, daß sie mich für feige und treulos halten . . .!‹ Ein paar Tage später – er war gerade erst aus dem Krankenhaus entlassen – wurde Herr Fechenbach von den Nazis in ›Schutzhaft‹ genommen – um ihn ›vor dem Volkszorn zu schützen‹, wie es in der Zeitung damals hieß. Ich erinnere mich noch genau an das Foto in der ›Lippischen Landeszeitung‹, das ihn zwischen grinsenden Hilfspolizisten in SA- und SS-Uniform zeigte. Daneben waren Bilder vom besetzten Volkshaus, von SA-Posten vor dem Laden der Konsumgenossenschaft und vor einem jüdischen Schuhgeschäft. Die Überschrift lautete: ›Bewegtes Straßenbild in Detmold‹ oder so ähnlich.«

»Das war ja fast noch objektive Berichterstattung ...«
»Ja, die ›Landeszeitung‹ als bürgerliches Blatt war sehr zurückhaltend, und zwischen den Zeilen spürte man sogar manchmal Kritik. Die Nazi-Zeitung hingegen schrieb ganz offen von ›Abrechnung‹, und daß dies erst der Anfang sei.«
»Und Fechenbach kam ins KZ?«
»Sie hatten ihn zunächst ins Detmolder Gefängnis eingeliefert, aber einige Zeit später stand eine Meldung in den Lokalblättern, die lediglich besagte, er sei bei seiner Überführung in ein Konzentrationslager ›auf der Flucht erschossen‹ worden. Aber niemand in Detmold bezweifelte, daß der den neuen Machthabern als Sozialdemokrat und Jude besonders verhaßte Fechenbach ermordet worden war.* Das sprach zwar niemand offen aus, aber hinter vorgehaltener Hand flüsterte man sich zu, daß ›das‹ doch unerhört sei.«
Im Sommer 1933 hatten sich tatsächlich die meisten Deutschen den neuen Verhältnissen schon anzupassen versucht, zumindest äußerlich. Es gab kaum noch offen geäußerte Kritik an den zahlreichen Rechtsverletzungen, die sich die Nazis zuschulden kommen ließen. Viele ehemalige Anhänger der demokratischen Parteien waren – oft nur aus Angst – der NSDAP beigetreten.
Vor allem die Geschäftsleute und die Beamten hatten sehr schnell ihr Mäntelchen nach dem Wind gehängt.
»Auch ich bin damals, wie die meisten, den Weg des geringsten Widerstands gegangen«, gab der alte Herr offen zu. »Ich habe brav ›Heil Hitler‹ gesagt, wo es nötig schien, und bin der NS-Ärzteschaft beigetreten, außerdem noch einigen anderen der vielen Nazi-Organisationen, zum Beispiel der NS-Volkswohlfahrt, dem Reichsluftschutzbund und was es noch so alles gab – natürlich als reiner Beitragszahler! Beinahe hätte mich unser Oberarzt, der ein strammer Nazi war, dazu gebracht, mich als Sturmbannarzt bei der SS aufnehmen zu lassen. Zum Glück war ich ein paar Zentimeter zu kurz geraten für die SS, und auch nicht blond genug ... Ich habe dann so getan, als ob mir das sehr leid täte ...«
»Sie lehnten also das Regime innerlich ab?«
»Ach, wissen Sie, ganz ehrlich gesagt: Ein entschiedener Gegner der Nazi war ich damals noch nicht. Ich fand ihr Vorgehen häufig empörend – die Mißachtung aller rechtsstaatlichen Normen und die Brutalität, mit der sie Wehrlose terrorisierten –, ja, und ich

* Der ›Fall Fechenbach‹, von den Anfängen der Auseinandersetzung mit den deutschen Rechten bis zu Fechenbachs Ermordung, ist ausführlich geschildert in einer Biographie von Hermann Schueler, *Auf der Flucht erschossen. Felix Fechenbach 1894–1933.* Köln 1981.

hatte auch Angst, selber politisch anzuecken. Ich bin jedem Gespräch darüber aus dem Wege gegangen und habe den Mund gehalten.«
Er gab dann auch zu, daß ihm einiges, was damals geschah, durchaus imponiert hätte.
»Das mit der ›Volksgemeinschaft‹ und der ›nationalen Wiedergeburt‹, die ganze Aufbruchstimmung des Jahres 1933 – das hat mich nicht kalt gelassen. Ich fand auch richtig, daß endlich etwas gegen die Massenarbeitslosigkeit getan wurde. Die Winterhilfe war eine großartige Sache. Für die Beseitigung des Elends und für stabile Verhältnisse konnte, so meinte ich, gar nicht genug getan werden. Daß das meiste nur Propaganda war, merkte ich damals noch nicht, und was die zahlreichen unliebsamen Begleiterscheinungen betraf, so habe ich mir eingeredet, daß mich das nichts anginge. Ich war schließlich kein Jude und auch kein Sozialdemokrat oder gar ein Kommunist ... Also habe ich zu allem geschwiegen und mich damit getröstet, daß es sich dabei nur um Übergangserscheinungen handeln könnte. So wie mir ist es wohl den meisten damals ergangen.«
Er trank seinen Kaffee aus, und ebenso unvermittelt, wie er das Gespräch mit mir begonnen hatte, beendete er es nun. Er zahlte, ließ sich vom Kellner in den Mantel helfen, wünschte mir noch einen angenehmen Aufenthalt in Detmold und verließ das Restaurant.

»Haben Sie noch einen Wunsch, mein Herr?« erkundigte sich der Kellner, während er den Nebentisch bereits abräumte. Außer ihm und mir war niemand mehr im Lokal.
Ich zögerte, mir noch einen Kaffee zu bestellen. Ich sah auf die Uhr: Es war zwanzig Minuten vor drei ... – ich hatte noch sehr viel Zeit bis zu meiner Verabredung, und das unfreundliche Herbstwetter lud nicht zum Spazierengehen ein.
Der Kellner schien meine Gedanken zu erraten.
»Bis drei Uhr ist geöffnet«, sagte er. »Ich bringe Ihnen gern noch einen Kaffee ...«
Nachdem er ihn serviert hatte, blieb er am Ende des Tisches stehen.
»Im Januar '33«, teilte er mir mit, »war ich hier Pikkolo, im dritten Lehrjahr. Ich bin Jahrgang 1916 – bis 1934 habe ich es in Detmold ausgehalten. Ich war dann mal hier, mal da. Jetzt, wo ich bald in Rente gehe, arbeite ich wieder, wo ich einmal angefangen habe. Es hat sich nicht viel verändert seit damals, bis auf einige Gäste ...«

Er wandte sich zur Seite und deutete mit dem Kinn auf einen Tisch, der mit einer Holzwand vom übrigen Lokal zur Hälfte abgetrennt war.
»Da in der Nische«, sagte er, »da saßen immer die Herren im Braunhemd: der Herr Redakteur Pommerenke vom ›Lippischen Kurier‹, Herr Dr. Schröder von der Gauleitung, Herr Sturmführer Segler ...«
Er nannte noch einige Namen.
Offenbar hatte er einiges mit angehört, was mir der alte Arzt über die Nazizeit in Detmold erzählt hatte, und wollte mich wissen lassen, daß er auch etwas darüber berichten könnte, sofern ich Wert darauf legte.
Ich nickte ihm aufmunternd zu.
»Manchmal kam auch Herr Dr. Meyer. Das war der Gauleiter und später sogar der Reichsstatthalter. Wenn der da war, wurde es immer sehr spät ...«
Einmal, so erzählte er dann, habe es einen Zwischenfall gegeben, an den er sich noch genau erinnere.
Etwa drei Wochen nach der ›Machtergreifung‹, im Februar 1933, hätten die Herren Pommerenke und Segler in angeheitertem Zustand ihn, den Pikkolo, damit beauftragt, einem der im gutbesuchten Lokal sitzenden Gäste, dem Rechtsanwalt Dr. Rosenbaum, einen Zettel zu überbringen. *›Saujud, verschwinde!‹* lauteten die ersten Worte, die darauf standen.
Es sei ihm sehr peinlich gewesen, erzählte der Kellner, aber er habe nicht gewagt, die Ausführung des Auftrags zu verweigern. Dr. Rosenbaum war dann aufgesprungen, ganz rot im Gesicht. Er hatte geschrien: »Ich bin Frontkämpfer! Zweimal verwundet vor Ypern und Verdun! Ich bin Vizefeldwebel der Reserve und habe das Eiserne Kreuz Erster und Zweiter Klasse! Muß ich mir das bieten lassen?!«
Dr. Rosenbaum hatte dann den Zettel bei den anderen Gästen im Lokal herumgezeigt, aber alle hatten verlegen weggesehen und geschwiegen. Es war plötzlich ganz still gewesen, so still, daß man das Klappern der Töpfe aus der Küche hatte hören können.
»Dann hat der Sturmführer Segler plötzlich in die Stille hineingerufen: ›Nun hau schon ab, du Saujud! Oder sollen wir dir Beine machen?!‹, und der Herr Redakteur Pommerenke hat laut gelacht. Herr Dr. Rosenbaum ballte die Fäuste und fing am ganzen Körper zu zittern an. Ich dachte schon, jetzt passiert etwas Schlimmes, aber der Herr Dr. Rosenbaum hat sich dann nur umgedreht, Geld auf den Tisch gelegt und ist rasch gegangen, ohne noch ein Wort

zu sagen. Er war ein guter Gast, der Herr Dr. Rosenbaum. Er gab immer ein sehr nobles Trinkgeld . . .«

An dem letzten Abend, so erfuhr ich dann, hatte der jüdische Rechtsanwalt einen Zwanzigmarkschein liegen lassen. Das war natürlich viel zuviel gewesen, denn seine Zeche hatte nur 3,80 RM betragen.

»Als ich dem Oberkellner dann den Schein gab, sagte er zu mir: ›Lauf hinterher und bring dem Herrn Doktor das Wechselgeld . . .‹ Aber ich habe ihn auf der Straße dann nicht mehr gesehen . . . Wissen Sie, mein Herr, 16,20 Mark – das war damals sehr viel Geld – das war fast auf den Pfennig soviel, wie mein Vater damals an wöchentlicher Arbeitslosenunterstützung für eine vierköpfige Familie bekam . . .«

Er hatte deshalb das Geld, das von Dr. Rosenbaums Zeche übriggeblieben war und das er nicht mehr hatte loswerden können, seiner Mutter geben wollen. Aber sie hatte ihm aufgetragen, es am nächsten Morgen vor Beginn seines Dienstes dem Herrn Dr. Rosenbaum in die Wohnung zu bringen. Der brauchte, so hatte sie ihrem Sohn erklärt, das Geld jetzt vielleicht noch dringender als sie.

Als er dann kurz nach sechs Uhr in der Frühe an der Wohnungstür des Rechtsanwalts klingelte, da dauerte es eine ganze Weile, ehe sich etwas rührte. Er wollte schon wieder gehen, als die Tür geöffnet wurde. Herr Dr. Rosenbaum stand da, in Hut und Mantel. Er war ganz blaß, und am Mantel trug er eine breite Spange mit Kriegsauszeichnungen.

»Er starrte mich an, und ich mußte ihm erst erklären, wer ich sei und was ich wollte. Dann erkannte er mich, stellte die Tasche ab, die er in der Hand hielt, und lehnte sich an den Türpfosten. Er hatte wohl erwartet, von der Hilfspolizei abgeholt zu werden. Die kamen nämlich immer ganz früh am Morgen, damit die Nachbarschaft nichts merkte. Ich gab ihm dann das Geld. Er wollte mir eine Mark schenken, aber ich habe sie nicht genommen. Der Oberkellner, dem ich alles erzählt habe, sagte nur: ›Man schämt sich, ein Deutscher zu sein . . .‹ Ich habe das nie vergessen.«

Ein paar Tage später, gleich nach dem Reichstagsbrand in Berlin, den die Nazis den Kommunisten in die Schuhe geschoben hatten, war, so erzählte der Kellner weiter, sein Vater verhaftet worden. Er war Gewerkschaftssekretär und Sozialdemokrat, hatte sich nie etwas zuschulden kommen lassen und konnte es gar nicht begreifen, was man von ihm, einem Kriegsteilnehmer und rechtschaffenen Mann, eigentlich wollte.

Erst sechs Wochen später hatte die Familie eine Nachricht von ihm bekommen: ›Bin in Schutzhaft. Es geht mir gut.‹ Bald danach hatte man ihn freigelassen.
»Mein Onkel, der Bruder meiner Mutter«, erzählte der Kellner, »war nämlich der SA-Sturmführer Segler. Der hat sich schließlich von meiner Mutter dazu bewegen lassen, etwas für meinen Vater zu tun. Es muß ihr sehr schwergefallen sein, ihren Bruder um Hilfe zu bitten. ›Segler, der größte Faulpelz von Lippe-Detmold‹, wie die Leute von ihm sagten, hatte sich 1920 einem dieser Freikorps angeschlossen, die im Ruhrgebiet und in Thüringen gegen die Arbeiterschaft eingesetzt wurden. Als es Anfang 1924 damit endgültig vorbei war, wurde er Wachmann bei Oetker in Bielefeld, bis ihn die Firma hinauswarf – wegen einiger Diebstähle . . . Von da an lag er seiner Mutter und seinen Geschwistern auf der Tasche, bis ihn eines Tages ein ehemaliger Freikorpsleutnant damit beauftragte, in Lippe einen neuen SA-Sturm aufzubauen . . . Diesem Kerl verdankte mein Vater seine Freilassung, und das hat ihn mehr geschmerzt als alles andere. Er ist überhaupt sehr verbittert gewesen nach dieser sogenannten Schutzhaft. Er hat kaum noch mit uns gesprochen, und von Politik wollte er nichts mehr wissen.«
Der Kellner, so berichtete er noch, war Anfang 1934 von Detmold fort und ins Ausland gegangen. 1938 hatte ihn das ›Dritte Reich‹ wieder eingeholt, als das Sudetenland ›heimgeholt‹ worden war. Da hatte er in Karlsbad gearbeitet und war dann zur deutschen Wehrmacht eingezogen worden.

Ich hatte meinen Kaffee längst ausgetrunken. Es war kurz vor drei Uhr, und ich wollte nun gehen.
»Übrigens«, ließ sich der alte Kellner noch einmal vernehmen, nachdem er bei mir kassiert hatte, »in einem Punkt hatte der Herr durchaus recht, der hier vorhin am Nebentisch saß und so laut sprach . . .«
Er nannte einen Namen und eine Firma, und ich begriff, daß er den energischen Grauhaarigen meinte, der von seinen Kriegserlebnissen bei der ›Leibstandarte‹ geschwärmt hatte.
»Er sagte doch, wir seien inzwischen alle klüger geworden«, sagte er. »Sehen Sie, *er* hat nämlich damals, im März '33, dafür gesorgt, daß mein Vater in ›Schutzhaft‹ kam. Er war gerade erst einundzwanzig Jahre alt und spielte sich als Juniorchef auf. Dabei hatte er im Jahr zuvor mit Ach und Krach das Abitur geschafft . . . Kurz vor Weihnachten '32, da stiefelte er schon in SS-Uniform durch den Betrieb und setzte meinen Vater, der zwölf Jahre dort gearbei-

tet hatte, einfach auf die Straße – wegen ›Störung des Betriebsfriedens und Ungehorsams‹. Mein Vater hatte sich geweigert, dem jungen Herrn den Sportwagen zu waschen, noch dazu nach Feierabend ... ›Na, warte, du Marxistenschwein, das wirst du mir büßen‹, waren seine Worte – mein Vater hat es uns oft erzählt, als er dann arbeitslos war ... Na ja, inzwischen ist er ja, wie er selbst sagt, klüger geworden, und morgen erwartet er gute Kunden aus Israel. Er hat bereits den besten Tisch reservieren lassen und ein großes Menü bestellt ...«

»So ist das eben. Aber von der Machtergreifung, da schwärmt er noch heute«, sagte ich und ging zur Tür, um mir Detmolds ›stille Vornehmheit‹ anzusehen.

2. Wie das ›Dritte Reich‹ begann

Ich sah mir Detmolds schöne Altstadt an, auch das ehemals fürstliche Schloß, das Neue Palais und den Lustgarten, die Straße mit dem hübschen Namen ›Rosental‹ und die winkligen Gassen nebenan mit den zahlreichen, sorgsam restaurierten Fachwerkhäusern.

Ich versuchte mir vorzustellen, wie es hier wohl damals, im späten Januar 1933, ausgesehen haben mochte: Das Rosental ein Meer von Hakenkreuzfahnen? Passanten in braunen und schwarzen Uniformen oder mit Partei- und ›Hoheits‹abzeichen am Mantelkragen? Marschkolonnen der Hitlerjugend mit Fanfaren und Trommeln, feixende SA-Posten vor den jüdischen Geschäften und ›Führer‹bilder in den Schaufenstern der ›arischen‹ Läden, zwischen Torten oder Würsten? Überall jener ›nationale Kitsch‹, der dann auch der Nazi-Führung zuviel wurde, und immer irgendwo Marschmusik . . .?

›Es wird in Detmold ähnlich gewesen sein wie überall sonst im Deutschen Reich‹, sagte ich mir, ›nicht anders als bei uns damals . . .‹

Ich bemühte mich, es mir genau in Erinnerung zu rufen. Ich war damals gerade zwölf Jahre alt. Meine Eltern waren ein Jahr zuvor, im Juni 1932, von Berlin, wo ich geboren und aufgewachsen war, nach Düsseldorf gezogen. Ich hatte mich schon ganz gut an die neue Umgebung gewöhnt und besuchte die Quarta eines Gymnasiums, dessen Lehrerkollegium meist dem katholischen Zentrum nahestand, aber in seiner Behandlung des Lehrstoffs und der Schüler eher rheinisch-liberal war. Über die Tagespolitik wurde in der Schule grundsätzlich nicht gesprochen, auch nicht in der Oberstufe. Von der Ernennung Hitlers zum Reichskanzler nahm unser Gymnasium zunächst keine Notiz.

Das ›Dritte Reich‹ begann für mich erst mittags, nach der Schule, als ich mit meinen Eltern und meiner dreizehn Jahre älteren Kusine Lilly, die aus Berlin zu Besuch gekommen war, bei Tisch saß. Mein Vater war während des Essens plötzlich aufgestanden und

hatte sich, trotz eines vorwurfsvollen Blicks meiner Mutter, im Nebenzimmer die Mittagsnachrichten des Westdeutschen Rundfunks angehört. Als er zurück an den Mittagstisch kam, wirkte er, der eben noch ganz heiter war, wie versteinert.
Wir fragten ihn besorgt, was er denn habe, ob ein Unglück geschehen sei. Er sagte nur: »Ja . . .« Und nach einer Pause setzte er leise hinzu: »Hitler ist zum Reichskanzler ernannt worden . . .«
Ich weiß nicht mehr, was dann gesprochen wurde oder ob überhaupt noch jemand etwas sagte. Aber ich kann mich noch deutlich an das entsetzte Gesicht meiner Kusine erinnern. Sie war mit einem jüdischen Arzt verheiratet, der in Berlin-Neukölln, einer Arbeitergegend, seine Praxis hatte.
»Ich muß sofort zurück nach Berlin«, flüsterte sie.
Obwohl ich eigentlich noch zu jung war, die Zusammenhänge zu verstehen, wußte ich sofort, was meine Kusine fürchtete. Dafür hatten die Erlebnisse gesorgt, die ich kurz vor unserem Wegzug aus Berlin an meiner dortigen Schule gehabt und nicht vergessen hatte.
Ich verstand deshalb sehr gut, daß mein Vater Hitlers Ernennung zum Reichskanzler als den Beginn einer entsetzlichen, nunmehr unabwendbaren Katastrophe ansah. Er hatte schon mehrfach und erst ein paar Tage zuvor mit uns darüber gesprochen, was kommen würde, falls die Nazis die Macht übernehmen sollten.
»Sie werden alles zerstören«, hatte er gesagt, »das Recht, die Ordnung, die Kultur – alles, was uns etwas wert ist. Sie werden schlimmer hausen, als wir es uns heute vorstellen können. Hitler wird, sobald er an die Regierung kommt – was Gott verhüten möge! –, sofort mit der Aufrüstung beginnen und einen neuen Krieg vorbereiten. Vier, fünf Jahre wird er dafür brauchen, und noch einmal so lange wird es dauern, bis unser armes Land wieder vollständig geschlagen sein wird. Aber eher werden wir diese Pest bestimmt nicht wieder los . . .«
Ich hatte daraufhin viele Fragen: Ob es denn wirklich so schlimm werden könnte – schließlich gebe es doch die Polizei, die Gerichte und die Reichswehr . . . Ob es nicht möglich und vielleicht auch besser für uns wäre, Deutschland würde den Krieg nicht wieder verlieren? Gegen wen Hitler denn Krieg führen wollte? Gegen Frankreich oder Rußland? Oder ›nur‹ gegen Polen oder die Tschechoslowakei? Etwa auch gegen England?
Er hatte mir dann geduldig erklärt, daß letztlich ganz Europa, auch England, in einen solchen Krieg mit Hitler-Deutschland verwickelt werden würde; daß am Ende auch die Amerikaner wieder

eingreifen würden, und damit wäre dann die Chance eines deutschen Sieges endgültig dahin.
»Aber bis dahin, bis die Nazis abtreten müssen, weil sie den von ihnen angezettelten Krieg verloren haben, können zehn, vielleicht auch zwölf oder noch mehr Jahre vergehen«, hatte er abschließend gesagt. »Das wird eine sehr schlimme Zeit für alle sein, die gegen die Nazis sind, und erst recht für diejenigen, die Hitler zu seinen Sündenböcken machen wird – vor allem für die Juden . . .«
Ich hatte dann noch wissen wollen, ob sich die Übernahme der Regierung durch die Nazis nicht noch verhindern ließe, und mein Vater hatte dazu gemeint: »Vielleicht – wenn sich alle anderen ausnahmsweise nicht gegenseitig bekämpfen, sondern zur Verhinderung einer solchen Katastrophe zusammenschließen würden . . .«
Es hatte nicht sehr hoffnungsvoll geklungen, aber es war für mich die nachträgliche Bestätigung dafür gewesen, daß ich mich instinktiv richtig verhalten hatte, als ich – wovon mein Vater nichts wußte und auch meine Mutter allenfalls etwas ahnte – schon Anfang 1932 in Berlin der Sozialistischen Arbeiterjugend ›Rote Falken‹ beigetreten war. Als Bürgersohn und Gymnasiast aus sogenanntem ›gutem‹, linksliberalem Elternhaus hatte ich dort eigentlich nichts zu suchen, und unter meinen Mitschülern war nur einer, der von meiner Mitgliedschaft etwas wußte, sie billigte und mich sogar darum beneidete. Aber er hatte inzwischen, weil sein Vater, ein Schriftsetzer und aktiver Gewerkschafter, arbeitslos geworden war, die Schule verlassen müssen, und wir hatten den Kontakt zueinander verloren.
Als ›Roter Falke‹ hatte ich auch schon in Düsseldorf Erfahrungen mit den Nazis gemacht. Ich war dabeigewesen, als am Hindenburgwall, in der Nähe des Arbeitsamts, wo immer viele Erwerbslose zu finden waren, antifaschistische Flugblätter verteilt wurden. Es muß kurz vor Weihnachten 1932 gewesen sein, denn ich erinnere mich deutlich, daß die Arbeitslosen zwischen vielen kleinen und größeren Christbäumen herumstanden und sich an den Kanonenöfen der Baumverkäufer aufwärmten. Unter der Hand wurden aus Holland eingeschmuggelter Tabak, Zigarettenpapier, Schokolade und manchmal auch spottbillige japanische Fahrräder gehandelt. Hie und da versuchten braununiformierte SA-Männer mit verlockenden Angeboten von warmen Mahlzeiten aus ihrer Feldküche und Gutscheinen für nagelneue braune Schaftstiefel aus echtem Leder jüngere Erwerbslose zum Eintritt in ihre Organisation zu bewegen.
Gegen diese SA-Werber richtete sich unsere Flugblattaktion. Die

Handzettel, auf denen vor den ›braunen Rattenfängern‹ gewarnt und zum gemeinsamen Kampf aller Antifaschisten gegen die Nazis aufgerufen wurde, fanden bei den Arbeitslosen meist Zustimmung. Viele ermunterten uns, weiterzumachen, und als uns die SA-Leute entdeckten und uns Prügel androhten, gab es immer ein paar Männer, die sich schützend vor uns stellten und die Braunen zum Rückzug zwangen.
Aber einmal sahen wir uns auf dem Heimweg durch den Hofgarten der Rache der Nazis schutzlos ausgeliefert: Da tauchten plötzlich in höchstens noch zwanzig Schritt Entfernung SA-Männer und Hitlerjungen auf, alle weit größer und stärker als wir, deren Anführer gerade fünfzehn Jahre alt war. Wir hatten trotzdem keine Angst vor der Schlägerei, die unausweichlich bevorstand, wenn wir weitergingen. Wir waren noch ganz fröhlich und durchaus bereit, uns kräftig zu wehren.
Aber dann sahen wir den Totschläger, den der größte der Hitlerjungen in der Hand hielt. Es war ein mit gelbem Leder überzogenes Ding mit biegsamem Griff und einer wippenden Stahlkugel daran, so groß wie ein Pingpongball. Wir erkannten auch, gerade noch rechtzeitig, die im matten Laternenlicht bläulich schimmernden Schlagringe an den Fäusten der anderen und sahen den Ochsenziemer in der Hand des einen der beiden SA-Männer.
Da zogen wir es vor, rasch in den Büschen zu verschwinden und dann so schnell wir konnten nach Hause zu rennen. Weil wir bessere Läufer waren als unsere gestiefelten Verfolger, konnten wir sie bald abschütteln. Aber es war ein deprimierendes Erlebnis für uns, vor dem nackten Terror geflohen zu sein. Auf dem nächsten Gruppenabend wurde die Frage diskutiert, ob wir uns ebenfalls bewaffnen sollten. Aber die meisten schlossen sich der Ansicht des Gruppenleiters an, daß es für uns überhaupt nicht in Frage käme, uns nach Art von Strauchdieben mit Schlagringen oder Totschlägern auszurüsten. Unsere Waffen seien die besseren Argumente und die Solidarität aller Antifaschisten. Als einer der Jüngsten verfolgte ich die Diskussion, ohne selbst eine Meinung zu vertreten, aber ich hatte erhebliche Zweifel, ob es richtig war, sich nicht zu wehren. Jedenfalls wußte ich, was mein – von dem Vorfall im Hofgarten nicht unterrichteter – Vater und andere Erwachsene meinten, wenn sie von einer ›Gewaltherrschaft‹ sprachen, der wir ausgeliefert sein würden, falls es Hitler mit seinen Nazis gelingen sollte, an die Macht zu kommen.
Nun, am Mittag des 30. Januar 1933, *waren* Hitler und seine SA bereits an der Macht, und der Sender Langenberg des Westdeut-

schen Rundfunks, aus dem im Jahr darauf der ›gleichgeschaltete‹ Reichssender Köln wurde, hatte die Nachricht bereits ausgestrahlt. Als wir am Abend des Tags der ›Machtergreifung‹ noch einmal Radio hörten, vernahm ich zum erstenmal die Stimme des neuen Reporters. Sie klang ganz anders – nicht mehr unbeteiligt und sachlich, sondern geradezu fanatisch engagiert, den Zuhörern ihre eigene Gläubigkeit und Begeisterung suggerierend.
Ich war damals stumm vor Staunen und zugleich von Grauen erfüllt. Ich fühlte mich an die schwülstigen Phrasen jenes HJ-Führers in Berlin-Wilmersdorf erinnert, der erst Philipp Löwenstein brutal zusammengeschlagen und dann allen Juden mit Aufhängen gedroht hatte, am nächsten Morgen aber vor die Klasse getreten war und erklärt hatte: »Was wir brauchen, ist eiserner Wille zur nationalen Selbstbehauptung, Vaterlandsliebe, Selbstzucht und Opferbereitschaft! Deutschland muß leben, auch wenn wir sterben müssen!«
Während der Rundfunksprecher sich in immer größere Begeisterung hineinsteigerte, dachte ich an mein Erlebnis im Düsseldorfer Hofgarten, an die stählernen Schlagringe und den gefährlich wippenden, mit gelbem Leder überzogenen Totschläger in der Hand des Hitlerjungen.

Viele Jahre später, als das ›Dritte Reich‹ bereits untergegangen war, fand ich im Archiv des einstigen ›Reichssenders Köln‹ den Sprechertext vom Abend des 30. Januar 1933. Während ich ihn las, erging es mir so wie damals, als ich ihn als Zwölfjähriger zum erstenmal gehört hatte: Die Worte erfüllten mich mit Staunen und Ekel zugleich.
»Wie eine Flamme schlägt es über Deutschland auf: Adolf Hitler ist Reichskanzler! Millionen Herzen sind angezündet, Jubel und Dankbarkeit suchen nach einem Ausbruch . . .«
So stand es tatsächlich im Manuskript des Rundfunksprechers, und er sprach diesen Text, wie ich mich deutlich erinnere, so, als versuchte ein von Begeisterung überwältigter Augenzeuge seinen Zuhörern den grandiosen Sieg Caracciolas beim Autorennen um den Grand Prix von Monaco zu schildern: »Ein Zug von hunderttausend Fackeln brandet die Wilhelmstraße herauf . . . Durchs Brandenburger Tor sind sie marschiert, die braunen Kolonnen der SA – als Sieger eines langen, opferreichen Kampfes. Blutrot leuchten die Fahnen, auf weißem Grund das Hakenkreuz – Symbol der aufgehenden Sonne! Ein herrlicher, ein wunderbarer Anblick!
Und *jetzt* – tatsächlich! In diesem Augenblick ertönt von Süden her der harte Marschtritt des ›Stahlhelm‹. Gebannt lauscht die

Menge, die Fackeln wogen ... Überall Fackeln, Fackeln und – jubelnde Menschen! Hunderttausend Kehlen jauchzen ihr *Sieg Heil – Heil Hitler!* in die Nacht!
Und dort, über der jubelnden Menschenmenge und dem Meer von lohenden Fackeln steht, aufrecht und bis ins Innerste ergriffen, der Reichspräsident von Hindenburg, der greise Feldmarschall und Sieger von Tannenberg, an seinem Fenster ... Daneben in der Reichskanzlei der Führer – *ja, es* ist *der Führer!* Da steht er mit seinen Ministern: Adolf Hitler ... Der unbekannte Soldat des Weltkrieges, der unbeugsame Kämpfer, der Fahnenträger der *Freiheit ...!*
Seine Augen in die Ferne gerichtet. Gewiß sinnt er über die langen Jahre des Kampfes, denkt an die Blutopfer der Bewegung, den langen, entbehrungsreichen Marsch – Und *nun – ja! Ja!* Brausend klingt es zu dem jungen Reichskanzler herauf aus dem Chor der Hunderttausend – das Deutschlandlied! Von der Maas bis an die Memel ... Deutschland, Deutschland, über alles, über alles in der Welt!
Wie ein Gebet steigt es zum Himmel, wie Dank und Jubel zugleich! Wie der Choral von Leuthen ...! Und *nun: Ja! Ja!* Nun stimmt die Menge das Kampflied der nationalsozialistischen Bewegung an, das Horst-Wessel-Lied!
Wie ein Ruck geht es durch die unübersehbare, wogende Menge: Hunderttausend Arme recken sich gläubig und dankbar zum Deutschen Gruß ... Sie grüßen den Führer und ehren damit zugleich die unvergessenen Opfer des Kampfes – Kam'raden, die Rotfront und Reaktion erschossen ... *Ja! Wirklich:* Sie marschieren im Geist in diesen Reihen mit!
So mancher dort in der Menge wischt sich verstohlen die Tränen ab, Tränen der Dankbarkeit und der Freude! *Heil dir, unser Führer, Heil dem deutschen Vaterland!*, singen die Herzen, und das alte Mütterchen dort in der Menge am Straßenrand spricht es aus, was alle empfinden, alle die Männer und Frauen dort unten und auch die wackeren SA- und SS-Männer, die in langen Kolonnen vorbeimarschieren hinter der Hakenkreuzfahne: *Dank dir, Allmächtiger, daß wir diesen Tag erleben durften!*«
Während ich durch Detmolds Rosengarten ging und mich an den 30. Januar 1933 erinnerte, fiel mir wieder ein, was sich bei uns zu Hause am Abend jenes Tages noch ereignet hatte:
Ich wollte gerade zu Bett gehen, als das Telefon klingelte. Es war Fräulein Bonse, eine Dame, die wir damals erst seit kurzer Zeit kannten, eine Frau um die Vierzig mit silbergrauem Haar, das sie

streng frisiert trug, was den Kontrast zu ihrem jugendlichen Gesicht noch erhöhte. Sie war für eine Institution tätig, die für Oberschüler und Studenten Ferienkurse, Studienreisen ins Ausland und akademische Austauschprogramme organisierte. Meine Eltern hatten sie durch gemeinsame Bekannte kennengelernt, und sie hatte uns auch schon ein paarmal besucht, wobei es darum gegangen war, daß ich an einem deutsch-englischen Schüleraustausch teilnehmen sollte. Aber am Abend des 30. Januar 1933 rief Fräulein Bonse aus einem ganz anderen Grund bei uns an.
Ich sollte jemandem, der in unserer Nachbarschaft wohnte, aber kein Telefon hatte, rasch etwas ausrichten: In einer Stunde würde er mit dem Auto abgeholt, er möge sich schnellstens reisefertig machen.
»Und der Herr weiß Bescheid?« erkundigte ich mich.
Fräulein Bonse hatte mit der Antwort etwas gezögert. Schließlich trug sie mir auf: »Sag ihm, bitte, es sei sehr dringend, er müßte noch vor Mitternacht in Roermond sein.«
Der Mann, dem ich diese Nachricht dann überbrachte, war ein Bildhauer. Er arbeitete noch in seinem Atelier, als ich bei ihm eintraf. Ich erinnerte mich, ihn ein paarmal auf der Straße gesehen zu haben, auch daß aus seinem Fenster noch vor einigen Wochen, kurz vor den letzten Reichstagswahlen, eine rote Fahne gehangen hatte.
Er hörte sich ruhig an, was ich ihm auszurichten hatte, und er schien mir nicht einmal überrascht. Er fragte nur: »Ist es tatsächlich so eilig?«
»Bestimmt«, gab ich zur Antwort, »sonst hätte sie nicht ausdrücklich gesagt, es sei *sehr* dringend.«
Er nickte dazu nur. Als er mich dann zur Tür gebracht hatte, drückte er mir fest die Hand und sagte: »Danke! Und richte auch dem Fräulein meinen Dank aus. Sag ihr, ich hoffe, sie hat meinetwegen keine Schwierigkeiten mit dem lieben Gott . . .«
Beim Nachhausegehen fiel mir ein, daß Roermond gar nicht in Deutschland liegt, sondern schon jenseits der nahen holländischen Grenze. Es wurde mir auch klar, daß Fräulein Bonse, eine gute Katholikin, von der mein Vater gesagt hatte, daß sie mit Ministerialdirektor Dr. Klausener, dem Führer der ›Katholischen Aktion‹, eng zusammenarbeitete, dafür gesorgt hatte, daß der Bildhauer ins Ausland flüchten konnte, wo ihm die Nazis nichts anzuhaben vermochten.
Am nächsten Morgen sprach ich mit meinen Eltern darüber. »Das also steckt dahinter«, sagte meine Mutter, die schon beim Bäcker

an der Ecke gewesen war und gehört hatte, was die Leute aus der Nachbarschaft erzählten: In aller Frühe hatten SS-Leute die Haustür des Bildhauers aufgebrochen, wohl um ihn zu verhaften, aber er sei verschwunden gewesen. Wahrscheinlich war er noch rechtzeitig gewarnt worden. »Hoffentlich hat dich keiner gesehen«, fügte meine Mutter noch hinzu. Und mein Vater meinte: »Das Fräulein Bonse muß über sehr gute Informationen verfügen – wir sollten sie bald wieder einmal einladen ...« Und nach einer kleinen Pause fuhr er fort: »Das ist eine wirklich sehr interessante Zeit, in der wir jetzt leben. Ich wünschte allerdings, sie wäre etwas weniger interessant ...«

Als ich spät am Abend zurückkam in mein Detmolder Hotel, war dessen Restaurant noch erleuchtet. Ich wollte noch ein Bier trinken, wäre auch nicht abgeneigt gewesen, das Gespräch mit dem alten Kellner fortzusetzen. Doch er hatte seinen Dienst bereits beendet, und so ging ich bald zu Bett.
Vor dem Einschlafen ließ ich den Nachmittag noch einmal Revue passieren. ›Seltsam‹, dachte ich, ›wie gut man sich doch, selbst an lange zurückliegende Ereignisse, erinnern kann – sofern man sich erinnern *will* ...‹

3. Zwischen Tanzstunde und Folterkeller

Einige Tage nach meinem Besuch in Detmold traf ich in Düsseldorf eine alte Bekannte aus gemeinsamer Schulzeit. Vor einem Schaufenster in der Schadowstraße sprach sie mich an, eine noch recht gut aussehende, sehr gepflegte und elegant gekleidete ältere Dame.

»Ist das nicht . . .? Natürlich bist du's!«

Jetzt erkannte ich sie auch. Es war Marga, die mit Ali, Günter, Kulle, Susanne, Ingrid und mir befreundet gewesen war. Wir hatten uns seit damals ganz aus den Augen verloren, und es gab viel zu erzählen.

Wir beschlossen, gemeinsam eine Tasse Kaffee zu trinken, und während wir zur Königsallee gingen, berichtete sie mir, wie es ihr ergangen war: Nach dem Abitur und dem Arbeitsdienst hatte sie ein Medizinstudium in München begonnen, es aber schon bald abgebrochen und 1939 einen Offizier geheiratet, der dann im Krieg an der Ostfront gefallen war. Bis 1949 hatte sie in Bayern gelebt, war dann wieder nach Düsseldorf gezogen und hatte mit ihrer Rente und den Mietshäusern, die sie von ihren Eltern und zwei Tanten geerbt hatte, ihr gutes Auskommen.

Nein, sie hatte nicht wieder geheiratet, und das einzige Kind aus ihrer kurzen Ehe, eine Tochter, lebte als Frau eines Hoteliers in der Schweiz.

Wir saßen dann in demselben Café, wo wir uns schon als Pennäler, wenn das Taschengeld reichte, mitunter getroffen hatten. Es lag nicht weit vom Corneliusplatz, der damals, als wir uns kannten, in Albert-Leo-Schlageter-Platz umbenannt worden war – zu Ehren eines 1923 von der französischen Besatzung des Rheinlands wegen Sabotage standrechtlich erschossenen ›Alten Kämpfers‹. Aber nur fanatische Nazis und die dienstlich dazu angewiesenen Straßenbahnschaffner benutzten den neuen Namen; wir sagten weiterhin ›Corneliusplatz‹ und verabredeten uns an der ›Normaluhr‹ Ecke Königsallee.

»Weißt du noch, wie wir uns alle da zum erstenmal getroffen haben?« fragte Marga. »Ich habe es nicht vergessen, nicht einmal das Datum! Es war am Freitag, dem Dritten im Dritten '33 – meinem Geburtstag. Ich hatte ein neues Kleid für die erste Tanzstunde bekommen – kannst du dich daran erinnern?«

Ich überlegte und sagte auf gut Glück: »Es war ein grünes Kleid, nicht wahr?«

Ich hatte richtig geraten. Grün war Margas Lieblingsfarbe. Sie hatte immer grüne Kleider getragen, wenn wir zusammen ausgingen.

»Am 3. März '33«, bemerkte ich nachdenklich, »da ist hier allerhand losgewesen. Es war die Woche nach dem Reichstagsbrand, und am Sonntag, dem 5. März, waren die entscheidenden Wahlen . . .«

»Daran kann ich mich überhaupt nicht erinnern«, sagte Marga, »aber damals war ja immerzu etwas los: Aufmärsche, Paraden, Führers Geburtstag, Erntedankfest, Tag der nationalen Arbeit, Kraft durch Freude, Winterhilfswerk, und immerzu hatten wir schulfrei – das war das Schönste daran!«

»Das war doch alles erst viel später«, wandte ich ein. »Hast du vergessen, was uns damals, in der ersten Märzwoche, so tief beeindruckt hat?«

Ich meinte die erste große Terrorwelle, die durch Deutschland ging und auch in Düsseldorf viele Opfer gefordert hatte. Die Verfassung war weitgehend außer Kraft gesetzt worden. SA- und SS-Truppen rasten auf Lastwagen durch die Straßen, brachen in Häuser und Wohnungen ein, trieben ihre Opfer mit Schlägen auf die Straße und verschleppten sie in die Keller ihrer Unterkünfte oder in leerstehende Fabriken und Lagerhallen. Wir hatten es einmal selbst gesehen.

»Ich kann mich erinnern, daß es damals sehr aufregend war«, sagte Marga. »Die Leute waren wie elektrisiert und redeten dauernd von ›Volksgemeinschaft‹ und ›nationaler Erhebung‹. Immerzu wurde geflaggt, marschiert und gesungen. Ich wäre so gern in den BDM* eingetreten, aber meine Mutter erlaubte es nicht – na ja, so hatte ich keinen ›Dienst‹, und wir trafen uns in der Stadt, gingen ins Café oder ins Kino. Weißt du noch, wie wir uns ›Mädchen in Uniform‹ angesehen haben – irgendwo in so einem Flohkino in einer Arbeitergegend, in Gerresheim oder Bilk . . .«

»Es war in Oberbilk. Wir fuhren mit der Linie 18 hin – hast du vergessen, was wir da sahen?«

* BDM = Bund Deutscher Mädel, weibliche Hitlerjugend.

»Ich sagte es doch schon: ›Mädchen in Uniform‹, mit Dorothea Wieck in der Hauptrolle. Es war ein wundervoller Film, aber er war nicht jugendfrei, und deshalb mußten wir ja in dieses Vorstadtkino, wo man es nicht so genau nahm.«
Als wir nach dem Kino mit der Straßenbahn wieder nach Hause gefahren waren, hatten wir unterwegs einen jener Lastwagen gesehen, auf denen SA-Leute ihre ›Schutzhäftlinge‹ abtransportierten. In der Oberbilker Allee hatte es sich dann ereignet:
Einer der Verhafteten, ein junger Mann mit einer stark blutenden Platzwunde am Kopf, sprang von dem gerade haltenden Lastwagen ab und auf das Trittbrett zur hinteren Plattform des zweiten Wagens unserer in voller Fahrt befindlichen Straßenbahn. Es war kurz nach Feierabend, die Bahn war überfüllt, aber die Leute halfen dem Mann und machten ihm Platz. Niemand sagte etwas, und es war plötzlich ganz still im Wagen. Der Schaffner tat so, als hätte er nichts bemerkt. Nur eine alte Frau nahm ein Tuch, wischte dem jungen Mann das Blut aus dem Gesicht und sagte dabei ganz laut: ›Eine verfluchte Schande ist das, was diese Lumpen sich erlauben!‹ Keiner widersprach, und es hinderte auch niemand den Flüchtling, an der nächsten Haltestelle, am Worringer Platz, wieder auszusteigen und in einem dunklen Hausflur zu verschwinden, ehe der Lastwagen mit den SA-Leuten, der wohl irgendwo im Verkehr steckengeblieben war, die wieder abfahrende Straßenbahn erreicht hatte. Ich erzählte Marga von diesem gemeinsamen Erlebnis, das sich meinem Gedächtnis so stark eingeprägt hatte. Sie lachte und sagte: »Jetzt erinnere ich mich auch daran! Ich hatte deshalb noch großen Ärger mit meinem Vater. Du wirst dich erinnern: Ich mußte doch damals um 7 Uhr abends zu Hause sein. Ich kam an diesem Abend eine Viertelstunde zu spät, und zu meiner Entschuldigung erzählte ich meinen Eltern, daß die Straßenbahn aufgehalten worden wäre, weil da einer der Hilfspolizei zu entkommen versucht hätte. Mein Vater war ganz außer sich, als ich berichtete, daß der Mann ihnen tatsächlich entwischt sei. ›Hat denn keiner diesen Bolschewisten festgehalten?‹ schrie er, und er wollte sogar von mir wissen, in welches Haus der Mann geflüchtet wäre, weil er es der Polizei melden wollte.«
»War dein Vater so ein strammer Nazi?« erkundigte ich mich.
»Und ob! Du weißt ja: Er war Landgerichtsrat, und er behauptete immer, man würde ihn längst befördert haben, wenn er den Schwarzen und den Juden nicht ein Dorn im Fleische wäre als ein aufrechter, national gesinnter Burschenschafter aus einer schlagenden Verbindung. Meine Mutter, die sehr katholisch und kir-

chentreu war, versuchte ihn dazu zu bewegen, dem Zentrum beizutreten. Statt dessen war er 1932 heimlich bei den Nazis Mitglied geworden. Als Hitler Reichskanzler wurde, geriet er völlig aus dem Häuschen. ›Jetzt werde ich Landgerichtsdirektor, vielleicht sogar Senatspräsident beim Oberlandesgericht!‹ sagte er zu meiner Mutter und zeigte ihr stolz sein Parteibuch. Und weißt du, was dann passierte? Meine Mutter brach in Tränen aus. Dann packte sie einen Koffer und erklärte, sie verließe das Haus und käme nicht wieder zurück, solange er nicht seinen Austritt aus der Hitlerpartei erklärt habe.«

»Und? Hat es etwas genützt?«

»Natürlich nicht – nach zwei oder drei Tagen kam meine Mutter wieder zurück. Der Kinder wegen, wie sie sagte. Mein Vater, der über ihren Auszug sehr unglücklich gewesen war, weinte fast vor Freude und Rührung, als sie endlich wieder nach Hause kam. Sie feierten ihre Versöhnung mit Sekt, und mein Bruder und ich durften länger aufbleiben und bekamen auch ein Glas ab. Meine Eltern sind dann wohl zu einer stillschweigenden Übereinkunft gekommen, sich gegenseitig nicht zu provozieren. Vater nahm, ehe er die Wohnung betrat, sein Parteiabzeichen ab – ›das Bonbon‹, wie es meine Mutter nannte –, und er stimmte auch zu Hause keine Lobeshymnen auf das ›Dritte Reich‹ und den ›Führer‹ mehr an. Mutter hielt sich ebenfalls zurück und verkniff sich in seiner Gegenwart alle kritischen Bemerkungen über das, was sie, wenn wir allein waren, als ›die braune Pest‹ bezeichnete ...«

»Und das ging gut?«

»Na ja, es gab natürlich trotzdem ab und zu Krach, zum Beispiel, als mein Vater eines Tages eine Einkaufstüte von Alsberg entdeckte und meiner Mutter Vorhaltungen machte, daß sie als die Ehefrau eines Parteigenossen und Landgerichtsdirektors – er war inzwischen endlich befördert worden – in einem jüdischen Geschäft eingekauft hätte. Mutter antwortete, sie mache ihre Besorgungen, wo es ihr passe. Sie richte sich nach Preis und Qualität, nicht nach Taufschein, Parteibuch oder ›Arier‹nachweis. Und mein Vater bat sie dann händeringend, doch zu bedenken, wie sehr es ihm schaden würde, wenn man sie beim Betreten oder Verlassen eines jüdischen Geschäfts beobachtete und seine Dienstaufsichtsbehörde davon benachrichtigte. Ich weiß nicht, ob sie sich dann danach gerichtet hat – wahrscheinlich nicht. Aber es gab dann auch immer weniger jüdische Geschäfte. Die meisten wurden ja damals von den Inhabern notgedrungen verkauft – ›arisiert‹, wie man es nannte ... Und vom Sommer 1934 an interessierte es mei-

nen Vater auch gar nicht mehr, ob Mutter etwas tat, was die Partei mißbilligte. Da ließ seine Begeisterung für Hitler und die ›nationale Erhebung‹ plötzlich nach. Er war wie umgewandelt, und eine Zeitlang hörte man von ihm überhaupt nichts mehr, was mit Politik zu tun hatte . . .«
»Wie kam denn das?«
»Ich habe es erst ein paar Jahre später erfahren, als ich schon verheiratet war. Da besuchte er uns mal – mein Mann war in Frankreich –, und als wir abends noch beisammensaßen, da hat er es mir erzählt. Es hing mit dem sogenannten ›Röhm-Putsch‹ zusammen. Wir waren im Juni '34 während der Sommerferien mit der ganzen Familie in Garmisch gewesen. Auf der Rückreise machten wir noch für ein paar Tage Station in München, wo meine Eltern sich mit alten Freunden trafen. Und am 30. Juni, einen Tag bevor wir wieder nach Düsseldorf zurückfahren wollten, passierte etwas Furchtbares . . .«
An diesem Tage hatte Hitler seine ›alte Garde‹ liquidieren lassen: seinen einzigen Duzfreund, den ›Obersten SA-Führer‹ Ernst Röhm, und mindestens hundertfünfzig weitere hohe SA-Führer. Sie wurden im ganzen Reich, vor allem in Berlin und in München, nachts aus dem Bett gezerrt und zu ihrer Hinrichtungsstätte gefahren, wo man sie ohne Erklärung einfach an die Wand stellte und erschoß. Ebenfalls ermordet wurden die engsten Mitarbeiter des Vizekanzlers v. Papen, Dr. Edgar Jung und der Führer der ›Katholischen Aktion‹, Ministerialdirektor Erich Klausener, sowie Hitlers Vorgänger als Reichskanzler, General Kurt v. Schleicher, und dessen Frau. Zu den Opfern gehörten aber noch sehr viele Personen, die entweder aus reiner Rachsucht umgebracht wurden oder weil sie zuviel aus Hitlers Vergangenheit und Privatleben wußten, darunter der gefährlichste Rivale Hitlers in der NSDAP, Gregor Strasser, der Pater Bernhard Stempfle, der 1924 bei der Abfassung von *Mein Kampf* mitgeholfen hatte, der Polizeichef von München, August Schneidhuber, sowie Dutzende von anderen Kampfgenossen und Weggefährten des ›Führers‹. Insgesamt wurden viele hundert, wahrscheinlich mehr als tausend Menschen am 30. Juni und 1. Juli 1934 ermordet, wogegen Hitler selbst in einer Rede vor dem Reichstag am 13. Juli erklärte, es seien 61 Personen erschossen worden, darunter neunzehn ›höhere SA-Führer‹; weitere dreizehn seien, ›als sie sich der Verhaftung widersetzten‹, ums Leben gekommen, und drei hätten ›Selbstmord begangen‹, zusammen also 77 Todesopfer, die er offiziell zugab. Hitler behauptete auch, es habe sich um ›Staatsnotwehr‹ gehandelt, aber es steht fest,

daß von einem unmittelbar bevorstehenden Putsch der SA keine Rede sein konnte.
Bei der Überrumpelungsaktion, mit der Hitler – der Reichswehr-Generalität und den alten Geld- und Machteliten zuliebe – alle sozialrevolutionären Elemente ausschalten und daneben ein paar alte Rechnungen begleichen wollte, gab es auch einige ›Pannen‹, und um eine solche hatte es sich auch bei dem Vorfall gehandelt, der Margas Vater so nahe gegangen war und seine Begeisterung für Hitler in stumme Abneigung verwandelt hatte.
Am Abend des 30. Juni 1934 hatte einer seiner Freunde, der Musikkritiker der ›Münchner Neuesten Nachrichten‹, Dr. Wilhelm Schmid, noch ein wenig Cello gespielt. Seine Frau bereitete unterdessen das Abendbrot für die drei Kinder. Das jüngste war erst zwei, das älteste neun Jahre alt. Sobald die Kinder gegessen hatten und zu Bett gegangen waren, wollte das Ehepaar sich mit Margas Eltern und anderen alten Freunden in einem Weinlokal in der Stadt treffen. Aber daraus war nichts geworden:
Gegen 19.20 hatte es bei den Schmids geklingelt. Vier SS-Männer waren eingetreten und hatten Dr. Schmid barsch aufgefordert, mit ihnen zu kommen. Sie waren zu keiner Erklärung bereit gewesen. Dr. Schmid hatte sich nicht einmal von seiner Frau und den Kindern verabschieden können. Er, der sich nie um Politik gekümmert hatte, war ohne Widerstand mitgegangen. Zwei Tage später hatte Frau Schmid von der Polizei Nachricht erhalten, daß ihr Mann ›tödlich verunglückt‹ sei. Die Leiche war zur Bestattung freigegeben, aber der versiegelte Sarg durfte nicht geöffnet werden.
Frau Schmid, die sich achtundvierzig Stunden lang mit Unterstützung von Margas Vater und anderen Freunden vergeblich bemüht hatte, etwas über den Verbleib ihres Mannes herauszufinden, erfuhr dann, daß es sich bei der Verhaftung und anschließenden Erschießung ihres Gatten – ohne Untersuchung, ja, ohne Überprüfung der Personalien – um eine Verwechslung gehandelt hätte. Man hatte einen SA-Führer Willi Schmidt gesucht, der aber bereits von einem anderen SS-Trupp gefaßt und erschossen worden war. Zum Trost bot ihr der ›Reichsführer SS‹ Heinrich Himmler einen größeren Geldbetrag an, den sie mit Entrüstung ablehnte.
Am selben Tag, an dem Frau Schmid von der ›versehentlichen‹ Erschießung ihres Mannes erfuhr, konnte sie in der Zeitung lesen, daß das Blutbad vom 30. Juni und 1. Juli 1934 vom Reichskabinett nachträglich für ›rechtens‹ erklärt worden war und daß der Reichspräsident v. Hindenburg den ›Führer und Reichskanzler‹ zu

seinem ›mutigen persönlichen Eingreifen‹ beglückwünscht und ihm seinen ›besonderen Dank‹ ausgesprochen hatte.
»Das war für meinen Vater zuviel«, sagte Marga. »Mein Bruder und ich, wir haben damals gar nicht verstanden, was mit ihm los war, und auch Mutter wollte es uns nicht erklären. Allerdings hatte Vaters plötzliche Abkehr von seinen Idealen auch noch andere Auswirkungen, die uns zwar rätselhaft waren, für uns Kinder aber große Annehmlichkeiten hatten: Er paßte nämlich gar nicht mehr auf, ob wir auch pünktlich nach Hause kamen. Das habe ich natürlich ausgenutzt, vor allem an den Tanzstundennachmittagen. Da warst du ja nicht dabei . . .«
Sie hatte recht. Ich war ja fast zwei Jahre jünger als sie und hatte erst 1936, als ich fast 16 war, in die Tanzstunde gehen dürfen. Nur weil ich schon mit neun Jahren aufs Gymnasium gekommen war, hatte ich mit Marga und den anderen älteren Freunden gemeinsam alle Klassen bis zum Abitur absolviert und auch die Freizeit meist zusammen mit ihnen verbracht, ausgenommen die Tanzstunde.
Die Kurse, die meine Freundinnen und Freunde besuchten, fanden am späten Nachmittag statt, und manchmal holte ich sie ab, um mit ihnen noch ein Stündchen durch die Stadt zu bummeln. Einmal, als ich vor dem Haus auf sie wartete und auf die aus dem geöffneten Fenster im ersten Stock vernehmbare Schallplattenmusik lauschte, nach der meine Freunde Foxtrott, Quickstep und andere – von den Nazis als ›vernegerte Musik‹ abgelehnte, aber vielleicht gerade deshalb so populäre – Modetänze lernten, sah ich Hedwig vorbeigehen.
Ich lief ihr nach, wir begrüßten uns herzlich, und dann sagte sie: »Hast du einen Augenblick Zeit? Ich muß dir etwas erzählen.«
Wir gingen in das Eis-Café an der Ecke, fanden einen freien Tisch am Fenster, von wo aus ich den Eingang der Tanzschule sehen konnte, und dann berichtete mir Hedwig leise und nachdem sie sich zuvor – ›mit deutschem Blick‹, wie man damals spottete – vergewissert hatte, daß uns niemand hören konnte, wie es ihrem Mann, dem Fritz, ergangen war.
Hedwig war mehr als zehn Jahre lang die Hausangestellte meiner Eltern gewesen. Ich kann mich noch erinnern, wie sie zu uns kam – ein schüchternes siebzehn- oder achtzehnjähriges Mädchen vom Land, aus der sorbischen Lausitz, sehr mager und blaß. Ich war noch ein kleiner Junge von knapp vier Jahren, aber ich weiß noch, wie meine Mutter und ich von Anfang an Hedwig gut leiden mochten, und sie mochte uns auch, wie sich dann zeigte. Nur mein Vater hatte zunächst Vorbehalte gegen das neue Mädchen, weil sie

ihn beharrlich mit ›gnädiger Herr‹ anredete. Aber nach vierzehn Tagen hörte sie damit auf und legte dann auch ihre Schüchternheit ebenso ab wie ihre Blässe und Magerkeit. Sie war, als sie mit uns von Berlin nach Düsseldorf umzog, eine mollige junge Frau von Ende Zwanzig und gehörte zur Familie. Daß sie sich bald nach der Übersiedlung ins Rheinland in einen etwa gleichaltrigen Mann, einen sehr ruhigen, zuverlässigen Handwerker, verliebt, bald darauf mit ihm verlobt und ihn ein halbes Jahr später geheiratet hatte, war von meinen Eltern und mir teils mit Freude für sie, teils mit Trauer über ihren Weggang aufgenommen worden. Wir hatten sie seitdem oft vermißt.

Als Kind und auch später hatte Hedwig mich mitunter getröstet. An jenem Spätnachmittag aber war sie es, die offensichtlich bei mir Trost suchte. Sie, die sonst immer so lustig gewesen war und soviel mit mir gelacht hatte, wirkte ganz verzweifelt und schien den Tränen nahe. Ihr Fritz war von der Geheimen Staatspolizei verhaftet worden. Vor vierzehn Tagen schon hatten ihn zwei Gestapo-Beamte frühmorgens, als er gerade zur Arbeit gehen wollte, ohne Angaben von Gründen mitgenommen.

»Warum hast du uns nicht gleich Bescheid gesagt?« wollte ich wissen.

»Ich wollte euch da nicht hineinziehen«, sagte Hedwig. »Eigentlich sollte ich dir auch jetzt nichts davon erzählen. Aber ich muß einfach mal mit jemandem darüber sprechen ...«

Was sie mir dann erzählte, ist mir bis heute im Gedächtnis geblieben, und damals hat es mich noch lange bis in meine Träume verfolgt: Fritz, von dem ich wußte, daß er der inzwischen verbotenen Kommunistischen Partei angehört hatte, war offenbar von einem früheren Genossen an die Gestapo verraten worden – ›unter der Folter‹, wie Hedwig sagte.

»Folter?« fragte ich ungläubig. »Du meinst, sie haben ihn so lange verprügelt, bis er redete ...«

Davon hatte ich gerüchtweise gehört, auch davon, daß Verhaftete einfach umgebracht worden waren, ›auf der Flucht erschossen‹, wie es dann – eine Zeitlang fast täglich – in der Zeitung hieß, wobei es ein offenes Geheimnis war, daß das nicht stimmte.

Aber unter ›Folter‹ stellte ich mir etwas anderes vor: die Leiden eines Gefangenen der Indianer am Marterpfahl, die Anwendung des ›Schwedentrunks‹ oder der ›Spanischen Stiefel‹ im Dreißigjährigen Krieg oder die Torturen, mit denen die Inquisition im finstersten Mittelalter angebliche Hexen gepeinigt hatte, etwa die ›Eiserne Jungfrau‹, die ich in Nürnberg gesehen hatte, die Daumenschrau-

ben oder die Streckleiter. Dergleichen konnte es doch heute nicht mehr geben, jedenfalls nicht mitten in Europa, im Rheinland, in *unserer* Stadt und im Jahre 1934! Das traute ich nicht einmal den übelsten SA-Rabauken zu.
»Erst haben sie ihn in ein eisernes Spind gesperrt«, sagte Hedwig leise und sehr bemüht, ihre Erregung zu unterdrücken. Dann beugte sie sich dicht an mein Ohr und berichtete mir, was dann weiter geschehen war: »Zwölf Stunden lang war er darin zusammengepfercht, bis zum späten Abend. Dann sind sie zurückgekommen und haben ihn sich vorgenommen. Zuerst haben sie ihm angespitzte Hölzchen unter die Fingernägel getrieben, dann haben sie ihn gezwungen . . .« Sie erzählte mir, wie es weitergegangen war. Mir wurde schlecht, und ich stürzte hinaus.

Als ich wieder bei ihr Platz genommen hatte, sagte sie bekümmert: »Ich hätte es dir nicht erzählen dürfen, aber ich konnte es einfach nicht mehr für mich behalten. Es tut mir leid – und sprich ja mit niemandem darüber, auch nicht zu Hause!«
Ich versprach es ihr, aber dann wollte ich Genaueres wissen: »Wer ist so gefoltert worden und hat den Fritz dann verraten? Und woher weißt du das alles?«
Hedwig erzählte mir den Rest der Geschichte:
Ihr Mann hatte auch nach dem Verbot der KPD mit seinen Genossen Kontakt gehalten, natürlich unter großen Vorsichtsmaßnahmen. Fritz hatte ihr nicht gesagt, welche ›illegale Arbeit‹ er übernommen hatte, aber er war manchmal abends an die holländische Grenze gefahren, ›wohl um Genossen ins Ausland zu bringen‹, wie Hedwig meinte. ›Es ist besser, du weißt von nichts‹, hatte ihr Fritz gesagt.
Dann war, drei Tage bevor sie Fritz abholten, sein jüngerer Bruder, ein Maschinenschlosser, von zwei Gestapobeamten auf der Straße festgenommen worden, als er von der Arbeit nach Hause kam. Sie hatten ihn in die Prinz-Georg-Straße gebracht, wo die Geheime Staatspolizei in einem großen Wohngebäude untergebracht war, und dort hatten sie ihn so lange ›sonderbehandelt‹, bis er ihnen die gewünschten Auskünfte über seinen Bruder Fritz gab. Danach war auch Hedwigs Mann abgeholt worden.
»Jetzt werden sie den Fritz genauso schrecklich quälen«, flüsterte Hedwig, und ich konnte ihr nur stumm die Hand drücken, um ihr mein Mitgefühl zu zeigen, denn ich wußte nicht, was ich hätte sagen sollen. Aber ich wollte noch erfahren, woher sie so genau über die Verhörmethoden der Gestapo unterrichtet war.

Doch sie schüttelte nur den Kopf und biß die Lippen zusammen. »Ich kann es dir nicht sagen«, erklärte sie schließlich. »Du mußt das verstehen. Ich weiß es von einem, der ihn hinterher gesehen und gesprochen hat. Es stimmt alles – leider . . .«
Ich glaubte es ihr.
Ich hatte ohnehin keinen Zweifel daran gehabt, daß es mit dem, was sie mir erzählt hatte, seine Richtigkeit haben mußte. Sie hätte sich dergleichen niemals selbst ausdenken können, und ich kannte Hedwig lange genug, um zu wissen, daß sie nicht log.
Wir hatten dann noch eine Weile lang stumm nebeneinander gesessen, bis es sieben Uhr war und das Café geschlossen wurde. Die Tanzstunde meiner Freunde war längst vorbei. Ich hatte gar nicht mehr darauf geachtet.

Sollte ich Marga davon erzählen?
Während ich noch meinen Erinnerungen an Hedwig und ihren Mann nachhing, hatte sie ständig geredet – vom Mittel- und vom Schlußball, von den Kleidern, die sie getragen hatte, von den Schlagern und Filmen unserer Schulzeit, von unserer Radtour rheinaufwärts, die bis nach Basel geplant gewesen war, aber bereits in Koblenz geendet hatte, weil uns nach einem Abstecher zu den Weinschenken des Ahrtals das Geld ausgegangen war, und von so manchen anderen heiteren Jugenderinnerungen.
Was war aus Hedwig und Fritz geworden?
Hedwig war danach öfter bei uns zu Hause gewesen. Einmal hatte sie Post bekommen von ihrem Mann, aus einem Konzentrationslager im Emsland. Er schrieb, es ginge ihm den Umständen nach gut. Meine Mutter hatte dann ein Paket für ihn gepackt, das ihm Hedwig schicken sollte, und beide weinten sie . . . Ein oder zwei Jahre später war Fritz wieder freigelassen worden. Er hatte auch wieder Arbeit, und an einem der ersten Sonntage nach seiner Rückkehr kam er zu uns, ›nur mal guten Tag zu sagen und auch danke schön‹. Er war noch stiller als früher, und da wir wußten, daß entlassene KZ-Häftlinge nichts sagen durften über ihre Zeit im Lager, fragten wir ihn auch nicht danach.
»Hast du es gesehen«, fragte mich meine Mutter, als er wieder gegangen war, »daß der graue Haare bekommen hat?«

»Woran denkst du?« fragte Marga, und ohne meine Antwort abzuwarten, fuhr sie fort: »Weißt du noch, wie wir zum erstenmal ins Theater gegangen sind?«
Und dann erzählte sie weiter, nannte die Namen der Schauspieler,

wußte auch noch, wem wir in der Pause begegnet waren und welchen Eindruck es auf uns gemacht hatte, als der Marquis Posa *›Sire, geben Sie Gedankenfreiheit!‹* gerufen hatte und ungeheurer Applaus bei offener Szene aufgebrandet war. Aber sie wußte offenbar nicht und war erstaunt, als ich es ihr sagte, *warum* die Leute damals so stürmisch Beifall geklatscht hatten: Es war eine einzigartige Gelegenheit für sie gewesen, aus der Anonymität des dunklen Zuschauerraums heraus gegen die Unterdrückung jeder Kritik durch die Nazis öffentlich zu protestieren. Und unsere damaligen Machthaber hatten den Vorfall auch so verstanden. Schillers *Don Carlos* war sofort vom Spielplan abgesetzt worden – auf Anordnung des Gauleiters Florian, wie es geheißen hatte.
»Ach so«, sagte Marga und fuhr fort, in Erinnerungen an unsere Schulzeit zu schwelgen. Sie erwähnte auch mehrmals und ganz unbefangen ihre und unser aller damalige Freundin Susanne, die unseren großen blonden Biologielehrer angeschwärmt hatte, die einmal, als wir an einem Frühsommerabend einer Wette wegen von einer Buhne an den Oberkasseler Rheinwiesen in den eiskalten und schon damals nicht gerade sauberen Strom gesprungen waren, Kulle vor dem Ertrinken gerettet hatte und die dann 1935 plötzlich von der Schule abgegangen war . . . Hatte Marga vergessen, daß die blauäugige, blondbezopfte, uns eben noch im ›Rassenkunde‹unterricht als ›nach Wuchs und Schädelform zur besonders wertvollen nordischen Rasse gehörig‹ gepriesene Susanne ein paar Wochen später, nachdem die ›Nürnberger Gesetze‹ erlassen worden waren, als ›Volljüdin‹ gegolten hatte und vom Unterricht ausgeschlossen worden war? Marga schien sich daran nicht mehr zu erinnern, und ich unterließ es, davon zu sprechen, schon gar nicht von Hedwig und Fritz, die Marga nicht gekannt hatte. Aber ich konnte nicht umhin, an Susanne zu denken, die dann von ihren Eltern nach England geschickt worden war – mit Hilfe von Fräulein Bonse und einer christlichen Hilfsorganisation.
Ich habe damals Susanne zum Bahnhof gebracht, an den Zug nach Ostende. Ihre Eltern hatten zu Hause von ihr Abschied genommen, weil das, wie sie sagten, ›besser war‹.
»Wir gehen nicht gern in die Stadt«, hatte Susannes Mutter gesagt, »wir sind so bekannt . . .« Ihr Vater, Susannes Großvater, war Senatspräsident am Oberlandesgericht gewesen, und Susannes Vater hatte, bis ihm 1933 der Rücktritt ›nahegelegt‹ worden war, dem Vorstand der angesehensten Bürgergesellschaften, Kunst- und Sportvereine angehört. Das war nun vorbei, denn als ›Nichtarier‹ hatten Susannes Eltern, wie ihnen nun sogar von ihrem Hausmei-

ster erklärt worden war, ›in Deutschland nichts mehr verloren‹. Sie waren aus der ›Volksgemeinschaft‹ ausgeschlossen, und daran änderte auch die Tatsache nichts, daß Susannes Vater im Weltkrieg als Offizier an der Westfront gestanden hatte, zweimal verwundet und mit dem EK I, dem Eisernen Kreuz Erster Klasse, ausgezeichnet worden war.

Susanne hat, wie sie mir später erzählte, ihre Eltern nicht mehr wiedergesehen. Als sie 1942 die Aufforderung erhielten, sich unter Zurücklassung ihrer gesamten übrigen Habe mit nicht mehr als 50 Kilogramm Gepäck am nächsten Morgen im Viehhof zur ›Evakuierung‹ nach Polen einzufinden, nahmen sie sich das Leben.

Wußte Marga das alles nicht? Sie war doch mit Susanne besonders eng befreundet gewesen. War es ihr vielleicht peinlich, davon zu reden, weil sie sich nach Susannes Abgang von der Schule bald von ihr zurückgezogen hatte?

»Susanne soll noch immer in England leben«, sagte Marga gerade, und ich bestätigte es ihr.

»Wenn du noch Kontakt zu ihr hast, dann richte ihr bitte aus, daß ich mich sehr freuen würde, von ihr zu hören. Wir waren doch so gut befreundet!«

Ich versprach es ihr.

Als wir uns nach anderthalb Stunden am Corneliusplatz, neben der alten ›Normaluhr‹, voneinander wieder verabschiedeten, meinte Marga: »Es war schön, dich einmal wiederzusehen nach so langen Jahren. Es hat mich sehr gefreut, mal wieder von den alten Zeiten zu reden! Man vergißt so vieles, und dann erinnert man sich plötzlich wieder daran ... Alles in allem hatten wir doch eine wirklich herrliche, wunderbar unbeschwerte Jugend, nicht wahr?«

4. Wie wir gleichgeschaltet wurden

Am Abend nach der Begegnung mit Marga fuhr ich zu Kulle, der nicht weit von Düsseldorf lebte. Er begrüßte mich mit großer Herzlichkeit. Nachdem er mich seiner Frau und deren ebenfalls zu unserem abendlichen Beisammensein eingeladener Freundin vorgestellt hatte, zeigte er mir sein Haus, das er erst ein paar Monate zuvor bezogen hatte. Es war mit viel Geschmack und großem Kunstverstand eingerichtet. Ich bewunderte seine Sammlung Aachen-Lütticher Barockschränke und -kommoden, die Genrebilder flämischer Meister und manches andere.

Kulle, der mit Vornamen eigentlich Engelbert hieß, davon aber nur höchst ungern Gebrauch gemacht hatte, war ohne Zweifel ein wohlhabender Mann geworden. Allen düsteren Prophezeiungen unserer Lehrer zum Trotz hatte er es doch ›zu etwas gebracht‹: Er war ordentlicher Professor, Dekan und Institutsleiter in just dem Fach, das ihm während unserer gemeinsamen Schulzeit die größten Schwierigkeiten bereitet hatte.

Ich erinnerte ihn daran, und er lachte.

»Du weißt doch noch«, sagte er dann, »daß ich bis zur Untertertia bei den Patres war. Als die Nazis dann das Kolleg schlossen und ein halbes Dutzend Ordensgeistliche ins Gefängnis steckten – wegen angeblichen Devisenschmuggels und sogenannter Sittlichkeitsverbrechen –, da kam ich zurück nach Düsseldorf, zu meinen darüber sehr bekümmerten Eltern.«

Richtig, ich erinnerte mich wieder. Schon 1933, kaum daß das von Hitler zur Aufpolierung seines angekratzten internationalen Ansehens so dringend benötigte Konkordat mit dem Heiligen Stuhl unterzeichnet worden war, hatten die Nazis mit der sogenannten ›Gleichschaltung‹ der kirchlichen Jugendverbände begonnen. Es folgte das Verbot zahlloser katholischer Publikationen, und dann wurden Klosterschulen und -krankenhäuser geschlossen und Tausende von Priestern, Ordensbrüdern und Laienführern verhaftet. Die Nazi-Zeitungen, vor allem das antisemitische und antiklerikale Hetzblatt ›Der Stürmer‹ und das offizielle Organ der SS,

›Das Schwarze Korps‹, hatten in Schilderungen der ›grenzenlosen Verkommenheit‹ des katholischen Klerus geschwelgt.
»Anfangs hatte ich es dann sehr schwer«, sagte Kulle. »Zwei der Oberschulen, die für mich in Frage gekommen wären, nahmen mich nicht auf. Dann kam ich zu euch aufs Gymnasium, weil unser Direx, ein ehemaliger Zentrumsmann, meinen Vater kannte. Aber ich kam dann nicht mit, vor allem in den naturwissenschaftlichen Fächern. Alles, womit ich hätte glänzen können – Kirchen- und Heiligengeschichte, Morallehre und fromme Gesänge –, war da nicht mehr gefragt, und zu Hause jammerten meine Eltern über das Loch in der Haushaltskasse, das meine Rückkehr gerissen hatte. Auf dem Kolleg hatte ich ein Stipendium gehabt . . .«
»Deine Eltern waren sehr fromm, nicht wahr?«
Kulle lachte.
»Na ja«, meinte er dann, »sie kamen vom Lande, vom Niederrhein. Sie gingen jeden Sonntag zur Messe und zur Kommunion, und vor allen Mahlzeiten wurde bei uns gebetet. Aber aufs Kolleg hatten sie mich nur geschickt, weil das Beamtengehalt meines Vaters nicht ausreichte, drei Söhne auf die höhere Schule zu schicken und sie womöglich auch noch studieren zu lassen. Also vertraute uns mein Vater der Kirche an und sich selbst der Zentrumspartei, denn sein Abteilungsleiter bei der Oberpostdirektion war ein wichtiger Zentrumsmann . . . Nachdem Hitler an die Macht gekommen war, hatte mein Vater große Angst. Er war dann sehr erleichtert, als das Zentrum im März '33 dem Ermächtigungsgesetz zustimmte, nachdem Hitler erklärt hatte, er sehe die Kirchen als ›die wichtigsten Faktoren zur Erhaltung unseres Volkstums‹ an und lege größten Wert auf freundschaftliche Beziehungen zum Papst. Aber dann war plötzlich im Zuge der ›Gleichschaltung‹ Schluß mit dem Zentrum wie mit sämtlichen anderen Parteien. Die meisten seiner einflußreichen Parteifreunde wurden aus ihren Ämtern entfernt und durch stramme Nazis ersetzt. Da geriet mein Vater in Panik und trat in die NSDAP ein – er hatte Angst, man würde ihn sonst nicht befördern. Dafür nahm er, sozusagen, das Hakenkreuz auf sich und paßte sich an.«
»Warst du eigentlich sehr unglücklich«, erkundigte ich mich, »als die Nazis euer Kolleg geschlossen haben und du nach Düsseldorf zurückkamst? Mir ist es damals so vorgekommen, als ob du nicht sonderlich traurig darüber gewesen bist . . .«
Er lachte wieder.
»Ich war heilfroh – abgesehen von der Schule, wo die Umstellung wirklich sehr hart für mich war. Aber sonst hatte ich bestimmt

nichts dagegen, wieder unter richtigen, ganz gewöhnlichen Menschen zu sein! Es war für mich ein tolles Erlebnis, mit euch über die ›Kö‹ zu bummeln, anstatt als Kollegiat mit den Patres durch den Kreuzgang zu wandeln. Von der Düsseldorfer Königsallee, ihren Schaufenstern, Leuchtreklamen, Kinos und Cafés, erst recht von den schicken Mädchen und den vielen eleganten Frauen, die man dort sah, davon haben wir im Kolleg doch geträumt! Ich war den Nazis richtig dankbar dafür, daß sie unser Klosterleben beendet hatten . . .«

»Stimmt«, sagte ich, »du wurdest anfangs von unserer Clique, vor allem von Susanne und mir, mit einem gewissen Argwohn betrachtet. Denn so ausgesprochen kirchenfeindlich wie du damals benahmen sich nur die wildesten Nazi-Rabauken. Ich höre dich noch, wie du beim Wandertag besonders laut ›Spieß voran, drauf und dran, setzt aufs Klosterdach den roten Hahn!‹ gesungen hast.«

Kulle grinste.

»Oder auch: ›. . . setzt aufs Klosterdach den Herrn Kaplan!‹« sagte er. »Ja, ich weiß – ich habe mich damals ziemlich blöde benommen. Aber das war wohl nur eine natürliche Reaktion, meinst du nicht auch?«

»Klar«, sagte ich. »Du hast dich ja dann auch erfolgreich vor der HJ gedrückt, und auch sonst . . .«

»Nun mach keinen Widerstandskämpfer aus mir«, sagte Kulle. »Ich habe mich, so gut es ging, aus allem herausgehalten. Ich wollte endlich meine Freiheit – das war alles . . . Bis zum Abitur ist mir das ja auch gelungen, und danach, beim Arbeitsdienst und bei der Wehrmacht, da brauchte man ja zum Glück in keiner NS-Organisation mehr zu sein . . . Es war also kein großes Kunststück und schon gar keine Heldentat.«

Es war wirklich nicht allzu schwierig gewesen, sich von der HJ fernzuhalten, sogar dann nicht, wenn sie einen schon vereinnahmt hatten. Ich selbst war im Mai 1933, ohne eigenes Zutun, Mitglied des Jungvolks geworden, das sich die unpolitische Jugendgruppe, der ich damals angehörte, einfach ›eingegliedert‹ hatte. Einige Monate lang war ich also dabeigewesen, und es hatte mir, solange ich mit den alten Freunden beisammen war und wir unseren ›Dienst‹ in gewohnter Weise gestaltet hatten, sogar Spaß gemacht. Aber als uns die Jungvolkführer dann ›gleichzuschalten‹ begannen und aus der Probezeit die reguläre Mitgliedschaft werden sollte, wurde mir bewußt, was das bedeutet hätte. Zum Glück gab es einen unverdächtigen Anlaß, mich vom Jungvolk abzumelden, näm-

lich einen mehrmonatigen Auslandsaufenthalt, und damit war ich glücklich wieder draußen, wo ich dann auch blieb, ohne bis zum Abitur deshalb auch nur die geringsten Schwierigkeiten gehabt zu haben.
Wir hatten unseren Rundgang durch sein Haus beendet, und während wir zurück ins Wohnzimmer gingen, sagte Kulle: »Ich hatte übrigens vor kurzem ein Streitgespräch mit jemandem, der glatt behauptete, praktisch *alle* Angehörigen unserer Jahrgänge seien mit mehr oder weniger großer Begeisterung in der Hitlerjugend gewesen. Ich konnte ihn mit der Statistik leicht widerlegen: 1938, als wir unser Abitur machten, hatte die HJ fünf Jahre Zeit gehabt, jede und jeden ›einzugliedern‹, und es waren ja auch viele von den Nazis aufgelöste bündische und kirchliche Jugendverbände einfach im ganzen in die Hitlerjugend ›übernommen‹ worden. Tatsächlich hatten HJ, Jungvolk, BDM und Jungmädel im Jahre 1938 zusammen etwa 7,7 Millionen Mitglieder, jedenfalls nach den offiziellen Angaben, und die waren eher zu hoch als zu niedrig.«
»Gewiß«, sagte ich, »aber 7,7 Millionen – das müssen fast zwei Drittel aller in Frage kommenden Jugendlichen gewesen sein.«
»Richtig, aber das heißt doch auch, daß immerhin über ein Drittel der deutschen Jugend, mehr als vier Millionen Jungen und Mädchen, *nicht* mitgemacht hat. Und wenn man weiß, daß auch von den offiziell als HJ-Mitglieder geführten Jugendlichen nicht eben wenige nur den Beitrag bezahlt haben, sich vom ›Dienst‹ aber – durch ein Attest des Hausarztes oder wegen ›schulischer Mängel‹ – befreien ließen, vielleicht auch einfach drückten, dann muß einem doch klarwerden, daß es sehr viele waren, die mit der HJ nichts oder möglichst wenig zu tun haben wollten.«
Tatsächlich war erst von 1937 an der Druck stärker geworden, und im März 1938, als man uns schon zum Reichsarbeitsdienst und etwas später zur Wehrmacht eingezogen hatte, war ein Gesetz erlassen worden, nach dem alle Jugendlichen für den Dienst in der Hitlerjugend in ähnlicher Weise wie für den Wehrdienst erfaßt werden sollten. Aber das hatte unsere Jahrgänge nicht mehr berührt.
»Wir jedenfalls mußten nicht zur HJ«, stellte Kulle abschließend fest, »und wer dem Verein beitrat, der war entweder wirklich dafür oder tat so, als ob er es wäre, aus dem einen oder anderen Grund . . .«
»Versucht ihr, eure Vergangenheit zu bewältigen?« mischte sich nun Kulles Frau in unser Gespräch ein, kaum daß wir im Wohnzimmer vor dem brennenden Kaminfeuer Platz genommen hatten.

Sie war wesentlich jünger als er und hatte, wie Kulle mir später erzählte, einen hohen SS-Führer zum Vater gehabt, der von den Jugoslawen gehenkt worden war. Ehe sie geheiratet hatten, war sie Kulles Assistentin gewesen.
»Da gibt es nicht viel zu bewältigen«, sagte Kulle. »Im übrigen hat es, meiner Meinung nach, nur drei Typen von richtigen Nazis gegeben: Da waren einmal die Angehörigen der Weltkriegsgeneration, die sich mit der deutschen Niederlage ebensowenig abfinden konnten wie mit der Abschaffung der Monarchie und der Weimarer Republik – Leute, die nicht mehr ins Zivilleben zurückfanden, Landsknechtstypen, verkrachte Leutnants und reine Abenteurer« – er warf seiner Frau einen Blick zu, der wohl besagen sollte: solche, wie dein Vater –, »sodann die anderweitig zu kurz Gekommenen, meist unterster Mittelstand – Hilfsbuchhalter, Hausmeister, Schnürsenkelverkäufer, die dann als Blockwarte, Kreisleiter oder Amtswalter der ›Deutschen Arbeitsfront‹ sich mächtig aufspielten und, weil sie früher häufig schlecht behandelt worden waren, die ängstlichen Bürger schikanierten. Schließlich gab es als dritte und letzte Gruppe noch das Lumpenproletariat, darunter viele Arbeitsscheue, Rowdies und Ganoven. Alle übrigen Mitglieder der Nazi-Partei und ihrer vielen Organisationen waren eingeschüchterte Spießer oder reine Opportunisten, wobei es unter den letzteren etliche Intellektuelle und eiskalte Technokraten gab – die waren besonders gefährlich . . .«
»Du hast eine Kategorie vergessen«, meldete sich die etwa gleichaltrige Freundin von Kulles Frau zu Wort, die bis dahin schweigend zugehört hatte. »Es gab auch wirklich Überzeugte, die an den ›Führer‹ glaubten wie an den Heiland und von ihm wie hypnotisiert waren. Meine Mutter, zum Beispiel. Sie hat nie einen Vorteil davon gehabt, daß sie ›Alte Kämpferin‹ in der NSDAP und der NS-Frauenschaft war, jedenfalls keinen materiellen Vorteil – sie durfte in der ersten Reihe sitzen, wenn irgendeine Veranstaltung war, und einmal hat sie dem ›Führer‹ einen Blumenstrauß überreicht – das war der Höhepunkt ihres Lebens. Sie hatte nur Arbeit mit dem Kassieren der Beiträge, dem Sammeln von Spenden und der Lauferei bei den zahllosen Dienststellen, wenn sie für eine kinderreiche Familie eine bessere Wohnung oder dann im Kriege für Ausgebombte eine Unterkunft beschaffen wollte. Sie hat sich wirklich abgerackert! Jede freie Minute, die der Haushalt ihr ließ, opferte sie für irgendeine ›Aufgabe‹. Sie hielt alles für richtig und notwendig, was die Nazis machten, und alles, was über Greueltaten geflüstert wurde, für dummes oder böswilliges Geschwätz.

Aber sie hat nie jemandem bewußt geschadet, sondern immer nur das Beste gewollt. 1945, im Mai, da brach eine Welt für sie zusammen. Wir waren damals – ich war gerade 16 Jahre alt – als Evakuierte in Fürstenfeldbruck. Mutter gehörte zu denen, die von den Amerikanern gezwungen wurden, sich im nahegelegenen KZ Dachau alles anzusehen, und ich mußte sie begleiten. Ich werde das nie vergessen – die Berge von Leichen verhungerter Häftlinge ... Mutter erlitt einen Nervenzusammenbruch, und sie hat sich nur sehr langsam wieder davon erholt.«

»Und dann?« fragte Kulle. »Glaubte sie immer noch an den ›Führer‹? Oder war sie dann kuriert? Sie muß doch gewußt haben, Grete, daß es Konzentrationslager gab und daß dort im Namen des ›Führers‹ zwölf Jahre lang die schrecklichsten Verbrechen verübt worden waren?«

Aber Grete schüttelte den Kopf. »Was ihren Glauben an Hitler betraf, so hat sie sich selbst *da*von nicht beirren lassen. ›Das hat der Führer bestimmt nicht gewollt!‹ hat sie auch später noch gesagt, und ein anderer ihrer unverrückbaren Glaubenssätze lautete: ›Der wirkliche Nationalsozialismus war sauber und anständig!‹ Daran hat sie festgehalten, bis sie vor drei Jahren starb.«

»Und wie ordnete sie die KZs in dieses Weltbild ein?« wollte Kulle wissen.

»So, wie man es ihr auf den Parteiversammlungen erklärt hatte«, gab Grete zur Antwort. »Da hieß es: Das Gesindel muß von den Straßen! Gewohnheitsverbrecher, Sittenstrolche und sogenannte ›Volksschädlinge‹, zum Beispiel Wucherer oder Schieber, werden in den Konzentrationslagern zu ehrlicher Arbeit erzogen. Man bringt ihnen Disziplin und Sauberkeit bei, und natürlich wird keinem ein Haar gekrümmt.«

»Das habe ich zu Hause auch so gehört, als ich zehn oder zwölf Jahre alt war«, warf Kulles Frau ein. »Eine wichtige Erziehungsarbeit, hieß es. Allerdings war bei uns mehr von ›gefährlichen Staatsfeinden‹ die Rede. Ich hörte auch, daß sie ›hart angefaßt‹ würden.«

»Jedenfalls werdet ihr mir recht geben«, sagte Kulle, »daß niemand nachher behaupten konnte, er oder sie hätte gar nicht gewußt, daß es solche KZs überhaupt gegeben hat ...«

Er sagte es mit spürbarer Bitterkeit, und als ich ihn darauf fragend ansah, fuhr er fort: »Mein Vater, der ja nur ein einfacher Pg.* gewesen ist, ein ängstlicher Mitläufer, behauptete 1945, keinerlei Ahnung davon gehabt zu haben, daß Hunderttausende in Konzentra-

* Pg: Bei den Nazis gebräuchliche Abkürzung für ›Parteigenosse‹

tionslager gesperrt und zu Tode gequält worden seien. Dabei war er ein eifriger Zeitungsleser . . .«
»Haben es denn die Zeitungen melden dürfen, daß dieser oder jener ins KZ eingeliefert worden sei?« fragte seine Frau erstaunt. »Ich dachte, das sei verheimlicht worden.«
»Nein«, sagte ich, »es stand wirklich von Anfang an beinahe täglich in der Zeitung: ›Volksschädling ins Konzentrationslager eingeliefert‹ oder auch ›Den Häftlingen im Konzentrationslager geht es gut‹. Es wurden auch Bilder veröffentlicht, wobei sich die Fotografen aus der Masse der Eingesperrten diejenigen aussuchten, von denen sie meinten, sie würden abstoßend wirken.«
»Außerdem«, fuhr Kulle fort, »war es ja eine stehende Redensart: ›Pst! Sei vorsichtig! Sonst kommst du noch ins KZ!‹ Ob einer einen politischen Witz erzählte oder am Stammtisch über etwas murrte, das vom Gauleiter angeordnet worden war – immer kam von einem, der es gut meinte, eine solche Warnung. Das war ja das Geheimnis der fast reibungslosen ›Gleichschaltung‹: die Angst der Leute vor dem Terror! Und gerade weil sie im allgemeinen nichts Genaues über die Vorgänge in den KZs wußten, hatten sie noch größere Angst davor . . .«
»Natürlich muß dein Vater von der Existenz der Lager gewußt haben, auch wenn er sicherlich keine Ahnung davon hatte, was dort wirklich geschah«, meinte seine Frau.
»Ja«, sagte Kulle, »und es hatte auch seinen Grund, weshalb er später so hartnäckig dabei blieb, keinerlei Kenntnis davon gehabt zu haben.«
Dann erzählte er uns, warum seiner Meinung nach sein Vater nicht hatte wissen wollen, daß es Konzentrationslager gab, und welche Folgen eine Anzeige mit politischem Hintergrund für den Angezeigten mit großer Wahrscheinlichkeit hatte: Im Sommer 1935 waren seine Eltern zum ersten Mal mit den Kindern in Urlaub gefahren. Der Vater hatte die ersehnte Beförderung und damit eine Gehaltsaufbesserung erhalten, und so waren sie für vierzehn Tage nach Schleiden in der Eifel gereist. Sie wohnten dort in einer Pension, zusammen mit anderen Feriengästen, darunter einem Kunstmaler, mit dem Kulles Vater ab und zu abends bei einem Glas Bier gesessen und, wie er sagte, einige ›recht interessante‹ Gespräche geführt hatte.
Eines Morgens gegen Ende des Urlaubs, als die Familie an einem der Tische im Garten zum Frühstück Platz genommen hatte, war Kulles Vater aufgestanden und hatte sich vom gerade frei gewordenen Nebentisch eine Zeitung geholt, die dort liegengeblieben

war. Der Kunstmaler hatte dort gesessen. Als er mit einem freundlichen ›Auf Wiedersehn! Wünsche noch einen angenehmen Tag!‹ ins Haus gegangen war, hatte er Kulles Vater einen bedeutsamen Blick zugeworfen.

Kulles Vater hatte gerade wieder Platz genommen und sich der Lektüre der liegengebliebenen Zeitung widmen wollen, als ein am Vortag eingetroffenes Ehepaar erschien und sich am Nebentisch zum Frühstück niederließ. Kulles Eltern sagten höflich ›Guten Morgen!‹, was von den neuen Gästen mit vorwurfsvollem Blick und lautem ›Heil Hitler!‹ erwidert wurde. Kulles Vater hatte daraufhin ebenfalls ›Heil Hitler‹ gesagt und wohl gehofft, daß damit alles wieder im Lot wäre.

Aber dann – er hatte gerade die Zeitung ausgebreitet und darin zu lesen begonnen – war Kulles Vater erschrocken zusammengefahren und hatte plötzlich ganz blaß ausgesehen. Erst nach einer ganzen Weile und angestrengtem Nachdenken war er dann unvermittelt aufgesprungen, hatte die Zeitung scheinbar sehr wütend zusammengeknüllt und war zu dem Tischnachbarn gegangen.

›Heil Hitler! Bitte, entschuldigen Sie die Störung, aber hier ist etwas so Unerhörtes geschehen‹, hatte ihn die Familie sagen hören, ›daß ich Sie unbedingt sprechen muß – von Parteigenosse zu Parteigenosse, sozusagen . . .‹

Die beiden Männer – der andere war, wie sich dann herausstellte, ein SS-Untersturmführer – hatten dann die Zeitung wieder geglättet, sie betrachtet und darüber geredet. ›Ein Emigrantenhetzblatt, das der Jude Georg Bernhard in Paris herausgibt!‹, war von dem Untersturmführer zu vernehmen gewesen. Dann hatte sich Kulles Vater wieder an den Frühstückstisch gesetzt, sehr erleichtert, wie es schien, und der SS-Führer war ins Haus gegangen und hatte telefoniert. Zehn Minuten später war der Kunstmaler, der gerade zu einer Wanderung hatte aufbrechen wollen, von zwei Gestapo-Beamten festgenommen und abtransportiert worden.

»Wir erfuhren nicht, was mit dem Mann dann geschah«, sagte Kulle, »und am nächsten Tag reisten wir ab. Es wurde über den Vorfall nicht mehr gesprochen . . .«

»Meinst du wirklich«, fragte Kulles Frau, »daß dein Vater ein so schlechtes Gewissen hatte wegen dieses Vorfalls? Er hat doch nur sich und euch schützen wollen, denn er mußte doch annehmen, daß der SS-Führer am Nebentisch sehen konnte, um was für ein gefährliches Blatt es sich handelte, das dein Vater da las. Und dann wäre *er* verhaftet und verhört und womöglich ins KZ eingeliefert worden.«

»Gewiß«, sagte Kulle, »aber er hätte ja auch sagen können, die Zeitung wäre von ihm gefunden worden – irgendwo weit weg von der Pension, auf einem Spaziergang durch den Wald, zum Beispiel . . .«

»Meinst du, die Gestapo hätte ihm das geglaubt? Daß er – es konnte ja nur am Vortag gewesen sein – nachmittags im Wald eine Zeitung findet und sie aufhebt, um sie erst am nächsten Tag zum Frühstück zu lesen?«

»Du hast recht«, gab Kulle zu. »Er hatte wohl nur die Wahl zwischen zwei Möglichkeiten: Entweder nahm er selbst das nicht genau abzuschätzende Risiko auf sich, mit der bei strengster Strafe verbotenen Zeitung erwischt zu werden und die Konsequenzen zu tragen. Oder er konnte sich aus jeder Gefahr befreien, indem er unaufgefordert den anderen preisgab. Er wählte das für ihn geringste Übel, und das war zugleich das größte Übel für den Kunstmaler – und zugleich für uns alle, denn nur so funktionierte ja der Terror! Wenn er die Zeitung einfach beiseite gelegt und vorsichtig abgewartet hätte, wie sein Tischnachbar sich verhielt, wäre mit größter Wahrscheinlichkeit gar nichts passiert. Aber dazu fehlten meinem Vater die Nerven. Er war kein bösartiger Denunziant, sondern nur ein ängstlicher, um seinen mühsam errungenen Beamtenposten besorgter Mann, und weil die meisten Leute ebenso ängstlich waren wie er, hatten die SS, die Gestapo und der Sicherheitsdienst ein so leichtes Spiel mit uns. Zur Einschüchterung der Mehrheit genügte es, daß jeder wußte oder wenigstens ahnte, wie brutal und skrupellos das Regime gegen diejenigen vorging, die sich der ›Gleichschaltung‹ nicht fügten oder gegen irgendeines der tausend Verbote verstießen. Denn es war ja nur eine kleine Minderheit, die die große Mehrheit in Schach hielt . . .«

5. Wie viele Nazis gab es?

Hatte wirklich nun eine kleine Minderheit die große Mehrheit der Deutschen terrorisiert? Ich versuchte mich zu erinnern, wie viele Nazis es in den für mich während meiner Schulzeit überschaubar gewesenen Bereichen gegeben hatte. Unter meinen Mitschülern waren ›richtige‹, das bedeutete: gläubige, alle ›Herrenmenschen‹- und ›Lebensraum‹-Thesen, ›Rasse‹-Theorien und Propagandalügen widerspruchslos akzeptierende Jungen oder Mädchen weit in der Minderzahl gewesen. Ihre Anzahl wechselte infolge gelegentlicher Zu- oder Abgänge, aber im Durchschnitt waren es in den Jahren 1933 bis 1938 jeweils höchstens fünf, manchmal auch nur zwei oder drei in jeder Schulklasse gewesen, der ich angehört hatte. Die Klassenstärken hatten zwischen etwa 35 Schülern am Ende der Unterstufe und 22 kurz vor dem Abitur gelegen. Im ganzen hatte der Anteil der ›richtigen‹ Nazis nie mehr als achtzehn, meist knapp über zehn Prozent ausgemacht, und bei den Lehrern war es kaum anders gewesen.

Gewiß, die Herren Studienräte und Oberstudienräte, erst recht der Direktor und in besonderem Maße die zur Staatsprüfung anstehenden Referendare und Assessoren trugen meist ein Parteiabzeichen oder das einer der Gliederungen am Rockaufschlag, grüßten vorschriftsmäßig mit ›Heil Hitler!‹ und behandelten den Unterrichtsstoff nach den Richtlinien. Aber keiner von den älteren und nur wenige von den jüngeren Lehrern waren wirkliche Nazis gewesen. Einer, der sich manchmal besonders hitlertreu gebärdete, hatte, wie wir wußten, eine jüdische Freundin, mit der er zusammenlebte und die er auf diese Weise wohl zu schützen hoffte.

Nur der uns Schülern und, wie wir spürten, auch den meisten Studienräten sehr unsympathische Turnlehrer war ein hundertzehnprozentiger Nazi, so daß sich auch für die gesamte Lehrerschaft ein ähnliches Verhältnis ergab wie bei uns Schülern. Doch das besagte, wie ich mir eingestehen mußte, noch nicht sehr viel. Gymnasien konnten allenfalls als repräsentativ für den gehobenen Mittelstand und das Bildungsbürgertum gelten; Kinder von Arbeitern,

Landwirten, kleinen Angestellten und Beamten der unteren Ränge, also der breiten Mehrheit der Bevölkerung, waren damals auf höheren Schulen und zumal auf Gymnasien noch eine Seltenheit, und hinzu kam, daß sich meine Berechnungen ja nur auf *ein* Gymnasium beschränkten, das in einer überwiegend katholischen rheinischen Großstadt als noch verhältnismäßig liberal galt.
Also versuchte ich die Frage, ob meine Altersgenossen mehrheitlich Nazis gewesen waren oder nicht, auf andere Weise zu ergründen. Unmittelbar vor Hitlers Machtübernahme, Ende 1932, hatte die Hitlerjugend nur etwa hunderttausend Mitglieder gezählt. Nach einer HJ-eigenen Statistik waren fast siebzig Prozent der Mitglieder vor 1933 ›Jungarbeiter und Lehrlinge‹ gewesen und nur zwölf Prozent Schüler. Dagegen gab es damals rund zehn Millionen Jugendliche im Deutschen Reich, die anderen, im ›Reichsausschuß deutscher Jugendverbände‹ zusammengeschlossenen Organisationen angehörten – mehr als in irgendeinem anderen Land der Welt. Es gab Vereinigungen der ›Bündischen‹ Jugend, wie Wandervogel, Deutsche Freischar oder den Großdeutschen Jugendbund; es gab evangelische, katholische, jüdische und sozialistische Jugendverbände, den Jungdeutschlandbund und etwa hundert weitere Gruppen von mehr als nur lokaler Bedeutung.
Die HJ hatte nicht mehr als ein Prozent der in Verbänden organisierten Jugendlichen für sich gewinnen können, ehe Hitler an die Macht gekommen war, und die meisten dieser Jung-Nazis, mehr als zwei Drittel, hatten bereits im Berufsleben gestanden und waren Fabrikarbeiter oder Lehrlinge gewesen. Also mußte man der Frage wohl anders nachgehen.
Etwa um die Zeit, als ich zu dieser Erkenntnis gelangt war, traf ich einen fast gleichaltrigen Freund, einen führenden Gewerkschafter, und als wir am Abend noch zusammen ein Glas Bier tranken, fragte ich ihn: »Sag mal, Werner, wie war das, als du zur Schule gingst: Gab es da viele Nazis bei euch?«
»Ich bin nur bis Ostern 1935 zur Schule gegangen«, antwortete er. »Ich habe ja auch nur die Volksschule besucht, und ich war gerade 14, als ich entlassen wurde. Vor '33, da gab es bei uns in Ludwigshafen ohnehin nur wenige Nazis, und auf meiner Volksschule spielte die HJ überhaupt keine Rolle. Erst nach Hitlers Machtübernahme tauchten die ersten Braunhemden auf. Das waren meist Söhne von kleinen Beamten oder Angestellten. Sie waren aber in der Minderzahl, jedenfalls solange ich zur Schule ging, und so benahmen sie sich einigermaßen. Unser Klassenlehrer, ein Deutschnationaler, gebärdete sich nach '33 immer mehr als stram-

mer Nazi. Ich bekam es manchmal zu spüren, daß mein Vater Kommunist war. Ich mußte mich sehr anstrengen, vor allem bei den Hausaufgaben und den Aufsätzen, denn sonst hieß es bei ihm gleich: ›Na ja, bei *dem* Elternhaus – kein Wunder, daß du im Deutschen versagst!‹ Ich wäre ihm dann am liebsten an den Hals gesprungen . . .«
»Ist dein Vater verhaftet worden?«
»Damals, als ich zur Schule ging, war ihm noch nichts passiert. Er arbeitete bei der Staatsbahn, am Güterbahnhof, und er war bei seinen Kollegen und Vorgesetzten sehr angesehen. Seine Arbeitskollegen, die in die SA eingetreten waren, haben ihn sogar gewarnt, wenn eine Verhaftungswelle bevorstand. ›Franz, heute ist dicke Luft – vielleicht solltest du mal zu deinen Verwandten fahren‹, sagten sie. Dann ging mein Vater am Feierabend nicht nach Hause, sondern fuhr mit der Bahn nach Ellerstadt, wo seine Schwester und sein Schwager eine kleine Landwirtschaft hatten. Das waren nur ein paar Kilometer, und er fuhr als Staatsbahner umsonst. Einer von den Kollegen sagte meiner Mutter Bescheid, damit sie sich keine Sorgen machte. Zum Beispiel, gleich nach dem Reichstagsbrand, Ende Februar, da mußte er sogar für mehrere Tage verschwinden, und meine Mutter schickte mich morgens, vor der Schule, zum Güterbahnhof, damit ich dem Vorsteher ausrichtete, mein Vater sei an Grippe erkrankt. ›So, so‹, sagte der dann zu mir, ›da soll er sich mal in acht nehmen und nicht zu früh wieder aufstehen . . .‹ Und dann wünschte er meinem Vater baldige Genesung und schenkte mir ein Fünferl für ein Eis. Der wußte natürlich Bescheid. Auf diese Weise blieben wir unbehelligt – bis Ostern 1935. Gleich nach den Feiertagen – ich war eben aus der Volksschule entlassen und hatte noch ein paar Tage frei, ehe ich meine Lehrstelle antreten konnte – kam frühmorgens die Gestapo – zwei Männer in Ledermänteln, mit Pistolen in der Hand. Wir hatten eine Zweizimmerwohnung im Hinterhaus, reichlich eng für eine fünfköpfige Familie. Die beiden Gestapo-Leute stellten alles auf den Kopf, kippten die Schubladen aus, rissen die Betten auseinander, sogar die Salzkumpe leerten sie auf dem Tisch aus und suchten auch in der Asche im Ofen nach irgend etwas, woraus sie meinem Vater einen Strick drehen konnten.«
»Haben sie etwas gefunden?«
Werner lachte.
»Nein, das, was sie suchten, fanden sie jedenfalls nicht. Die Schriften, die mein Vater in den Jahren zuvor gesammelt und eifrig studiert hatte, die waren, dick in Wachspapier verpackt, unter der

Holzlege vergraben, und die fanden sie natürlich nicht. Sie beschlagnahmten nur ein paar Bücher, zum Beispiel Walter Mehrings *Zur deutschen Geschichte*, ein Buch, das ich schon als Zehnjähriger mit großem Interesse gelesen hatte, auch mein Lieblingsbuch, *Der Schatz der Sierra Madre* von Traven, und von Heinrich Mann *Der Untertan*. Aber meinen Vater nahmen sie mit. Er wurde dann wegen angeblicher ›Vorbereitung zum Hochverrat‹ zu zwei Jahren Gefängnis verurteilt – ein für die Nazizeit ausgesprochen mildes Urteil, das eigentlich nur zeigte, daß sie ihm nichts hatten vorwerfen können.«

»Und wie ist es dir ergangen?«

»Bis mein Vater wieder freikam – im Oktober 1938 –, war es für uns sehr schwer. Meine Mutter bekam eine winzige Beihilfe vom Sozialamt, die nicht einmal für die Miete reichte, und sie nahm dann eine Putzstelle an. Meine Geschwister waren noch zu klein, um etwas dazuzuverdienen, und so trug ich morgens, bevor ich zur Arbeit ging, noch die Zeitung aus – das brachte ein paar Mark, die wir dringend brauchten. Meine Lehrstelle, die mir mein Vater besorgt hatte, verlor ich schon nach einer Woche wieder – wegen ›politischer Unzuverlässigkeit‹. Der Inhaber des Betriebs war Kreisleiter der NSDAP, und er wollte, wie er mir sagen ließ, keinen Sohn eines ›kommunistischen Hochverräters‹ als Lehrling ... Der Industrie- und Handelskammer war diese Bestrafung eines Vierzehnjährigen so peinlich, daß sie mir umgehend eine neue Lehrstelle verschaffte, in einem Nazi-Musterbetrieb, der vor allem ›Führer‹bilder und Parteidrucksachen herstellte. ›Kunstanstalt‹ nannte sich das, und ich war sehr glücklich und zufrieden, daß ich dort unterkam.«

»Da waren doch sicherlich nur Nazis beschäftigt. Ging das gut ...?«

»Das ging sogar sehr gut, und die Kollegen im Betrieb waren alles andere als Nazis. Sie waren fast alle alte Sozialdemokraten und Gewerkschafter, dazu sehr gute, unersetzliche Facharbeiter, die sich einiges herausnehmen konnten. Sie waren eine verschworene Gemeinschaft, und sie haben mich von Anfang an sehr anständig behandelt. ›Denen‹, sagte der Meister zu mir, ›mußt du es zeigen!‹, und mir war klar, daß er mit ›denen‹ die Nazis meinte, die meinen Vater ins Gefängnis gebracht hatten. Er gab mir auch frei, wenn meine Mutter und ich alle sechs Wochen einmal Besuchserlaubnis bekamen – für zwanzig Minuten durften wir dann in Gegenwart eines Gefängnisbeamten mit meinem Vater sprechen. Wenn ich dann, bedrückt von der Gefängnisatmosphäre, zurück in den Betrieb kam, munterte mich der Meister auf und sagte: ›Das geht vorbei! Eines Tages ist der ganze Spuk vorüber ... Sei froh, daß dein Vater gesund ist und daß man ihn dort anständig behandelt – es hätte sehr viel schlimmer kommen können!‹ Ich wußte, was er damit meinte, denn einer der Kollegen war im März '33 für einige Wochen in KZ-Haft gewesen und litt seitdem unter ständigen Schmerzen und schweren Depressionen ...«

»Wie standen denn die Arbeiter zum ›Dritten Reich‹? Ich meine nicht nur die in deinem Betrieb, sondern auch die in den Großunternehmen. Du hast doch da sicherlich einen besseren Einblick gehabt.«

»Die Kollegen im graphischen Gewerbe stellten sicherlich einen Sonderfall dar. Das waren fast ausnahmslos gewerkschaftlich und politisch erfahrene Facharbeiter, denen man so leicht nichts vormachen konnte und die fest zusammenhielten. Mit den Chemiearbeitern von der BASF, beispielsweise, konnten die Nazis anders umgehen, denn da waren die Facharbeiter gegenüber den Angelernten und Hilfskräften oftmals in der Minderzahl. Im ganzen gesehen hatte die Arbeiterschaft durch die Hitlerherrschaft nur Nachteile: die Gewerkschaften waren gleich zu Anfang zerschlagen worden, die Tarifautonomie hatte man beseitigt, die Löhne wurden von den sogenannten ›Treuhändern der Arbeit‹ festgesetzt, die sich nur mit den Unternehmern abstimmten und die Arbeiter nicht einmal fragten. Tatsächlich gingen die Realeinkommen der Arbeiter und Angestellten immer weiter zurück, wogegen die Einkommen aus Kapital- und Betriebsvermögen steil anstiegen. ›Nicht Erhöhung der Stundenlöhne, sondern Einkommenssteigerung allein durch Leistung‹, hatte Hitler ja als ›ehernen Grundsatz‹ aufgestellt. Damals, als die Löhne ja größtenteils auf Akkordarbeit beruhten, bedeutete das, daß die Arbeiter nur einen höheren Lohn bekommen konnten, wenn sie schneller und länger arbeiteten ...«

»Aber merkten sie das? Die Propaganda behauptete ja, es ginge ihnen immer besser ...«

»Ja, natürlich – in ihren öffentlichen Reden erklärten sich alle Naziführer mit der Arbeiterschaft solidarisch und stellten sich als ihre Wohltäter hin. Aber die Praxis war eine andere Sache. Da gab es das ›Gesetz zur Ordnung der nationalen Arbeit‹ vom Januar 1934, das die Unternehmer zu ›Betriebsführern‹ erklärte, die Arbeiter und Angestellten zur ›Gefolgschaft‹, und nach dem ›Führerprinzip‹ war damit der Unternehmer alleiniger ›Herr im Hause‹, dem ›die Treue zu halten war‹. Es gab keinen Betriebsrat, keine Jugend-

vertretung, keinerlei Mitspracherecht mehr. Nur die Funktionäre der ›Deutschen Arbeitsfront‹ konnten, wenn es allzu grobe Mißstände gab, für Abhilfe sorgen. Aber das betraf dann Dinge, wie die sanitären Einrichtungen oder die Schlösser an den Spinden – Löhne, Akkordhöhen, Überstunden und Abzüge wurden von oben diktiert. Und von 1935 an gab es wieder, wie zu Kaiser Wilhelms Zeiten, die sogenannten ›Arbeitsbücher‹. Ohne Arbeitsbuch durfte niemand beschäftigt werden, und außerdem war es nun mit der Freizügigkeit vorbei, denn wenn ein Unternehmer einen Arbeiter, der gekündigt hatte, nicht weggehen lassen wollte, dann brauchte er ihm sein Arbeitsbuch nicht auszuhändigen.«
»Aber natürlich wagte keiner, dagegen aufzumucken – oder doch?«
Werner dachte einen Augenblick lang nach.
»Nicht offen – dann hätte der ›Betriebsführer‹ die Gestapo antelefoniert, und eine halbe Stunde später wären die ›Rädelsführer‹ hinter Schloß und Riegel gewesen. Aber es gab passiven Widerstand, und manchmal konnten bessere Arbeitsbedingungen auch tatsächlich durchgesetzt werden, sofern alle zusammenhielten, was selten genug der Fall war. Denn natürlich haben sich einige Sand in die Augen streuen oder auch korrumpieren lassen. Das reichte von den ›Kraft durch Freude‹-Urlaubsreisen, die man von der Arbeitsfront vermittelt bekam und die wirklich sehr preiswert waren, bis zur Hoffnung auf einen ›Volkswagen‹.«
»Ich erinnere mich gar nicht daran, daß es den damals schon gegeben hat. Das war doch nur eine Propagandaphrase: ›Für jeden Volksgenossen einen Volkswagen!‹ – von Hitler persönlich erfunden.«
»Du hast insofern recht«, sagte Werner, »als der ›Volkswagen‹ während der Nazizeit nicht gebaut wurde. Aber vorausbezahlen konnte man ihn, und man bekam auch einen Bezugsschein mit Bestellnummer, wenn man drei Viertel des Kaufpreises – der auf nur 990 RM festgesetzt worden war – einbezahlt hatte. Also zahlten viele Arbeiter fleißig ein, Monat für Monat ließen sie sich auch noch 5 Mark vom Lohn abziehen, von dem ohnehin, außer der Steuer und den Sozialabgaben, der Arbeitsfrontbeitrag, die obligatorische Spende für die NS-Volkswohlfahrt und ein paar Groschen für die Winterhilfe, für ›Kraft durch Freude‹ und irgendeinen ›freiwilligen‹ Beitrag abgezogen wurden. Da blieb nicht viel übrig, abgesehen von der Hoffnung auf den ›Volkswagen‹, und die wurde bitter enttäuscht. Keiner hat für seine ›Bestell-Nummer‹ einen Wagen oder das Geld zurückbekommen . . .«

»Dennoch meine ich, daß die Beseitigung der Arbeitslosigkeit tiefen Eindruck auf die Arbeiterschaft gemacht haben muß – sie war schließlich davon am meisten betroffen.«
»Ja«, sagte Werner, »das stimmt. Davon haben sich die Leute blenden lassen. Das war das Hauptargument, mit dem die Nazis viele überzeugt haben. Dabei war, wie wir heute wissen, damals aber allenfalls ahnten, die Arbeitslosigkeit erst im Herbst 1936 so weit beseitigt, daß man von normaler Beschäftigungslage sprechen konnte. Fast vier Jahre dauerte es also, und in dieser Zeit hatten sich auch die anderen großen Industrienationen von der Weltwirtschaftskrise, die 1929 begonnen hatte, wieder erholt – ohne Terror und Gewaltmaßnahmen, ohne die gewaltigen Kriegsvorbereitungen, für die im Deutschen Reich die Arbeitslosen von den Straßen geholt worden waren ... Und für den einzelnen, zumal wenn er Familienvater war, hatte es wahrhaftig nicht nur Vorteile, wenn er, anstatt Stempelgeld zu beziehen, für einen kümmerlichen Stundenlohn körperliche Schwerstarbeit leisten mußte, oft fern von seiner Familie in einem Barackenlager notdürftig untergebracht und aus Gulaschkanonen verpflegt. Denn so war es ja häufig beim Bau der Reichsautobahnen, die aus rein strategischen Gründen gebaut wurden, und erst recht beim Bau des Westwalls. Ein Großteil der Westwall-Bauarbeiter war dienstverpflichtet, ohne Rücksicht auf den erlernten Beruf, und es wurden auch Zigtausende junger Männer eingesetzt, die man einfach zum Arbeitsdienst einberufen und in eine Uniform gesteckt hatte. Die bekamen dann fünfundzwanzig Pfennig Sold am Tag und allenfalls eine Zulage, etwa in Höhe eines Stundenlohnes. Und das ganze Arbeitsbeschaffungsprogramm wurde mit der Notenpresse finanziert – oder, was beinahe noch schlimmer war, mit Wechseln der Reichsbank. Die Zeche haben wir dann ja bezahlen müssen ...«

Wir tranken noch ein letztes Bier und wollten gerade zahlen, als sich der Wirt, ein breitschultriger, ziemlich korpulenter Mann von, wie er uns dann sagte, schon vierundsiebzig Jahren, zu uns gesellte. Er fragte, ob er bei uns Platz nehmen dürfe, und lud uns zu einem hausgebrannten Doppelkorn ein.
»Wir haben gerade über die Nazizeit gesprochen – ob damals die Masse der kleinen Leute besser oder schlechter dran war. Was meinen Sie?«
Er antwortete nicht gleich, füllte erst die Gläser, prostete uns zu und nahm einen kräftigen Schluck. Dann sagte er und sah uns dabei über seine Brillengläser hinweg prüfend an: »Da sind Sie bei

mir gerade richtig – haben Sie das gewußt? Nein? Na, es ist ja auch schon lange her. Also, kurz gesagt, ich war sicherlich damals der eifrigste Parteigenosse hier im Viertel, vielleicht in der ganzen Stadt. 1930 bin ich der NSDAP beigetreten. Damals war ich noch nicht Gastwirt, sondern hatte gerade den Laden meines Vaters übernommen, der plötzlich gestorben war – Elektrogeräte und Schallplatten führten wir. Die Nazis waren meine ganze Hoffnung, denn wir standen vor dem Ruin. Kaum noch Kundschaft, und wer kam, kaufte auf Pump oder zahlte fünfzigpfennigweise ab. Wir rackerten uns ab und konnten nicht leben und nicht sterben . . .«

»Wieso hofften Sie auf die Nazis?« fragte Werner.

»Sie hatten ein Programm, wie es besser nicht hätte sein können«, gab der Wirt zur Antwort. »Brechung der Zinsknechtschaft, Kommunalisierung der Großwarenhäuser und ihre Vermietung zu billigen Preisen an kleine Gewerbetreibende, das hätte uns gerettet, denn die billigen Glühbirnen von Woolworth und die Schlagerschallplatten zu Schleuderpreisen, die es in den Warenhäusern gab, die lockten uns die Kunden weg. Und zu allem Überfluß gab es auch noch den großen Laden von Oppenheim in der Hauptstraße mit zwei Filialbetrieben in den Vororten. Das war ein jüdischer Betrieb, viel größer als wir – der konnte billiger einkaufen und sich viel Reklame leisten. Die Nazis aber hatten versprochen, uns von der jüdischen Konkurrenz ebenfalls zu befreien, und das war auch das einzige, was sie von ihren Versprechen gehalten haben! Nur übernahm dann einer der Filialleiter vom Oppenheim das Geschäft. Es wurde in Elektro-Schmidt umbenannt, und die Konkurrenz wurde noch schärfer. Die großen Warenhäuser und die Einheitspreisgeschäfte blieben auch bestehen, und von einer Vermietung der Verkaufsflächen an kleine Leute wie uns war überhaupt nicht mehr die Rede!«

»Aber Sie blieben trotzdem ein überzeugter Anhänger von Hitler?« fragte Werner.

»Na ja«, sagte der Wirt. »Wir hofften weiter, meine Frau und ich. Nur meine Mutter frotzelte uns ständig: ›Na‹, sagte sie, ›wann ziehen wir denn nun um mit dem Laden? Im Erdgeschoß von ›Tietz‹ hätten wir bestimmt einen größeren Umsatz!‹ Ich sprach dann mit unserem Kreisleiter darüber. Erst vertröstete er mich und sagte, man müsse dem Führer etwas Zeit lassen. Die großen Aufgaben ließen sich nicht alle auf einmal und im Handumdrehen bewältigen. Und dann, Ende 1934, als ich noch mal bei ihm war und erklärte, so ginge es nicht weiter, und ich sei schließlich ein ›Alter

Kämpfer‹, der große Opfer für die Bewegung gebracht habe, da riet er mir, doch einfach den Laden zuzumachen oder dem Schmidt als weitere Filiale anzubieten. Er würde mir etwas viel Besseres verschaffen.«

»Und darauf sind Sie eingegangen?« fragte ich.

»Was sollte ich machen? Vom goldenen Parteiabzeichen allein konnten wir nicht leben. Wir standen vor dem Konkurs«, sagte der Wirt und seufzte, als er an seine damaligen Sorgen dachte. Ich erinnerte mich jetzt an einen ähnlichen Fall: Der Vater eines meiner Mitschüler, ein wohlhabender Fabrikant, hatte einen Fahrer, der Obermüller hieß und, wie sich 1933 zeigte, schon seit vielen Jahren in der Nazi-Partei gewesen war. Vielleicht hatte er sich auch eine große Karriere im ›Dritten Reich‹ erhofft, aber er blieb Chauffeur, wie man damals sagte, nur daß er nun an seiner Livree das goldene Parteiabzeichen tragen durfte. Der Vater meines Klassenkameraden war dann ebenfalls der Nazi-Partei beigetreten. ›Obermüller‹, hörte ich ihn einmal zu seinem Parteigenossen Fahrer sagen, ›morgen wird es nichts mit Ihrem freien Samstag – vormittags müssen Sie die gnädige Frau zum Friseur und zur Schneiderin fahren, und abends gehen wir in die Oper – da wird es spät!‹ Und er, der ›Alte Kämpfer‹ mit dem goldenen Parteiabzeichen, antwortete nur kleinlaut: ›Jawoll, Herr Direktor – da kann man nichts machen . . .‹ Ähnlich enttäuschend war es wohl unserem Wirt ergangen.

Er schenkte uns noch einmal die Gläser voll und fuhr dann fort: »Im Oktober 1935, da ging dann auch das bißchen Geld zu Ende, das wir für unser Geschäft bekommen hatten, und ich war noch immer ohne Einkommen. Arbeit hatte ich mehr als genug: Ich kassierte die Parteibeiträge und sammelte für die NS-Volkswohlfahrt, ich lief mit dem ›Völkischen Beobachter‹ von Wohnung zu Wohnung, um Abonnenten zu werben, nahm an allen Veranstaltungen teil und stand mit anderen Alten Kämpfern ›Ehrenwache‹, und am ersten Sonntag jeden Monats, wenn es in allen Haushaltungen und Restaurants nur Eintopf geben durfte und die damit erzielten Ersparnisse ans WHW, an das Winterhilfswerk, abzuführen waren, da hatte ich besonders viel zu tun. ›Treppen-Terrier‹, so spotteten die Leute über mich. Einmal, als ich die Eintopfspende beim Metzger Kuhbier kassieren wollte, hörte ich dessen Tochter rufen: ›Vater, der Treppen-Terrier vom WHW ist da – was soll ich ihm geben?‹ Wie ein Bettler kam ich mir vor, und man konnte den Braten, den die Kuhbiers trotz der Vorschrift im Ofen hatten, bis ins Treppenhaus riechen. ›Gib ihm acht Groschen und zwei von den ›Trommler‹-Zigaretten‹, konnte ich den alten Kuhbier antworten hören, ›die raucht ja doch keiner . . .‹ Die Zigarettenmarke ›Trommler‹ wurde von irgendeinem tüchtigen Fabrikanten für die SA hergestellt und war besonders schlecht . . . Also, kurz und gut, im Oktober 1935 hatte ich es gründlich satt – und das sagte ich dem Kreisleiter auch. Erst wollte er mich in seiner üblichen Art abkanzeln – ›die Partei ist keine Versorgungsanstalt‹ und so weiter – und wieder vertrösten. Aber zum Glück fiel ihm noch etwas ein, und er fragte mich: ›Sie sind doch nicht vorbestraft?‹, worauf ich ihm sagte, daß ich in der Kampfzeit dreimal zu Geld- und zweimal zu Haftstrafen verurteilt worden wäre – wegen Übertretung des Uniformverbots, wegen Hausfriedensbruchs, als wir eine gegnerische Versammlung gesprengt hatten, und wegen Beleidigung meines Konkurrenten Oppenheim. Das wären ›Ehren‹-Strafen, sagte der Kreisleiter, und das machte mich sogar zu einem ›Märtyrer der Bewegung‹. Dann erkundigte er sich, ob ich noch in der Kirche wäre. Meine Frau war katholisch geblieben, aber ich hatte kurz zuvor, wegen der Kirchensteuer, meinen Austritt erklärt und war nun ›gottgläubig‹, wie das damals hieß. Das gab den Ausschlag. ›Ausgezeichnet‹, sagte der Kreisleiter. ›Ich sorge dafür, daß Sie die Kantine in der neuen SS-Kaserne übernehmen können. Ich spreche nachher mit dem Adjutanten vom Kommandeur – der macht das . . .‹ Ja, und so wurde ich Gastwirt und bin es bis heute geblieben . . .«

Wir tranken unsere Gläser leer.

»Dann hat es sich ja doch noch für Sie gelohnt«, sagte Werner, als wir aufbrachen, und der Wirt stimmte ihm sogar zu. Wir gingen dann noch gemeinsam bis zur nächsten U-Bahn-Station.

»Das war ein typisches Schicksal eines ›Alten Kämpfers‹«, meinte Werner. »Denn nur ein kleiner Bruchteil der Anhängerschaft Hitlers aus der Zeit vor seinen großen Wahlerfolgen hat dann später Karriere gemacht. Allenfalls rückte einer in irgendeinem Beamtenapparat zwei Stufen höher auf, als es seiner Qualifikation und Dienstzeit entsprach. Aber die großen Karrieren haben hauptsächlich die anderen gemacht – die Opportunisten und Technokraten. Ich schätze, höchstens fünf Prozent der ›Alten Kämpfer‹ hat es weitergebracht als unser ›gottgläubiger‹ Kantinenpächter.«

Die NSDAP hatte zum Jahresbeginn 1935 genau ermittelt, wie viele Mitglieder sie eigentlich knapp zwei Jahre nach der ›Machtergreifung‹ nun wirklich hatte – ›im Gegensatz zu den vorhandenen Mitgliedsnummern‹, die auf über vier Millionen angestiegen waren, weil man die Abgänge durch Tod oder Austritt nicht berücksichtigt hatte. Es ergab sich, daß es Anfang 1935 etwa 2,5 Millionen Pg's gab – davon fast ein Drittel sogenannte ›Alte Kämpfer‹, also Leute, die schon vor dem 30. Januar 1933 Mitglied der Nazi-Partei gewesen waren. Von diesen rund 800 000 waren etwa 125 000 schon vor September 1930, als die Nazis ihren ersten großen Wahlerfolg erzielten, der Partei beigetreten – so wie der damals noch als Inhaber eines kleinen Ladengeschäfts tätige Gastwirt. Nein, sicherlich hatten die meisten davon später keine großen Vorteile gehabt. Vierzig, vielleicht fünfzigtausend Männer und einige wenige Frauen – das waren die Nutznießer gewesen, die ›Goldfasanen‹, wie man die höheren Ränge der Partei-›Bonzokratie‹ spöttisch nannte, die Leute an den Schalthebeln der Macht, die ›Höheren SS- und Polizeiführer‹, die Männer in den Spitzenpositionen der Ministerien, der unzähligen Verbände und Gliederungen und nicht zuletzt des ›Reichssicherheitshauptamts‹, der eigentlichen Terrorzentrale, die von 1934 an mit ganz wenigen – kaum mehr als zwei Dutzend – SS-Führern den perfekten Polizeistaat aufzubauen begannen.

Für den SD, den geheimen ›Sicherheitsdienst‹ der SS, dessen Zentrale im Berliner Reichssicherheitshauptamt war, hatten die Nazi-Führer mit Vorliebe Leute eingesetzt, die weder Mitglied der NSDAP noch sonst als Anhänger des Regimes bekannt waren.

6. Wie der letzte Widerstand gebrochen wurde

Mit einem Terror sondergleichen hatte das ›Dritte Reich‹ begonnen. Schon in den ersten Wochen nach Hitlers Machtübernahme waren weit über hunderttausend Personen – vor allem kommunistische und sozialdemokratische Funktionäre, Gewerkschafter, linke und liberale Intellektuelle und andere ›Mißliebige‹ – willkürlich verhaftet, verschleppt, mißhandelt, in zahlreichen Fällen auch getötet worden.

Damit hatte die Nazi-Führung den ersten Widerstand im Keim erstickt und die Masse der Bevölkerung so weit eingeschüchtert, wie es ihr nötig erschien. In den folgenden Jahren waren die führenden Nazis bemüht, den zur Aufrechterhaltung ihrer Macht erforderlichen Terror zu legalisieren und zu bürokratisieren. Das begann schon bald nach dem Blutbad vom 30. Juni und 1. Juli 1934, als die SA-Führung fast vollständig liquidiert worden war und die SS, zur Belohnung für die geleisteten Henkerdienste, ihre Selbständigkeit erhalten hatte. Sie fing sofort damit an, ihre Organisation immer mehr mit dem Polizeiapparat zu verschmelzen und in dem Gestrüpp der Zuständigkeiten eine für sie vorteilhafte ›Ordnung‹ zu schaffen. Als erstes wurden die letzten noch bestehenden ›privaten‹ Konzentrationslager aufgelöst, die einzelne SA-Führer sich eingerichtet hatten und wo es die schrecklichsten Quälereien und Folterungen gegeben hatte. Die Opfer waren meist Personen gewesen, die sich in den Jahren der Weimarer Republik den besonderen Haß des jeweiligen SA-Führers zugezogen hatten, zum Beispiel gegnerische Rechtsanwälte oder mutige Journalisten. Aber auch wohlhabende jüdische Geschäftsleute, die sich politisch überhaupt nicht betätigt hatten, waren in diese ›Privat-KZs‹ verschleppt worden. Häufig hatten die SA-Führer dann die Familien solcher Opfer erpreßt – immer mit der Drohung, die willkürlich ›Verhafteten‹ sonst noch schlimmer zu quälen oder zu ermorden. Manche SA-Hauptsturm- oder Standartenführer hatten sich auf diese Weise gewaltig bereichert.

Mit diesen ›Auswüchsen‹, wie sie es beschönigend nannten, begann die SS-Führung Ende 1934 Schluß zu machen. Aber wer gedacht hatte, daß fortan weniger willkürliche Verhaftungen vorgenommen werden würden und daß die Nazis ihre Gefangenen wenigstens nicht mehr zu quälen gedachten, irrte sich gewaltig. Wie die SS die ›Ordnung‹ vornahm, läßt sich ablesen aus der erhalten gebliebenen ersten ›Lager- und Disziplinarordnung‹ für das KZ Dachau, abgefaßt von dem ersten Kommandanten, dem ehemaligen Polizeikommissar Theodor Eicke, der im Juli 1934 Inspekteur aller Konzentrationslager und Kommandeur der SS-Wachverbände wurde. Eicke übernahm dann diese ›Lagerordnung‹ für sämtliche KZs im Deutschen Reich, und es hieß darin beispielsweise:

»... *§ 11: Wer im Lager, an der Arbeitsstelle, in den Unterkünften, in Küchen und Werkstätten, Aborten und Ruheplätzen zum Zwecke der* Aufwiegelung *politisiert, aufreizende Reden hält, sich mit anderen zu diesem Zweck zusammenfindet, Cliquen bildet oder sich umhertreibt, wahre oder unwahre Nachrichten zum Zwecke der gegnerischen Greuelpropaganda über das Konzentrationslager oder dessen Einrichtungen sammelt, empfängt, vergräbt, weitererzählt, an fremde Besucher oder an andere weitergibt, mittels Kassiber oder auf andere Weise aus dem Lager hinausschmuggelt, Entlassenen oder Überstellten schriftlich oder mündlich mitgibt, in Kleidungsstücken oder anderen Gegenständen versteckt, mittels Steinen usw. über die Lagermauer wirft oder Geheimschriften anfertigt, ... wird kraft revolutionären Rechts* als Aufwiegler aufgehängt.

§ 12: Wer einen Posten oder SS-Mann tätlich angreift, den Gehorsam oder an der Arbeitsstelle die Arbeit verweigert, andere zum Zwecke der Meuterei zu den gleichen Taten auffordert oder verleitet, als Meuterer eine Marschkolonne oder eine Arbeitsstätte verläßt, andere dazu auffordert, während des Marsches oder der Arbeit johlt, schreit, hetzt oder Ansprachen hält, wird als Meuterer auf der Stelle erschossen ...

Mit vierzehn Tagen strengem Arrest und mit 25 Stockhieben zu Beginn und am Ende der Strafe werden bestraft, wer in Briefen oder sonstigen Mitteilungen abfällige Bemerkungen über nationalsozialistische Führer, über Staat und Regierung, Behörden und Einrichtungen macht, marxistische oder liberalistische Führer oder Novemberverbrecher verherrlicht ...« usw.

Über den Verfasser dieser schier endlose Strafbestimmungen enthaltenden ›Lagerordnung‹ hatte mir Werner auf dem Heimweg noch einiges erzählt.

Theodor Eicke, der aus Hampont, einem Dorf in der Nähe von Château-Salins in Lothringen, stammte, war von 1920 an Polizei-

kommissar in Werners Heimatstadt Ludwigshafen gewesen. Dort – wie schon zuvor bei anderen Polizeiverwaltungen, unter anderem in Thüringen – hatte er sich an republikfeindlichen, rechtsextremistischen Bestrebungen beteiligt, war wiederholt verwarnt und schließlich aus dem Dienst entlassen worden.
Die damals zum IG Farben-Konzern gehörende Badische Anilin- und Soda-Fabrik, die heutige BASF, der größte Industriebetrieb Ludwigshafens mit seinerzeit knapp achtzehntausend Beschäftigten, stellte den 31jährigen Ex-Polizeibeamten Eicke 1923 als ›Sicherheitskommissar‹ ihres Werkschutzes ein. 1928 trat Eicke der NSDAP, wenig später auch der SS bei, wurde 1930 Führer des SS-Sturms Ludwigshafen und ein Jahr später als SS-Standartenführer mit der Organisation und Leitung der SS in der Rheinpfalz beauftragt.
Wegen der Vorbereitung von Bombenanschlägen gegen politische Gegner kam er dann im März 1932 vor Gericht und erhielt eine Zuchthausstrafe von zwei Jahren, was dazu führte, daß er seine Anstellung beim Werkschutz verlor. Aufgrund seiner guten Beziehungen zu den verschiedenen Polizei- und Sicherheitsdiensten gelang es Eicke, aus der Untersuchungshaft zu fliehen. Im damals faschistischen Italien übernahm er im Auftrag Himmlers die Leitung eines Lagers in Malcesine am Gardasee, das die italienischen Behörden dort für geflohene, in Deutschland steckbrieflich gesuchte SS-Leute eingerichtet hatten.
Gleich nach Hitlers Machtübernahme, im Februar 1933, kehrte Eicke jedoch nach Deutschland zurück und tauchte wieder in Ludwigshafen auf, wo ihm niemand mehr etwas anhaben konnte.
»Ich kann mich noch an ihn erinnern«, hatte Werner dazu bemerkt. »Es muß im Winter 1931/32 gewesen sein. Ich war zehn oder elf Jahre alt und hatte nach der Schule meinem Vater eine Brotzeit für die Mittagspause zum Güterbahnhof bringen müssen. Da kam der Eicke – er war damals noch der große Mann beim Werkschutz – in einem Auto vorgefahren. Der Fahrer riß die Wagentür für ihn auf und stand stramm, wie für einen General. Mein Vater zeigte ihn mir und sagte: ›Das ist der übelste Nazi-Verbrecher in der ganzen Rheinpfalz. Der hat einige Menschenleben auf dem Gewissen. Es ist kein Zufall, daß ihn die Industrie sich als Wachhund hält und daß er jetzt hier herumschnüffelt. Er kommt bestimmt wegen der Fässer . . .‹, und dann zeigte er auf einen Verschlag am Ende des Güterbahnhofs, vor dem zwei Bahnpolizisten Wache hielten. ›Das Zeug hat etwas mit Sprengstoff zu tun‹, sagte mein Vater, und das hat mir großen Eindruck gemacht, und ich

kann mich auch noch an das brutale Gesicht dieses Burschen erinnern . . .«

Eicke war schon damals, noch vor seiner Verurteilung und Flucht nach Italien, in der ganzen Pfalz berüchtigt gewesen wegen seiner Gewalttätigkeit und Roheit. Auch vielen Nazis hatte er mißfallen, und ein paarmal war er sogar mit dem Gauleiter der NSDAP in der Pfalz, Josef Bürckel, einem ehemaligen Volksschullehrer aus Neustadt an der Weinstraße, heftig aneinandergeraten. Als Eicke Mitte Februar 1933 vom Gardasee zurück nach Ludwigshafen kam, hatte Gauleiter Bürckel bereits mit der ›Gleichschaltung‹ begonnen und die Zügel fest in der Hand, und schon nach wenigen Tagen kam es zu einem heftigen Zusammenstoß zwischen den beiden rivalisierenden Naziführern, bei dem SS-Oberführer Eicke gegen den Gauleiter tätlich wurde und ihn niederschlug.

Eickes Rechnung, sich nun zum Alleinherrscher in der Pfalz aufzuschwingen, ging jedoch nicht auf. Der Gauleiter saß am längeren Hebel. Er alarmierte die Polizei, die den tobenden Eicke schließlich überwältigen konnte, ihn auf Anweisung des Gauleiters in ›Schutzhaft‹ nahm und zunächst ins Gefängnis einlieferte, wo man den vor Wut außer sich geratenen SS-Führer kurzerhand in eine Zwangsjacke steckte. Sodann verständigte man den ›Reichsführer SS‹ Heinrich Himmler, und der ordnete an, daß Eicke zur Beobachtung seines Geisteszustands in eine psychiatrische Klinik kam.

Fast vier Monate lang wurde der SS-Rabauke in der geschlossenen Abteilung der Würzburger Psychiatrie festgehalten, und er wäre wohl noch für viele Jahre dort geblieben, hätte nicht der ›Reichsführer‹ einen skrupellosen und brutalen, ihm blind ergebenen Mann benötigt. Himmler erinnerte sich an Eicke, ordnete seine Freilassung an und unterstellte ihm Ende Juni 1933 das Konzentrationslager Dachau, knapp ein Jahr später sämtliche KZs. Eicke war es dann auch, der bei dem Blutbad vom 30. Juni und 1. Juli 1934 mitgewirkt und mit eigener Hand den Stabschef der SA, Ernst Röhm, erschossen hatte. Wenige Tage später war Eicke zum ›Inspekteur der Konzentrationslager und SS-Wachverbände – SS-Totenkopf-Verbände –‹ ernannt und zum SS-Gruppenführer (General) befördert worden. Er hatte damit fast unbegrenzte Macht über Zehntausende von Gefangenen und führte sogleich seine selbstverfaßte ›Lager- und Disziplinarordnung‹ ein, die nicht nur Hängen und Erschießen, Stockhiebe und wochenlangen Dunkelarrest bei Wasser und Brot als ›normale‹ Strafen einführte, sondern auch noch einige besondere, von Eicke erdachte und an Dachauer

Häftlingen erprobte Quälereien, an erster Stelle das besonders gefürchtete ›Baumhängen‹.
Dabei wurden dem – etwa wegen heimlichen Rauchens einer Zigarette oder Aufsuchens des Aborts ohne Erlaubnis – zu Bestrafenden die Hände mit einem Strick fest auf den Rücken gebunden. Dann wurde der Körper hochgehoben und mit der Fessel, die die Handgelenke band, an einen zwei Meter über dem Boden in einen Baum oder Pfosten eingeschlagenen Nagel gehängt, so daß die Füße frei in der Luft hingen und das ganze Körpergewicht an den nach hinten gebogenen Gelenken lastete. Die Folge war ein langsames Ausrenken der Schultern unter sehr großen Schmerzen. Oft wurden die Schreie der Gemarterten noch durch Peitschenhiebe bestraft. Ohnmächtige wurden mit Kaltwassergüssen wieder zum Bewußtsein gebracht, und wer diese Tortur, die zwischen dreißig Minuten und vier Stunden dauerte, lebend überstand, der war ein für immer körperlich und seelisch gebrochener Mensch.

Gerüchte über das, was in den – den Presseberichten zufolge ›einwandfreien‹ – Konzentrationslagern tatsächlich vor sich ging, kursierten in Deutschland besonders im Herbst und Winter 1934. SS-Leute vom Wachpersonal hatten in angetrunkenem Zustand im Wirtshaus davon erzählt; Fahrer, die die SS-Küche des einen oder anderen Lagers belieferten, waren zufällig Zeugen einer Bestrafung geworden, und Ehefrauen der wenigen Verheirateten unter den Angehörigen der ›Totenkopf‹-SS hatten nicht geschwiegen über das, was ihnen von ihren Männern über die Vorgänge in den KZs berichtet worden war.
»Ich kann mich daran erinnern«, sagte Werner. »Es war im Winter '34/35, ich war knapp 14 ... Die Jungen aus dem Vorderhaus hatten mich im Durchgang zum Hof abgefangen und in eine Ecke gedrängt. Sie wollten wissen, warum ich nicht in der HJ sei. Ich sagte: ›Ich mag nicht ...‹ Da lachten sie, und einer von ihnen, zwei Jahre älter als ich, sagte hämisch: ›Quatsch! Du *darfst* nicht, weil dein Vater ein Staatsfeind ist! Paß nur auf, sonst kommst du auch ins KZ, wie er!‹ Ich wußte ja, daß er zum Glück nicht im KZ war, sondern gerichtlich abgeurteilt und im Justizgefängnis. Aber ich nutzte die Gelegenheit, sie zum Reden zu bringen, und sagte: ›KZ? Das gibt's doch gar nicht, das sind doch Greuelmärchen ...!‹ Und darauf sagte er auch prompt: ›Und ob's die gibt! Mein Bruder ist bei der Totenkopf-SS in Buchenwald, da kommen die Volksschädlinge hin und werden kaputtgemacht. Von Ludwigshafen sind auch welche da: der Erwin Mehlmann, das Kom-

munistenschwein, und der alte Landauer, die Judensau.‹ Ich kannte sie beide. Mehlmann war ein Freund meines Vaters, und sie haben ihn dann umgebracht. Der alte Landauer hatte das Kurzwarengeschäft in der Maxstraße, und er hat uns Kindern immer ein Bonbon geschenkt, wenn wir für Mutter etwas holten ... ›Der Jude Landauer‹, erzählte er, ›muß die Latrine mit einer Zahnbürste putzen, und wehe, wenn da noch der kleinste Fleck ist – dann muß er auf den Bock!‹ Ich fragte, was das sei, und er erklärte: ›Da werden sie draufgeschnallt, wenn sie nicht parieren, und dann kriegen sie fünfundzwanzig auf den nackten Hintern, mit dem Ochsenziemer. Und dann gibt's einen Eimer kaltes Wasser über den Kopf, und er muß dann noch sagen: Danke, Herr Rottenführer! Ich verspreche mich zu bessern. So ist das. Mein Bruder hat ihm selber mal eine solche Tracht Prügel verpaßt!‹ So prahlten sie damit – ich habe das nie vergessen«, schloß Werner, und nach einer Weile sagte er noch: »Und nach 1945, als der Spuk vorbei war, da taten sie alle so, als hätten sie nie etwas davon gehört. Sie wußten angeblich nicht einmal etwas von der Existenz solcher Konzentrationslager!«
Ehe wir uns an diesem Abend trennten, traf ich mit Werner noch eine Verabredung für den folgenden Monat, wo er für ein paar Tage in Hamburg sein würde. Dort wollte ich ihn treffen, um gemeinsam jemanden aufzusuchen, von dem Werner sagte: »Das ist ein wichtiger Zeuge – vielleicht der letzte, der noch lebt ...«

Wie war es möglich gewesen, daß nach dem Ende der Nazi-Herrschaft so viele Menschen hatten behaupten können, die Existenz der KZs, erst recht die Vorgänge in diesen Lagern wären ihnen völlig unbekannt gewesen? Ich hatte in den ersten Nachkriegsjahren selbst oft genug Gelegenheit, solche Behauptungen zu hören und war ihnen stets entgegengetreten, denn ich hatte die feste Überzeugung, daß jeder, der das ›Dritte Reich‹ bewußt miterlebt hatte, die Unwahrheit sagte, wenn er erklärte, davon nichts gehört oder gesehen zu haben.
Mindestens gerüchtweise wußten alle davon.
Aber möglicherweise, überlegte ich mir jetzt, haben sie es verdrängt, was ihnen damals zu Ohren kam, wollten es nicht glauben, ja, nicht einmal gehört haben ... Und die damaligen Machthaber unterstützten diesen Prozeß der Verdrängung: Die Nazi-Propaganda versuchte diesen sich hartnäckig haltenden Gerüchten dadurch entgegenzuwirken, daß sie sie als ›Greuelmärchen‹ abtat, die von böswilligen, dem neuen Staat und der Partei feindlich ge-

sinnten Leuten frei erfunden worden wären. Die Bevölkerung wurde aufgefordert, solche Gerüchtemacher der Gestapo zu melden, die diese ›Staatsfeinde‹ dann ›unschädlich‹ machen würde.
Es war höchst gefährlich, öffentlich darüber zu sprechen, was man über die Konzentrationslager erfahren hatte. Denn Hand in Hand mit der Gestapo arbeitete der geheime ›Sicherheitsdienst‹ der SS, der unter der Abkürzung ›SD‹ ebenfalls gegen Ende 1934 erstmals bekannt wurde.
Der ›SD‹ hatte nicht nur seine Spitzel innerhalb der Nazi-Partei und aller ihrer Gliederungen, die zu überwachen anfangs seine Aufgabe gewesen war, sondern breitete sein Netz bald über ganz Deutschland aus. Er beschäftigte schließlich rund hunderttausend nebenberufliche Informanten, die sich über alles und jedes unterrichteten und darüber der Zentrale Meldung machten. Sie lieferten nicht nur allgemeine Stimmungsberichte, sondern bespitzelten auch jeden, der ihnen durch irgendeine Bemerkung oder Handlung verdächtig geworden war.
Bald traute sich niemand mehr, einem anderen gegenüber, dessen Gesinnung er nicht ganz genau kannte, Äußerungen zu machen, die als ›regimefeindlich‹ oder auch nur kritisch ausgelegt werden konnten, und niemand wußte auch, ob sich nicht unter seinen engeren Freunden, ja in seiner nächsten Verwandtschaft, ein SD-Spitzel befand.
Ich selbst erlebte zum erstenmal, was es mit dem ›SD‹ – dessen Existenz und Name mir noch unbekannt war – auf sich hatte, als ich Anfang 1935, gegen Ende der Weihnachtsferien, mit meinen Eltern in einer westfälischen Kleinstadt bei einer befreundeten Familie zu Besuch war, der dort ein Hotel, das ›erste Haus am Platz‹, gehörte.
Ich war fast vierzehn Jahre alt und hatte am Silversterabend bis nach Mitternacht aufbleiben dürfen. Wir hatten, gemeinsam mit anderen Freunden des Hotelier-Ehepaars, an einem großen Tisch in einer Nische des Restaurants gesessen. Nach dem ›Silvester-Souper‹ begannen die Erwachsenen zu den Klängen eines Fünf-Mann-Orchesters Walzer, Tango, English-Waltz, Slowfox und Foxtrott zu tanzen. Es herrschte bald eine recht ausgelassene Stimmung, und um Mitternacht prosteten sich alle zu, stießen miteinander an, wünschten sich ein glückliches neues Jahr und küßten sich, wobei das Licht im Saal für eine Minute ausgeschaltet wurde.
Als es wieder hell geworden war, ebbte der Lärm im Saal plötzlich ab. Ein dicker, kurzatmiger Mann in brauner Parteiuniform mit extrabreitem Lederkoppel und braunen Schaftstiefeln war auf das

Podium geklettert, um eine Ansprache zu halten. Die meisten Leute schienen darüber nicht sehr glücklich zu sein. Der Redner hatte auch schon eine schwere Zunge, und einige lachten sogar, als er sich mit seinen schwülstigen nationalen Phrasen zu verheddern begann. Andere forderten jene, die sich lustig zu machen begannen, mit eindringlichen Gesten und Gebärden auf, doch ja still zu sein, und dann schloß der Braununiformierte seine kurze Rede mit einem markigen: »Gott erhalte unseren Führer!«
»Aber bald – hoffentlich . . .«, wagte ein älterer Herr an unserem Tisch leise zu bemerken, doch laut genug, die entsetzten Blicke einiger anderer auf sich zu lenken. Die Ehefrau des Hoteliers, eine Jugendfreundin meiner Mutter, flüsterte dieser zu: »Um Gottes willen . . .! Hoffentlich hat der Heinz nichts gemerkt!«
Dr. Heinz war der Verlobte ihrer Tochter. Er saß fast am anderen Ende des Tisches. Ich sah zu ihm hinüber. Sein Windhundgesicht war völlig ausdruckslos. Er bemerkte meinen Blick und lächelte, aber es war kein sympathisches Lächeln. Dann stand er auf und forderte, kaum daß die Musik wieder zu spielen begonnen hatte, mit einer kleinen Verbeugung seine Verlobte zum Tanz auf.
Dr. Heinz war Mediziner. Er hatte gerade erst sein Staatsexamen bestanden und beabsichtigte, Militärarzt zu werden. Er war, wie ich ihn selbst hatte sagen hören, ›begeistert vom neuen Deutschland, von der Bewegung und von den großen Möglichkeiten, die der Führer uns eröffnet hat‹. Aber er gehörte nicht der Partei oder gar einem der Nazi-›Kampfverbände‹ an, ›nur der NS-Studentenschaft‹.
Das hörte sich harmlos an.
Was ich damals nicht wußte, sondern erst einige Jahre später erfuhr, erklärte dann manches, was meine Eltern, erst recht deren Freunde, das Hotelier-Ehepaar, und auch mich sehr erschreckte und uns in seinen Ursachen rätselhaft war: Der unvorsichtige ältere Herr, ein in der westfälischen Stadt sehr angesehener Rechtsanwalt, wurde schon einige Tage nach Neujahr von der Gestapo verhaftet. In der örtlichen Zeitung hieß es dann nur, er sei ›als gefährlicher Staatsfeind entlarvt‹ und ›in ein Konzentrationslager eingeliefert‹ worden.
Später, als meine Eltern und ich wieder zu Hause waren, erhielten wir einen Brief von dort, worin die Freunde mitteilten, ›der kurz nach Silvester so plötzlich Erkrankte‹ habe ›Gott sei Dank nicht lange leiden müssen‹; seine aus Esterwegen eingetroffene Urne sei ›in aller Stille beigesetzt‹ worden.
Bei Esterwegen im ostfriesischen Emsland war ein damals berüch-

tigtes, 1936 aufgelöstes Konzentrationslager, so daß es für meine Eltern leicht zu erraten war, daß man den Gefangenen dort umgebracht hatte.
Meine Eltern und deren Freunde, die von dem Schicksal dieses wegen einer einzigen unvorsichtigen Bemerkung im vermeintlichen Freundeskreis auf schreckliche Weise zu Tode gekommenen Mannes noch stärker betroffen waren, hatten dann, als wir sie später im Jahr wieder besuchten, lange gerätselt, wer den Rechtsanwalt verraten haben mochte.
Sie wagten nur im Flüsterton darüber zu sprechen, und vorsichtshalber ließen sie dabei das Grammophon spielen. Niemand vom Personal war in der Nähe gewesen, als die folgenreiche Bemerkung fiel. Also mußte es einer oder eine der an unserem Tisch sitzenden guten Bekannten gewesen sein. Sie mochten es aber keinem zutrauen, schon gar nicht dem Dr. Heinz, der demnächst ihre Tochter heiraten sollte. Der Hotelier, ›Onkel Franz‹, wie ich ihn nannte, sagte dazu: »Ausgeschlossen! Ein so seriöser Mann wie unser Schwiegersohn, der nicht einmal in der Partei ist – der macht doch so etwas nicht! Er ist schließlich Akademiker . . .« Ein Umstand, auf den er besonders stolz war. Und dann fügte ›Onkel Franz‹ noch hinzu: »Ich habe mich übrigens nochmals bei Kreisleiter Müllershagen vergewissert: Dieser Nationalsozialistische Deutsche Studentenbund – das ist mehr oder weniger eine Zwangsorganisation. Da muß man wohl Mitglied sein, wenn man keine Schwierigkeiten an der Universität haben will. Außerdem ist er ja nun mit dem Studium fertig und wird jetzt, wie er sagte, aus dem Verein austreten und auch nirgendwo sonst mehr Mitglied werden. Er will ja zum Militär – da fragt niemand nach Partei- oder NS-Ärztebund-Mitgliedschaft . . .«
Aber sie irrten sich sehr, und auch der dicke Kreisleiter, der die Neujahrsansprache gehalten hatte, war falsch unterrichtet gewesen: Er hatte den NS-Deutschen Studenten-Bund, abgekürzt NSDStB, mit der Deutschen Studenten*schaft* verwechselt, einer von den Nazis ›gleichgeschalteten‹ Massenorganisation, bei der die Mitgliedschaft tatsächlich für einen Studierenden kaum zu vermeiden war.
Für den NSDStB, dem Dr. Heinz angehörte, traf jedoch das genaue Gegenteil zu: Hier war die Mitgliedschaft nicht nur freiwillig, sondern unterlag auch sehr strenger Auswahl. Es waren überhaupt nur ›höchstens fünf Prozent der Studierenden‹, wie es in den Richtlinien hieß, ›zum NSDStB zugelassen‹. Wegen der seit 1933 sehr stark zurückgegangenen Gesamtzahl der Studenten

hatte der NSDStB im ganzen Deutschen Reich nur insgesamt etwa dreitausend Mitglieder, und er sollte – so hatte es der damalige ›Stellvertreter des Führers‹, Rudolf Heß, formuliert – ›eine Art von intellektueller SS‹ und ›die politische Elite‹ der Nazi-Partei an den Hochschulen sein. Der NSDStB stellte nämlich den Kadernachwuchs, speziell für den SD, den geheimen Sicherheitsdienst.
Daher übernahm dann auch ein mit Dr. Heinz befreundeter und etwa gleichaltriger Arzt, Dr. Gustav Adolf Scheel, der auch ein hoher SS-Führer war und eine einflußreiche Stellung im SD und in der Umgebung Himmlers hatte, von 1936 an die Führung des NSDStB. Kurz, es handelte sich keineswegs um einen ›harmlosen Verein‹, sondern um eine besonders gefährliche Gruppe, deren Mitglieder nach beendetem Studium als Beamte, Ärzte, Lehrer, Architekten, Rechtsanwälte oder in einem anderen angesehenen Beruf tätig wurden, zugleich aber oft, ohne daß jemand in ihrer Umgebung etwas davon ahnte, dem SD angehörten und ihre Mitbürger bespitzelten.

Dies alles wußten wir damals, im Frühjahr 1935, natürlich noch nicht. Wir ahnten es allenfalls, und jedesmal, wenn einer oder eine aus unserem Freundes- oder Bekanntenkreis von der Gestapo heimgesucht wurde und es sich dann herausstellte, daß sie erstaunlich genaue Kenntnis von Dingen hatte, die ihr eigentlich gar nicht bekannt sein konnten, wuchsen nicht nur Furcht und Respekt vor der beinahe allwissenden Geheimpolizei, sondern auch Mißtrauen und Vorsicht.
Was das Mißtrauen betraf, so begann man erst diejenigen heimlich zu verdächtigen, mit denen es kleine Reibereien gegeben hatte. Konnte es sein, so fragte man sich, daß der Nachbar von Frau Meinerzhagen, dem sie wegen Teppichklopfens während der Mittagsruhe mit polizeilicher Anzeige gedroht hatte, so weit gegangen war, sich mit einer Denunziation bei der Gestapo zu revanchieren? Woher sonst konnten die Gestapobeamten wissen, daß bei Meinerzhagens um Mitternacht ausländische Sender empfangen worden waren, teils mit ›Nigger-Jazz‹ im Programm, teils mit ›Greuelmärchen‹ in den Nachrichten . . .?
Frau Meinerzhagen, die sich darauf hinausgeredet hatte, daß sie den ganz neuen Radioapparat nur einmal ausprobieren wollte – als Kriegerwitwe sei sie an ›feindlichen‹ Sendern wahrlich nicht interessiert –, war mit einer strengen Verwarnung davongekommen. Aber seitdem grübelte sie – und alle ihre verläßlichen Freunde und Verwandten grübelten mit ihr –, wer sie denunziert haben konnte.

Sie war mit ihrer Tochter allein im Haus gewesen. Sie hatte die Fenster und die dicken Vorhänge davor fest geschlossen, und nur ein- oder zweimal war die Lautstärke des Radios vielleicht ein wenig größer gewesen, weil sie etwas ganz genau hatte hören wollen. Es konnte nur dem Nachbarn aufgefallen sein, der möglicherweise ein Loch durch die Wand gebohrt hatte ... Oder war es denkbar, daß in ihrem Telefon, das neben dem Rundfunkgerät stand, ein Abhörgerät versteckt war ...?
Fortan stülpte nicht nur Frau Meinerzhagen, sondern ihr ganzer Freundeskreis, jedesmal, wenn Abhörgefahren ausgeschlossen sein sollten, einen dicken Kaffeewärmer über das Telefon. Aber man durfte dann auch nicht vergessen, ihn später wieder zu entfernen, denn man hätte sich natürlich verdächtig gemacht, wäre jemand ins Zimmer gekommen und hätte die seltsame Verkleidung des Telefons gesehen.
Der Kaffeewärmer war indessen nur eine von vielen Vorsichtsmaßnahmen, die getroffen wurden und die ebenso lächerlich wie unwirksam waren. Die Angst aber, die sehr viele Menschen in Deutschland hatten, war echt und leider auch allzu sehr begründet. Denn immer wieder, oft gerade da, wo man es am wenigsten erwartet hatte, schlug die Gestapo zu.

Das nächste Opfer, das wir kannten und das uns näherstand als der Rechtsanwalt, den wir erst an jenem Silvesterabend 1934 kennengelernt hatten, war der evangelische Pfarrer unserer Gemeinde. Es war ein freundlicher, nur manchmal etwas ungeduldiger Herr, Ende der Fünfzig, der mit seiner kränklichen Frau und zwei Söhnen, von denen der Jüngere auf unser Gymnasium ging, nur hundert Meter von unserer Wohnung entfernt in einem bescheidenen Reihenhaus lebte.
Meine Eltern zahlten zwar Kirchensteuer und Gemeindeabgaben, spendeten auch bei Hauskollekten, nahmen am Gemeindeleben und an den sonntäglichen Gottesdiensten aber nur äußerst selten teil. Auch ich war nur in Ausnahmefällen zur Kirche gegangen und deshalb um so überraschter, als meine Eltern mir Anfang 1935 geraten hatten, mich zum Konfirmandenunterricht anzumelden und mich ›einsegnen‹ zu lassen.
»Man muß jetzt der Kirche mehr Rückhalt geben«, hatte mein Vater dazu bemerkt. »Sie ist die letzte Bastion gegen die Barbarei.«
Meine Mutter war etwas präziser. Sie sagte: »Man muß Pfarrer Klötzel, der sich in seinen Predigten sehr mutig gegen die Grausamkeit und Willkür, vor allem auch gegen den Rassenwahn, aus-

gesprochen hat, unbedingt den Rücken stärken. Wir sollten am Sonntag mal zur Kirche gehen.«
Also hatte ich am Konfirmandenunterricht teilgenommen, den Pfarrer Klötzel selbst erteilte und der viel interessanter war, als ich angenommen hatte. Er verstand es sehr gut, der Bibel und dem Katechismus aktuelle Bedeutung zu geben, zwar in vorsichtiger Umschreibung, aber jedem, der nicht allzu begriffsstutzig war, durchaus verständlich. Auch machte Pfarrer Klötzel keinen Hehl daraus, daß er dem ›Pfarrer-Notbund‹ und der ›Bekennenden Kirche‹ angehörte und daß er die von den Nazis geschaffene ›Glaubensbewegung Deutsche Christen‹ entschieden ablehnte.
Die fanatischen Nazis unter den deutschen Protestanten hatten 1932 diese Glaubensbewegung gegründet, und der Führer dieser ›Deutschen Christen‹ war der ostpreußische Militärpfarrer Ludwig Müller, der im September 1933, nachdem die Gestapo den anfangs starken Widerstand gegen seine Kandidatur rücksichtslos beseitigt hatte, von einer eingeschüchterten Synode zum ›Reichsbischof‹ gewählt worden war.
Der ›Reibi‹, wie Müller dann spöttisch genannt wurde, hatte von Hitler den Auftrag, den in zahlreiche Landeskirchen unterschiedlicher Richtung und etliche freie Religionsgemeinschaften gespaltenen deutschen Protestantismus in einer Reichskirche zu einen und rigoros ›gleichzuschalten‹. Aber es entstand eine Gegenbewegung, die ›Bekennende Kirche‹, die fest entschlossen war, sich dem ›Reibi‹ nicht zu unterwerfen.
Auf der Bekenntnissynode vom Mai 1934 in Wuppertal-Barmen und auf einer weiteren Tagung im November 1934 in Berlin-Dahlem erklärten sich die versammelten Pfarrer für allein berechtigt, die Evangelische Kirche Deutschlands zu repräsentieren. Der Dahlemer Pfarrer Martin Niemöller, ein ursprünglich weit rechts stehender Konservativer, der im Weltkrieg U-Boot-Kommandant gewesen war und noch im Sommer 1933, wie viele andere evangelische Pfarrer, seine Begeisterung für das ›nationale Wiedererwachen‹ laut verkündet hatte, war von da an der Wortführer der ›Bekennenden Kirche‹.
Von den insgesamt etwa 17000 Pastoren waren knapp 3000 ›Deutsche Christen‹, ebenfalls rund 3000 Pfarrer gehörten der ›Bekennenden Kirche‹ an, und die große Mehrheit verhielt sich vorsichtig abwartend. Denn einerseits erforderte es viel Mut, sich als ›Bekenntnispfarrer‹ der Nazifizierung der Kirche, den Rassentheorien und anderen antichristlichen Lehren der Nazis sowie ihrem ›Führer‹kult offen zu widersetzen, andererseits wollten nur wenige

Pfarrer die Judenhetze und den Größenwahn der ›germanischen Herrenmenschen‹ bejahen.
Pfarrer Klötzel, bei dem ich dann im April 1935 konfirmiert wurde, war von Natur aus ein sehr konservativer, vorsichtiger und bedächtiger Mann. Aber in Gewissensfragen war er kompromißlos. ›Jeder, auch der Einfältigste, kann Recht von Unrecht unterscheiden‹, sagte er. ›Wenn wir aber sehen, daß schreiendes Unrecht geschieht, wenn wir gar selbst, und sei es auf höheren Befehl, Unrecht tun sollen, dann müssen wir uns dem widersetzen und Gott mehr gehorchen als den Menschen, die möglicherweise verblendet sind.‹
Im Mai 1935, an einem Spätnachmittag, etwa vierzehn Tage nach meiner Konfirmation, trafen meine Mutter und ich Pfarrer Klötzel auf der Straße. Wir begrüßten uns und sprachen ein paar Worte miteinander. Der Pastor entschuldigte sich dann. Er habe noch einen Hausbesuch bei einer Familie zu machen, der großes Leid widerfahren sei. Außerdem fühle er sich nicht wohl und fürchte, eine Grippe zu bekommen.
Meine Mutter sagte, er solle sich in acht nehmen – die Maiabende seien noch sehr kühl, fügte sie eilig hinzu. Pfarrer Klötzel nickte nur und lächelte. Dann, schon im Weggehen, drehte er sich noch einmal zu uns um und sagte: »Irgendwann wird uns auch wieder die Sonne scheinen . . .«
Am nächsten Tag hörte ich schon auf dem Weg zur Schule, daß der Pfarrer ›abgeholt‹ worden sei. Dann sah ich seinen Sohn kommen und lief zu ihm. »Ist es wahr?« fragte ich ihn.
»Ja«, erwiderte er traurig, »sie kamen mit einem Schutzhaftbefehl. Wegen ›Kanzelmißbrauchs‹ . . . Und er ist gar nicht gut beieinander! Sie haben ihn richtig in den Wagen gestoßen, diese feigen Schurken!«
Einige Wochen später fand in Pastor Klötzels Kirche der Trauergottesdienst für ihn, den im KZ ›Verstorbenen‹, statt. Die Kirche war überfüllt wie nie zuvor, und einige hundert Menschen standen noch vor der Tür. In der Kirche sah ich viele, die fromm katholisch waren, wie Fräulein Bonse, aber auch eine Frau, deren Mann als kommunistischer Funktionär im Zuchthaus saß. Selbst mein Vater, der seit Jahren nicht zur Kirche gegangen war, hatte diesmal dabeisein wollen.
Ein junger Vikar vom ›Pfarrer-Notbund‹ hielt die Predigt. Zum Schluß begann er mit kräftiger Stimme ›Ein' feste Burg ist unser Gott‹ zu singen, die Orgel fiel ein, und alle, drinnen wie draußen auf der Straße, sangen mit.

Um diese Zeit und in den folgenden Monaten wurden in ganz Deutschland mehr als siebenhundert Pfarrer der ›Bekennenden Kirche‹ von der Gestapo verhaftet und in Konzentrationslager gesperrt. In den folgenden Jahren bis Ende 1937 wanderten weitere fast tausend ›Bekenntnispfarrer‹ in die KZs, und viele von ihnen kamen dort ums Leben. Zu dieser Zeit hatte Reichsbischof Müller seine Versuche, alle Protestanten in seine ›Reichskirche der Deutschen Christen‹ zu zwingen, endgültig aufgegeben, war zurückgetreten und aus dem öffentlichen Leben verschwunden. Als am 1. Juli 1937 auch Pastor Niemöller ins Untersuchungsgefängnis Berlin-Moabit kam, war der Widerstand der ›Bekennenden Kirche‹ schon fast gebrochen. Niemöller wurde später von einem Sondergericht zu einer gelinden, durch die erlittene Untersuchungshaft als verbüßt geltenden Strafe verurteilt und aus der Haft entlassen. Doch die Nazis hatten den Respekt vor der Justiz, selbst vor ihren eigenen Sondergerichten, längst verloren. Schon beim Verlassen des Gerichtssaals wurde Pastor Niemöller von der Gestapo in ›Schutzhaft‹ genommen. Er kam ins KZ, erst nach Sachsenhausen, dann nach Dachau, wo er erst bei Kriegsende von den alliierten Truppen befreit wurde.
Fast gleichzeitig mit Niemöllers erneuter Verhaftung wurde die große Mehrheit der noch auf freiem Fuß befindlichen evangelischen Geistlichen gezwungen, einen persönlichen Treueid auf den ›Führer‹ abzulegen. Damit war auch die letzte Bastion gefallen, die dem Terrorregime zumindest moralischen Widerstand geleistet hatte. Die Kapitulation vor dem Unrecht war vollständig.

7. Konnte man wirklich nichts dagegen machen?

»Es war eine schwere Zeit für uns alle«, sagte Dr. Barsch, als er mich zur Tür geleitete. »Was haben wir nicht alles ertragen müssen . . .! Ich bin ja dann auch noch in größere Schwierigkeiten gekommen, und bei dem großen Luftangriff 1942 habe ich meine ganze Bibliothek und wertvolle Manuskripte verloren – ein unersetzlicher Verlust!«

Er hatte mir schon alles ausführlich erzählt und wiederholte es nur zum Abschied noch einmal. In dem großen Spiegel, vor dem ich gerade stand und mir den Mantel anzog, konnte ich sein Gesicht jetzt genau betrachten. Es war noch markanter geworden, und mit dem wehenden weißen Haar, das an den Schläfen abstand, sah er seinem großen Vorbild Gerhart Hauptmann nun noch ähnlicher.

Der inzwischen fünfundachtzigjährige Dr. Barsch hatte mich sehr freundlich empfangen und war sofort bereit gewesen, meine Fragen zu beantworten.

»Ich begrüße das sehr«, hatte er gesagt, »diese Möglichkeit einer Klarstellung und Bereinigung. Mit dem nötigen zeitlichen Abstand und im rechten Licht betrachtet, sieht alles ganz anders aus. Sie werden es sehen . . .«

Wir hatten dann ein langes Gespräch geführt und Erinnerungen ausgetauscht an die Jahre 1932 bis 1937, als wir Nachbarn gewesen waren, Haus an Haus gewohnt hatten. Damals war Dr. Barsch der Feuilletonchef einer angesehenen Tageszeitung, außerdem ein – unter klangvollem Pseudonym schreibender – Lyriker und angehender Dramatiker gewesen.

Anfangs hatte ihn mein Vater sehr geschätzt.

»Ein wirklich interessanter und geistreicher Mann«, war sein Urteil über unseren Nachbarn. »Einige seiner Gedichte sind beachtlich.«

Aber dann, nach dem 10. Mai 1933, war es vorbei mit den Gesprächen über den Gartenzaun und den gegenseitigen Einladungen ›zu einem Glas Wein nach dem Abendessen‹. Der Grund, weshalb er von Dr. Eberhard Barsch nichts mehr wissen wollte und die nachbarlichen Beziehungen fortan auf Distanz brachte, war ein Artikel im Feuilleton, von Eberhard Barsch namentlich gezeichnet. Er hatte meinen Vater so erregt, wie ich es bis dahin noch nicht erlebt hatte. Er war nach der gerade begonnenen Lektüre dieses Beitrags vom Frühstückstisch aufgesprungen, hatte die Zeitung zusammengeknüllt, sie dann aber wieder geglättet und dazu bemerkt: »Dieses Dokument der Schande muß man sorgfältig aufbewahren – für spätere Zeiten . . .«

Die ›Schande‹, von der mein Vater sprach, war die Bücherverbrennung, und Dr. Barsch hatte sie in seinem Blatt auch noch verherrlicht!

Am 10. Mai 1933 waren abends in Berlin – ausgerechnet vor der von Wilhelm v. Humboldt gegründeten Universität! – sowie in zahlreichen anderen Universitätsstädten die Werke aller jüdischen sowie zahlreicher aus anderen Gründen den Nazis mißliebigen Autoren öffentlich verbrannt worden – ein Akt der Barbarei, wie ihn die Welt seit dem Ende des Mittelalters nicht mehr erlebt hatte!

Die Liste der geächteten Verfasser, insgesamt mehr als zwanzigtausend, war, was die zeitgenössische Literatur betraf, fast lückenlos. Nur ganz wenige bedeutende Namen blieben verschont, aber dafür wurden auch die Werke zahlreicher ausländischer Autoren unter Schmähungen in die Flammen geworfen, so die von Upton Sinclair, H. G. Wells, Jack London, André Gide, Émile Zola, Marcel Proust – die Liste war schier endlos und umfaßte auch die Namen großer Wissenschaftler wie Albert Einstein oder Sigmund Freud.

»Dieser wahrhaft revolutionäre Akt der Selbstreinigung«, hatte Dr. Eberhard Barsch dazu geschrieben, »hat seinen flackernden Schein nicht allein auf das verdiente Ende einer bis ins Mark verfaulten, nun endgültig vergangenen Epoche geworfen, sondern zugleich auf den Beginn einer neuen Ära, auf die nationale Wiedergeburt unseres Volkes. Endlich kann die deutsche Volksseele wieder selbst zum Ausdruck kommen. Die reinigende Kraft des Feuers hat der schleichenden Vergiftung und Zersetzung ein Ende gemacht . . .«

Die ›neue Ära‹, deren schauerlichen Beginn Dr. Eberhard Barsch als eine ›Großtat‹ gefeiert hatte, fing dann tatsächlich an mit einer Reglementierung des gesamten kulturellen Lebens in einem Umfang, wie sie seit den Tagen der finstersten Reaktion in Europa nicht mehr stattgefunden hatte.

Binnen weniger Monate war alles und jedes, was mit Kultur zu tun hatte, den strikten Befehlen des nun für alle Kulturbereiche zuständigen Reichsministers für ›Volksaufklärung und Propaganda‹, Dr. Joseph Goebbels, unterworfen. Am 22. September 1933 ›krönte‹ er sein Werk mit der Schaffung einer ›Reichskulturkammer‹, deren Leitung er selbst übernahm. »Der Sinn der Reichskulturkammer«, verkündete der Minister in einer Rede, die von allen deutschen Sendern übertragen wurde, »ist der Zusammenschluß aller Schaffenden in einer geistigen Kultureinheit.« Die neue Organisation stehe unter dem Schutz und der Führung des Reiches, und das Reich habe nicht nur nach dem ›Führerprinzip‹ die Richtlinien des geistigen und künstlerischen Fortschritts zu bestimmen, sondern auch die kulturschaffenden Berufe zu lenken und zu organisieren sowie zu reinigen von allem ›Entarteten‹, allem, was nicht im Einklang stehe mit der nationalsozialistischen Weltanschauung.

Sieben Einzelkammern wurden dann eingerichtet: eine Reichskammer der bildenden Künste, eine Reichsmusikkammer, eine Reichstheaterkammer, eine Reichsschrifttumskammer, eine Reichspressekammer, eine Reichsrundfunkkammer und eine Reichsfilmkammer.

Alle in diesen Bereichen Tätigen mußten der für sie zuständigen Kammer beitreten und sich den von ihr erlassenen Bestimmungen und Richtlinien unterwerfen. Die Kammern hatten das Recht, die Abstammung ihrer Mitglieder zu überprüfen, denn ›Nichtarier‹, vor allem Personen jüdischen Glaubens oder mit jüdischen Vorfahren, waren nicht zugelassen. Auch ›politisch Unzuverlässige‹ wurden nicht aufgenommen oder konnten jederzeit wieder ›ausgestoßen‹ werden. Das bedeutete, daß nur den Nazis völlig Unverdächtige Mitglied einer Kammer werden und bleiben konnten. Die anderen durften in Deutschland ihren Beruf nicht mehr ausüben und wurden damit auch ihres Lebensunterhalts beraubt.

Die Folge dieser beispiellosen Maßnahmen war, daß nun Tausende von Künstlern, Schriftstellern, Film- und Theaterregisseuren, Kameraleuten, Bühnenbildnern, Redakteuren und anderen Mitarbeitern der Presse und des Rundfunks Deutschland verließen, und da in allen nun von den Kammern beherrschten Kulturbereichen gerade die besten und international berühmtesten Repräsentanten in der Mehrzahl entweder ›Nichtarier‹ oder jedenfalls nicht ›rein arisch‹ oder mit ›Nichtariern‹ verheiratet oder aber ›politisch unzuverlässig‹ im Sinne der Nazis waren, verödete das bis dahin so lebendige deutsche Kulturleben in einem Maße, wie man es sich kaum noch vorzustellen vermag.

»Niemand, der in den dreißiger Jahren in Deutschland lebte und sich über die Dinge Gedanken machte«, schrieb später der amerikanische Korrespondent William L. Shirer, der bis 1941 in Berlin gewesen war, »wird jemals vergessen können, wie verheerend das Kulturniveau eines einst hochstehenden Volkes absank. Das war natürlich von dem Augenblick an unvermeidlich, in dem die Führer der NSDAP entschieden, Kunst, Literatur, Presse, Rundfunk und Film hätten ausschließlich den Propagandazwecken des neuen Regimes und seiner ausgefallenen Weltanschauung zu dienen. Von keinem einzigen heute lebenden deutschen Schriftsteller von einiger Bedeutung – ausgenommen Ernst Jünger und Ernst Wiechert in den Anfangszeiten des Nationalsozialismus« – wobei anzumerken ist, daß Wiechert 1938 für zwei Monate ins Konzentrationslager kam – »wurden Schriften während der Nazi-Herrschaft in Deutschland verlegt. Fast alle emigrierten, voran Thomas Mann; die wenigen, die blieben, schwiegen oder wurden zum Schweigen gebracht . . .«

Die massenhafte Flucht oder Auswanderung der vielen Anerkannten und Erfolgreichen hatte für die in Deutschland zurückgebliebenen Künstler und Schriftsteller, soweit sie in die neuen Kammern aufgenommen wurden, einen großen Vorteil, nämlich daß sie, die bis dahin allenfalls Mittelmäßigen oder gar ganz Erfolglosen, mangels besseren Angebots nun ins Rampenlicht rückten.

Auch Eberhard Barsch hatte wohl gehofft, daß seine bis dahin von den Bühnen verschmähten Dramen jetzt, nach der großen ›Reinigung‹ des Kulturlebens, endlich aufgeführt werden würden. Vielleicht hatte er sich nur deshalb den Nazis so sehr angebiedert.

Ich fragte ihn danach.

»Aber, nein«, erwiderte er eifrig und keineswegs verlegen, »das sehen Sie völlig falsch! Mein Artikel zur Bücherverbrennung – das mußte doch eigentlich jeder merken! – war doch nur eine – als solche deutlich markierte – Pflichtübung! Ich nahm die Rede, die Goebbels in Berlin gehalten hatte, als Vorlage, übernahm die schlimmsten Passagen beinahe wörtlich, fügte noch einige sehr starke Adjektive hinzu und hoffte, daß gerade diese ungeheuren Übertreibungen jedem aufmerksamen Leser zeigten, wie hier einer *gezwungenermaßen* und entschieden *gegen* seine eigene Überzeugung etwas lobte, das er in Wirklichkeit aus tiefster Seele verabscheute . . .«

»Wer hat Sie denn dazu gezwungen?« warf ich ein, und er setzte eilig hinzu: »Sehen Sie, ich mußte befürchten, in Kürze entlassen zu werden. Der Chefredakteur hatte bereits einem ›Alten Kämpfer‹ aus der Wirtschaftsredaktion Platz machen müssen. Der Ressortleiter für Innenpolitik war schon am 1. April entlassen worden. Ich mußte befürchten, als nächster an der Reihe zu sein, und hätte dann nirgendwo mehr eine Anstellung bekommen, die meinen Fähigkeiten entsprach. Also mußte ich rasch beweisen, daß ich nicht der ›von des Gedankens Blässe angekränkelte‹ Liberale war, für den die Nazis mich hielten. Um aber meinen Freunden klarzumachen, daß ich dies nur geschrieben hatte, um mir meine Stellung zu erhalten – und das auch im Interesse der Allgemeinheit! –, trug ich so dick auf, daß keiner, der mich kannte, ernsthaft glauben konnte, dies sei meine wahre Meinung. So ist das auch von vielen meiner Freunde und Bekannten verstanden worden. Sie stärkten mir den Rücken und forderten mich auf, nur ja auszuharren und nicht auch noch unser Feuilleton den Nazis zu überlassen. Verstehen Sie mich jetzt?«

Welchen Sinn hätte es gehabt, ihn zu fragen, was denn ein fanatischer Nazi-Kulturredakteur Schlimmeres hätte schreiben können, als er es ›in gewollter Übertreibung‹ getan hatte? Statt dessen fragte ich ihn, wie sein entsetzlicher Artikel zur Bücherverbrennung denn auf die neue Chefredaktion seines Blattes gewirkt hätte.

»Sie waren begeistert«, erwiderte er mit zufriedenem Lächeln, »sie reagierten genauso, wie ich es erwartet hatte. Nun war ich ihr Mann, und mein Feuilleton war gerettet. Natürlich«, fügte er eilig hinzu, »mußte ich den neuen Machthabern auch weiterhin einige Konzessionen machen, aber ich behielt doch einen bedeutenden Teil meiner Unabhängigkeit und konnte manches zwischen den Zeilen spürbar werden lassen. Hier und da gelang es mir sogar, scharfe Kritik einzuflechten. Erinnern Sie sich vielleicht noch meines Leitartikels über ›nationalen Kitsch‹? Nein? Schade, er ist leider mit allen anderen wichtigen Sachen 1942 bei dem großen Luftangriff auf unsere Stadt verbrannt . . . Dieser Beitrag hat damals Aufsehen erregt. Sogar die Gauleitung hat sich eingeschaltet. Aber es konnte mir niemand etwas anhaben, denn auch das ›Schwarze Korps‹, die Wochenzeitung der SS, wandte sich fast zur gleichen Zeit gegen diese Kommerzialisierung und Verkitschung nationaler Symbole . . .«

Er hielt inne, und da er wohl meine Skepsis spürte, gab er dem Gespräch eine neue Richtung.

»Sehen Sie, ich hatte auch persönliche Gründe, ganz besonders vorsichtig zu sein. Aber dennoch habe ich auf meine Weise der kulturfeindlichen Politik des Regimes Widerstand geleistet. Im

Sommer 1937, zum Beispiel, habe ich eine Doppelseite ›Entartete Kunst‹ ins Blatt gebracht – mit herrlichen Abbildungen der Werke von Chagall, Pechstein, van Gogh, Gauguin, Cézanne und Kokoschka auf der einen und den schrecklichsten Beispielen für den schlechten Geschmack der Nazi-Führer auf der anderen Seite. Gewiß, im Text mußte ich es notgedrungen andersherum darstellen, aber die Bilder sprachen für sich selbst, und es hat viele Leser gegeben, die ganz naiv anfragten, ob wir die Bildunterschriften nicht vertauscht hätten . . .« Er kicherte, offenbar noch immer stolz auf diesen gewagten Streich.

»Darf ich fragen, welche persönlichen Gründe Sie hatten, besonders vorsichtig zu sein?«

Er schien auf meine Frage gewartet zu haben, denn er begab sich sofort an seinen Schreibtisch, nahm eine Mappe mit verschiedenen Schriftstücken heraus, öffnete sie und entnahm ihr ein großes Doppelblatt, das außen die Aufschrift ›Meine Ahnen‹ trug. Auf den beiden Innenseiten war der Stammbaum der Familie Barsch aufgezeichnet.

»Interessant, nicht wahr?« bemerkte er bereits, während er mir die Stammtafel überreichte.

Ich überflog die vielen Namen und stutzte bei einem.

»Ach, Sie stammen von Schadow ab?«

Er strahlte.

»Sie haben den damals ›wunden Punkt‹ auf Anhieb gefunden«, sagte er, sehr zufrieden.

Johann Gottfried Schadow, der große deutsche Bildhauer, hatte sich 1785 mit der jüdischen Juwelierstochter Marianne Devidels aus Wien vermählt. Aus dieser Ehe stammte der zu seiner Zeit sehr berühmte Maler Friedrich Wilhelm v. Schadow, der von 1827 bis 1859 die Düsseldorfer Kunstakademie geleitet hatte, geadelt worden war und nach dem man eine der Hauptstraßen der Düsseldorfer Innenstadt benannt hatte. Sie war auch in der Nazi-Zeit nicht umbenannt worden. Eine Tochter des Malers und Akademiedirektors war Eberhard Barschs Großmutter gewesen – nach Nazibegriffen hatte es sich bei ihr um einen ›jüdischen Mischling 2. Grades‹ gehandelt, und das war für ihren Enkel, den einstigen ›Schriftleiter‹ Dr. Barsch, nicht mehr gefährlich. Soweit hatten die Nazis ihre Ansprüche auf ›Rassenreinheit‹ nicht treiben können, sonst hätten sie am Ende überhaupt niemanden mehr gefunden, der für sie im kulturellen Bereich als Propagandist verwendbar gewesen wäre.

Die einzige ›Volljüdin‹ im Stammbaum der Familie Barsch war

Marianne Schadow, die Ehefrau des großen Bildhauers. Aber sie war lange vor 1800 geboren und zählte selbst nach den strengen Regeln des ›SS-Rasse- und Siedlungs-Hauptamts‹ nicht mehr als eine den Ururenkel belastende Ahnin.

»Mit den Bendemanns sind wir auch verwandt«, sagte Herr Dr. Barsch.

Das war nun, wie ich zufällig wußte, noch etwas weiter hergeholt. Eduard Bendemann, nach dem ebenfalls eine Düsseldorfer Straße hieß, war als Sohn eines Bankiers aus altangesehener jüdischer Familie 1811 in Berlin geboren. Er hatte sich taufen lassen, ehe er Lida, eine Tochter des Bildhauers Schadow aus dessen zweiter, ›arischer‹ Ehe, geheiratet hatte.

Bendemann, einer der berühmtesten deutschen Maler des 19. Jahrhunderts, war dann der Nachfolger seines Schwagers, des jüngeren Schadow, in der Leitung der Düsseldorfer Kunstakademie gewesen. Auch er war geadelt worden, und sein Sohn, Felix v. Bendemann, nach Nazi-›Rasse‹-Begriffen ›Halbjude‹, hatte die Seeoffizierslaufbahn eingeschlagen und es um die Jahrhundertwende in der kaiserlichen Kriegsmarine zum Admiral und Chef der Marinestation ›Nordsee‹ gebracht.

Aber das alles war, soweit es die Abstammung des Dr. Barsch betraf, ganz unerheblich, denn von einer Blutsverwandtschaft mit den Bendemanns konnte ja keine Rede sein. Die in Düsseldorf lebenden Familien v. Schadow und v. Bendemann waren verschwägert und befreundet gewesen, aber daraus hätten selbst die größten ›Rasse‹fanatiker unter den Nazis dem ›Schriftleiter‹ Dr. Barsch keinen Strick drehen können.

Das sagte ich ihm auch, aber er erwiderte auf meinen Einwand nur: »Ja, gewiß«, sagte er, »nach den ›Nürnberger Gesetzen‹ konnte mir niemand etwas anhaben – aber, wissen Sie, ich hatte mich vor 1933 im Kollegenkreis mitunter gerühmt, ein Nachfahre dieser Großen der deutschen Kunst zu sein, des älteren und des jüngeren Schadow und auch des Akademiedirektors Bendemann. Für das Kulturressort und das Feuilleton waren das ja Pluspunkte. Hinzu kam – und das können Sie aus dieser Ahnentafel nicht ersehen –, daß meine Frau eine geborene Barnay zur Mutter hatte, eine Tochter des großen Schauspielers und Begründers der ›Deutschen Bühnengenossenschaft‹, Ludwig Barnay, von dem auch das ›Berliner Theater‹ gegründet und geleitet worden war. Auch dieses Umstands hatte ich mich als junger Mann mitunter gerühmt. Schließlich wollte ich ja, daß die Dramaturgen auf meine Stücke aufmerksam wurden. Aber wie mir dann nach 1933 bewußt wurde, war auch Ludwig Barnay Jude gewesen, und meine Frau galt als seine Enkelin von 1935 an als ›jüdischer Mischling 2. Grades‹ ... Das war eine sehr starke Belastung für mich, alles in allem.«

»Ich erinnere mich nur ganz dunkel an Ihre Frau«, sagte ich. »Haben Sie sich nicht von ihr scheiden lassen?«

»Ja, gewiß«, antwortete Dr. Barsch, »wir haben uns im Herbst '33 im gegenseitigen Einvernehmen getrennt, vor meiner Aufnahme in die Reichspressekammer. Wir sind gute Freunde geblieben, und zum Glück ist ihr ja auch nichts passiert. Aber die Scheidung war unvermeidlich unter den besonderen Umständen. Ich hätte sonst mein Ressort abgeben müssen und wäre entlassen worden.«

»Tatsächlich?«

»Man hat mir damals von der Verlagsleitung aus nahegelegt, mich von meiner Frau zu trennen. Es hätte sonst, wegen meiner exponierten Stellung, allergrößte Schwierigkeiten gegeben – sie waren ja nicht zimperlich, die Herren von der Gestapo, die mit den Präsidien der Reichspresse- und Reichsschrifttumskammer Hand in Hand arbeiteten ...«

Ich erinnerte mich an eine ganze Reihe von Männern, die sich während der zwölfjährigen Naziherrschaft *nicht* von ihren ›viertel-‹, ›halb-‹ oder auch ›volljüdischen‹ Ehefrauen getrennt und dafür eine berufliche Benachteiligung in Kauf genommen hatten. Oft waren sie mit stillschweigender Billigung ihrer Vorgesetzten und Kollegen selbst darum eingekommen, aus ›exponierten‹ Stellungen in weniger öffentlich sichtbare und nicht ›kammerpflichtige‹ Bereiche versetzt zu werden, und fast alle hatten das ›Dritte Reich‹ überstanden, ohne daß sie oder ihre Frauen, die gerade durch die Ehe mit ihnen, den ›Ariern‹, vor Verfolgung weitgehend geschützt waren, dadurch Schaden genommen hätten.

Ich wechselte das Thema und erkundigte mich, ob er während der Nazizeit, neben seiner Arbeit als Leiter des Feuilletons, viel veröffentlicht habe.

Er war sehr erfreut, darüber reden zu können.

»Ja, gewiß«, sagte er, »wußten Sie das nicht?«

Und schon ging er zu seinem Bücherschrank.

Während der nächsten halben Stunde hätte ich sicherlich viele Dutzend Gedichte, Kurzgeschichten, Novellen und wahrscheinlich auch wichtige Szenen aus seinen – auch in der Nazizeit nicht aufgeführten, aber in Privatdrucken vorliegenden – Dramen lesen oder anhören und allerlei Bemerkungen dazu machen müssen, denn er brachte einen Stapel von etwa zehn, zwölf kartonierten, schon etwas vergilbten Bändchen sowie einen dickeren Leinen-

band, den er im Begriff war, beiseite zu legen, als es an seiner Wohnungstür läutete.
Er bat mich, ihn zu entschuldigen und mir derweilen die Gedichtbändchen anzusehen. Dann ging er öffnen und stellte dabei den Leinenband in den Bücherschrank zurück.
Ich nahm ihn wieder heraus, blätterte ein wenig darin und sah mir dann den Titel an. Er lautete ›Jungdeutschland im Dritten Reich‹. Es war ein Sammelwerk mit Beiträgen zahlreicher, inzwischen völlig in Vergessenheit geratener Autoren, die in den Jahren nach 1933 hochgeschätzt gewesen waren und den Platz der vielen aus Deutschland vertriebenen oder mit Schreibverbot belegten Schriftsteller von Weltruf eingenommen hatten: Hans Friedrich Blunck, Hans Zöberlein, Hertha Torriani-Seele, Heinrich Anacker – und dazwischen fand ich auch zweimal den Dichternamen unseres früheren Nachbarn Dr. Barsch. Das eine Gedicht hatte die Überschrift ›Die Pflicht ist Wegeweiser‹, das andere – Dr. Barsch hatte es mit einem Lesezeichen markiert und darauf handschriftlich vermerkt: ›Zum Reichsparteitag 1935 – Anerkennungsschreiben von Reichsminister Dr. Goebbels‹ – war betitelt: ›Unser Arbeitsdienst‹. Es begann mit den Zeilen:

›Was wir im Herzen haben,
ist junge Kraft.
Wir hacken und wir graben
mit Leidenschaft.‹

Es folgten weitere fünf Strophen, und die beiden letzten lauteten:

›Und doch sind wir inmitten
des Volks, der Zeit.
Wer durch den Dienst geschritten,
ist liebeweit.

Die nackten Schultern tragen
des Wetters Brand,
Wir wollen und wir wagen:
ein neues Land!‹

Ich stellte den grauen Leinenband zurück in den Bücherschrank und dachte, was wohl die Bendemanns, Schadows und Barnays sowie die mehr als zwei Millionen anderen von den auf dem Reichsparteitag am 15. September 1935 in Nürnberg verkündeten

›Rasse‹-gesetzen betroffenen Deutschen von diesem kulturellen Beitrag des Dr. Barsch gehalten haben mochten, der die ›Feierstunde‹ ihrer Diskriminierung und Verfolgung ›umrahmt‹ hatte. Gewiß hätten sie dem Dichter, der sich vor 1933 der Verwandtschaft mit ihnen gerühmt hatte, nicht zum Vorwurf gemacht, daß er weder aus Deutschland emigriert war noch dem Naziregime den geringsten Widerstand geleistet hatte. Aber, so mochten sie sich gefragt haben, war es wirklich nötig gewesen, sich den braunen Machthabern gegenüber so liebedienerisch zu verhalten? Hatte sich Dr. Barsch nicht mit einem Übermaß an Loyalität an die Seite ihrer Verfolger gestellt? War er *da*zu gezwungen gewesen?
Das Schriftleitergesetz vom Oktober 1933, mit dem die gesamte deutsche Presse ›gleichgeschaltet‹ worden war, hatte zwar von allen Redakteuren, neben der Reichsangehörigkeit und der ›arischen‹ Abstammung, auch des Ehepartners, ein ›Bekenntnis zum nationalsozialistischen Staat‹ gefordert. Alle im Pressebereich Tätigen waren verpflichtet gewesen, ›aus Zeitungen alles fernzuhalten, . . . was geeignet ist, die Kraft des Deutschen Reiches nach außen und innen, den Gemeinschaftswillen des deutschen Volkes, die deutsche Wehrhaftigkeit, Kultur oder Wirtschaft zu schwächen‹. Aber es wurde von keinem ›Schriftleiter‹ gefordert, schwülstige Hymnen zu den Parteitagen der NSDAP selbst zu verfassen.
Als Dr. Barsch wieder ins Zimmer zurückgekommen war, fragte ich ihn rundheraus, ob er eigentlich, zumindest zeitweise, ein überzeugter Nazi gewesen sei oder was ihn sonst bewogen habe, ein ›Übersoll‹ an Beweisen seiner Loyalität zu erbringen. Der kleine ›dunkle Punkt‹ in der Ahnentafel, noch dazu vor 1800, konnte ihn dazu doch nicht veranlaßt haben, und von seiner ›halbjüdischen‹ Frau war er doch bereits vor Jahresende 1933 geschieden worden.
»Konnte man noch mehr von Ihnen verlangen?« wollte ich wissen.
»Hören Sie, Sie waren noch sehr jung damals. Sie können gar nicht wissen, welcher Druck auf uns Älteren gelastet hat. Sie haben keine Vorstellung davon, was es hieß, ständig gewärtig sein zu müssen, von der Gestapo abgeholt und in ein KZ gesperrt zu werden! Ich habe damals ein solches Lager von innen gesehen – Gott sei Dank nicht als Gefangener! Es war eine Besichtigung, die das ›Promi‹, das Reichspropagandaministerium, für einige in- und ausländische Journalisten arrangiert hatte . . . Es war furchtbar – ich werde das nie vergessen . . .! Sie hatten natürlich dafür gesorgt, daß alles sauber und ordentlich aussah. Aber man *spürte* doch, was

wirklich dahintersteckte! Man konnte die Angst der Häftlinge, die sagten, es ginge ihnen gut, förmlich riechen! – Einer war dabei, den ich kannte, ein Sportredakteur, mit dem ich ein paar Wochen zuvor noch abends im Lokal gegenüber dem Pressehaus gesessen hatte – er sah entsetzlich aus! Kahlgeschoren, verängstigt, um Jahre gealtert ... Er hatte einen Freund, nach dem die Gestapo fahndete, bei sich übernachten lassen und mit Geld versehen ... Das war natürlich bodenloser Leichtsinn gewesen, aber es hat mich oft nachts nicht schlafen lassen, wenn ich daran dachte, daß mir so etwas auch passieren könnte – meine Frau hatte noch einen Schlüssel von meiner Wohnung ...«
Ich verabschiedete mich.
Er begleitete mich zur Tür und redete weiter von seinen damaligen Ängsten und Sorgen, von einer Untersuchung, in die er auch verwickelt gewesen war – wegen eines politischen Witzes, den jemand in der Kneipe erzählt hatte und der zur Anzeige gebracht worden war – natürlich nicht von ihm.
Als er hinter mir schon die Tür schließen wollte, fragte ich ihn: »Erinnern Sie sich noch an Frau Ney, die von der Konditorei an der Ecke ...«
»Ja, natürlich! Es gab dort zweifellos den besten Kuchen weit und breit. Frau Ney war eine sehr tüchtige Geschäftsfrau, tat allerdings immer sehr fromm – aber das hat dem Kuchen nichts geschadet, und dem guten Kaffee, den es bei ihr gab, auch nicht. Gibt es einen besonderen Grund, weshalb Sie danach fragen?«
»Nein«, erwiderte ich, »es fiel mir nur gerade ein ...«

8. Von Menschen, die zu helfen verstanden

Fast jeder in unserer Gegend kannte Frau Änne Ney, die Chefin der Konditorei an der Straßenbahngabel, wo sich die Linien trennten, die in die einzelnen Vororte und Nachbarstädte führten. Änne Neys Ehemann, der Konditor, ein wirklicher Meister seines Fachs, war meist in der Backstube. Verließ er sie, dann zog er sich zuvor um und erschien in einem eleganten, maßgeschneiderten Straßenanzug, ›ein Gentleman vom Scheitel bis zur Sohle‹, wie seine Frau zufrieden festzustellen pflegte.

Der Kuchen-, Torten-, Pralinen- und Eisverkauf sowie das stets gutbesuchte Café waren ihre Domäne. Sie nahm die telefonischen Bestellungen entgegen, die weit über das Stadtviertel hinaus, selbst in Nachbarstädte wie Duisburg oder Krefeld, von einem Fahrer ausgeliefert wurden, wachte über die Bedienung am Büffet, wechselte mit jedem der Käufer, den sie kannte, ein paar freundliche Worte und fand auch noch Zeit, sich mit den Stammgästen im Café zu unterhalten. Sie hörte sich gern an, was sich bei ihnen Neues in der Familie und im Berufsleben ereignet hatte, und war stets bereit, helfend oder vermittelnd einzugreifen, wenn ihre guten Dienste benötigt wurden.

Mein Vater pflegte jeden Nachmittag für eine halbe Stunde in dieses Café zu gehen. Meist setzte er sich gar nicht an eines der Marmortischchen, sondern bekam seinen Kaffee in dem winzigen Kontor serviert, wo Änne Ney die telefonischen Kuchenbestellungen entgegennahm und sich vom Stehen hinter dem Büffet etwas ausruhte, denn sie war ›nicht mehr die Jüngste‹, wie sie mitunter seufzend feststellte, und hatte ein Hüftleiden, das ihr oft sehr zu schaffen machte.

Im Kontor unterhielten sich mein Vater und Änne Ney meist im Flüsterton, und ich fand bald heraus, daß diese Gespräche, an denen oft der eine oder andere Stammgast teilnahm, so etwas wie eine politische Nachrichtenbörse waren – und manchmal auch mehr.

Denn Frau Ney, die ich ›Tante Änne‹ nennen durfte und bei der ich fast unbegrenzten Kredit genoß, was meine sommerlichen Eiskäufe betraf – sie stellte die 70 oder manchmal auch 90 Pfennig am Ende der Woche einfach meinem Vater in Rechnung, der das meist gar nicht bemerkte –, hatte gute Verbindungen nach allen Seiten hin. Leute, die es unter den Nazis zu Macht und Einfluß gebracht hatten, waren früher von ihr zwar kritisiert, aber nie im Stich gelassen worden, wenn ihnen gegen Ende des Monats das Geld für eine Tasse Kaffee gefehlt hatte. Diese nunmehr sehr einflußreichen und inzwischen auch wohlhabenden ›Alten Kämpfer‹, darunter sogar der Gauleiter und der Polizeipräsident, hatten sich eine gewisse Anhänglichkeit an sie und sogar Respekt vor ihr bewahrt, obwohl sie genau wußten, daß Änne Ney keine Sympathie für das Regime hatte. Aber schließlich war sie eine ältere Dame, gehbehindert zudem und immer höflich. Sie durfte daher als völlig harmlos gelten, und man ließ ihr, auch wenn sie freundlich, aber bestimmt, Kritik an – zumal kirchenfeindlichen – Maßnahmen der Nazis äußerte, ein erstaunlich hohes Maß an ›Narrenfreiheit‹. Daß diese Einschätzung von Frau Änne Ney vom Standpunkt der Nazis aus gänzlich falsch war, wußte ich schon bald. Sie wußte auch, daß ich dahintergekommen war, aber das störte sie nicht. Es herrschte vielmehr zwischen ›Tante Änne‹ und mir ein stillschweigendes Einverständnis, daß darüber nie gesprochen und das gegenseitige Vertrauen nur in Anspruch genommen werden durfte, wenn es unbedingt nötig war. Aber auch in solchen dringenden Fällen galt zwischen uns die Regel, alles ganz normal, fast beiläufig, zu besprechen, auf das Wesentliche zu beschränken und jede Dramatisierung zu vermeiden.

»Hier ist dein Eis«, sagte sie etwa, und ich sah mit einem Blick, daß die Portion größer war als üblich, was bedeutete, daß sie irgend etwas von mir wollte. Dann ging ich nicht gleich wieder, sondern schleckte an meiner Eistüte und blieb in der Nähe des Kuchenbüffets stehen, bis ›Tante Änne‹ die Zeit für gekommen hielt, ihre Frage zu stellen, was wiederum abhing von den Kunden, die gerade bedient wurden.

»Kennst du die kleine Wolf, die Ruth? Sie ist etwa so alt wie du, vielleicht auch erst 14 ...«, fragte sie mich dann, widmete sich aber gleich wieder einem neuen Kunden, während ich über ihre Frage nachdachte.

Die Wolfs waren Juden, ich kannte sie flüchtig. Es waren keine alteingesessenen, wohlhabenden Bürger, wie etwa die Eltern meiner jüdischen Schulfreundin Susanne, sondern sie kamen aus Schlesien oder Westpreußen. Der Vater von Ruth Wolf, die nicht auf die hö-

here Schule ging, sondern in der Abgangsklasse der Volksschule war, hatte eine kleine Schneiderei. Es waren ihm, so hatte ich von Rolf, einem meiner Klassenkameraden, der in derselben Straße wohnte, am Morgen schon gehört, die Scheiben eingeworfen und die zur Anprobe fertigen Stücke von den Schneiderpuppen gerissen und zertrampelt worden.
»Stoff geklaut haben sie auch«, hatte Rolf gesagt, »und Knallfrösche in die Regale geschmissen . . . Eine Schweinerei ist das!« hatte er leise hinzugefügt, obwohl er doch in der HJ war und sonst alles großartig fand, was die Nazis machten, vor allem das ›Führerprinzip‹.
Warum mochte sich ›Tante Änne‹ nach Ruth Wolf erkundigt haben? Während ich noch darüber nachdachte, hörte ich sie zu einer älteren Dame, die eine große Torte gekauft hatte, leise sagen: »Das arme Mädchen hat einen furchtbaren Schock erlitten – es schläft nämlich hinten im Laden, im Umkleideraum, weil die Eltern nur eine Wohnküche haben . . .«, und ich fing auch den Seitenblick auf, den sie mir zuwarf, so daß ich mir zusammenreimen konnte, daß von Ruth Wolf die Rede war.
»Wie geht es dem Fräulein Bonse?« fragte mich ›Tante Änne‹ einen Augenblick später, als gerade niemand in der Nähe war, und sie fügte, ein paar Kuchenkrümel von der Glasplatte wischend, nachdenklich hinzu: »Das Mädchen hat kein Englisch in der Schule gelernt, sonst wäre das ja vielleicht eine Möglichkeit . . .«
Dann kam wieder ein Kunde.
»Heil Hitler, Frau Ney – ich möchte eine schöne große Schokoladentorte und dann noch ein paar Mohrenköpfe und so . . .«
»Grüß Gott, Herr Sturmbannführer«, hörte ich ›Tante Änne‹ freundlich sagen und fand das reichlich kühn. »Oder sind Sie jetzt gar schon Obersturmbannführer? Noch nicht? Na, das wird schon bald werden, da bin ich ganz sicher . . . Wieviel Kuchen soll es denn sein?«
Sie hantierte schon mit dem Papptablett und füllte es mit Mohrenköpfen, Himbeertörtchen, Kremschnitten und Schillerlocken, wobei sie sagte: »Das sieht ja ganz nach einer Geburtstagsfeier aus, Herr Sturmbannführer! – Tatsächlich? Nun, dann gratuliere ich herzlich und wünsche Ihnen alles Gute, vor allem baldige Beförderung – vielleicht erlauben Sie mir . . .?«
Sie schenkte ein großes Glas ihres Hausmarken-Weinbrands für den Sturmbannführer ein, auch ein Gläschen für sich, stieß mit ihm an und plauderte weiter.
Ich überlegte mir währenddessen, daß sie offenbar vorhatte, Ruth

Wolf, die sie vermutlich gar nicht näher kannte, ins Ausland zu schicken, damit sie dort sicher wäre vor solchen Überfällen und sich von dem Schock erholen könnte.
›Tante Änne‹ wollte wohl von mir wissen, ob auch eine Volksschülerin ohne Englischkenntnisse am akademischen Austausch oder, wie ich im Vorjahr für acht Wochen, an einem Ferienkurs in England teilnehmen könnte. Und es schien sie auch zu interessieren, ob sich mit Fräulein Bonse über diesen speziellen Fall reden ließe, woran ich keinen Zweifel hatte.
So sagte ich zu ihr, nachdem der Sturmbannführer gegangen war: »Das Fräulein ist in Ordnung, sogar prima. Willst du ihre Telefonnummer wissen?«
»Ach, ich glaube es ist besser, *du* rufst sie eben mal an. Dich kennt sie ja. Frag sie doch bitte, ob sie wohl so freundlich wäre, mich auf eine Tasse Kaffee zu besuchen, möglichst noch heute – oder gleich morgen früh. Es eilt mir sehr damit. Und erklär ihr bitte, daß ich zu ihr käme, wenn ich aus dem Geschäft weggehen könnte und wenn mir das Treppensteigen nicht so schwerfiele«, woraus ich schließen konnte, daß ›Tante Änne‹ sich auch schon anderweitig nach ihr erkundigt hatte. Woher sollte sie sonst wissen, daß Fräulein Bonse nicht berufstätig war und über ihre Zeit frei verfügen konnte, auch, daß sie vier Treppen hoch, in einer schönen Atelierwohnung mit Blick auf den Rhein, wohnte?
Ich telefonierte also mit ihr. Sie sagte, sie käme in etwa einer Stunde zu Frau Ney, und sie fragte nicht einmal, worum es sich handelte. Es genügte ihr, daß es ›Tante Änne‹ sehr eilig habe, sie zu sprechen.
Ich ging nach Hause und machte Schularbeiten.
An einem der nächsten Tage, als ich mir wieder im Café Ney ein Eis holen ging, erkundigte ich mich bei ›Tante Änne‹, ob Fräulein Bonse ihr hätte behilflich sein können.
Sie nickte nur und widmete sich zunächst einer Kundin, die hereingekommen war. Etwas später sagte sie zu mir: »Ich habe aber noch keine Nachricht, ob alles gutgegangen ist.«
Ich wußte, daß es zwecklos war, im Augenblick weitere Fragen zu stellen. Aber einige Wochen später – ich hatte die Sache schon fast vergessen – zeigte mir ›Tante Änne‹ eine bunte Ansichtskarte aus New York.
»Da wollte ich immer mal hin«, sagte sie, »natürlich nur für ein paar Tage – es soll dort keine einzige richtige Konditorei geben! Man kann es sich kaum vorstellen . . . Übrigens, das Mädchen, die Ruth, ist jetzt dort – bei ihrer Tante und ihrem Onkel. Vielleicht

können ihre Eltern bald nachkommen ... Sie schreibt, es geht ihr gut.«
Ich wollte etwas fragen, aber es kamen wieder Kunden herein. Ehe sich ›Tante Änne‹ ihnen zuwandte, sagte sie leise zu mir: »Das Fräulein hat auch einen Draht zu den Quäkern – großartige Leute! Es ist ein Jammer, daß sie nicht katholisch sind ...«
Mehr war zunächst nicht zu erfahren.
Zu Hause schlug ich im ›Klugen Alphabet‹, einem zehnbändigen Konversationslexikon, das ich zur Konfirmation bekommen hatte, das Stichwort ›Quäker‹ nach. Dort stand:
›Quäker (engl. Quakers *[kuäkers]*, eine von George Fox um 1650 gegr., in England und den USA verbreitete Gemeinschaft (rund 150000). Beim Gottesdienst sitzen sie schweigend beisammen, bis einer in sich die Berufung zum Predigen oder Beten empfindet; Gegner des Abendmahls, der Kindertaufe, des Kriegsdienstes und Eides. Bekannt besonders durch ihren Kampf gegen Sklaverei, für Gleichstellung der Frau und durch ihre Fürsorgetätigkeit in und nach dem Weltkriege in Europa.‹
Ich erinnerte mich sofort an einen Jugendroman, den ich gelesen hatte. Er spielte in Nordamerika, und eine Gruppe von Leuten, die sich ›Freunde‹ nannten, hatten geflüchtete Negersklaven vor ihren Verfolgern gerettet, von ihren Ketten befreit und zu einem breiten Fluß gebracht, den sie durchschwimmen mußten, damit sie das Gebiet der Nordstaaten erreichten, wo sie sicher waren, denn dort gab es keine Sklaverei.
Ich war nun sehr gespannt zu erfahren, auf welche abenteuerliche Weise wohl Ruth Wolf vor den Nazis in Sicherheit gebracht worden war.
Ich war dann etwas enttäuscht, als ich später hörte, wie alles vor sich gegangen war. Überraschend an der Geschichte war eigentlich nur, daß ich sie von jemandem erfuhr, dem ich eine, noch dazu wesentliche, Beteiligung an einem solchen ja keineswegs ungefährlichen Akt der Nächstenliebe niemals zugetraut hätte und den ich sogar für einen Nazi, weniger aus Überzeugung als aus kühler Berechnung, gehalten hatte.
Etwa vierzehn Tage nach der geheimnisvollen Mitteilung von ›Tante Änne‹ über die Quäker – es muß Ende Juni 1935 gewesen sein, ein paar Wochen vor dem Reichsparteitag, auf dem Hitler die ›Nürnberger Gesetze‹ zur Entrechtung der Juden bekanntgab – fuhr ich nachmittags in die Stadt, um mich an der Normaluhr am Corneliusplatz mit meinen Freunden zu einem Stadtbummel zu treffen.

»Geh, ehe du wieder nach Hause kommst, bei Herrn Desch vorbei«, hatte mir meine Mutter aufgetragen. »Vaters Anzug ist fertig, und du sollst ihn abholen . . .«

Herr Desch hatte ein vornehmes Schneideratelier in einer stillen Seitenstraße der Königsallee, und er war meinem Vater von ›Tante Änne‹ empfohlen worden, weil er auch die Anzüge ihres Mannes, des Konditors, der immer so elegant gekleidet war, geschneidert hatte.

Ich mochte Herrn Desch nicht. Er war groß, schlank und von geradezu erdrückender Eleganz, hatte ein Gesicht wie ein Karpfen mit kalten, etwas vorstehenden Augen und spärliches, blaßblondes Haar, das er sorgfältig gescheitelt trug, dazu eine seltsam teilnahmslose Art zu sprechen, außer wenn es sich um Stoffqualitäten und den Sitz seiner Anzüge handelte. Zu allem Überfluß war er ›Förderndes Mitglied der SS‹ und trug meist ein entsprechendes Abzeichen am Revers.

Ich kam kurz vor Geschäftsschluß, mußte aber dennoch warten, weil ein höherer SS-Führer seine maßgeschneiderte Ausgehuniform anprobierte und daran etwas auszusetzen hatte.

»Nein, Oberführer, bestimmt nicht!« hörte ich Herrn Desch sagen. »Die Litze sitzt genau nach Vorschrift – dafür lege ich meine Hand ins Feuer! Hier, sehen Sie selbst, Oberführer: Das sind die allerneuesten Bestimmungen des Organisationshauptamts . . .« Er ereiferte sich geradezu.

Schließlich hatte er ihn überzeugt, und während sich der Oberführer der neuen Uniform, die er, wie er immer wieder betonte, ›auf dem großen Empfang des Führers am Reichsparteitag‹ zu tragen beabsichtigte, in einer Umkleidekabine entledigte und sie einpakken ließ – ›mein Fahrer holt sie morgen früh ab‹, ließ er Herrn Desch wissen –, wandte sich dieser endlich mir zu und sagte, nun wieder mit seiner üblichen leisen und unbeteiligten Stimme: »Der Anzug für deinen Vater, nicht wahr? Geh am besten gleich nach hinten, in die Werkstatt. Herr Wolf hat ihn aufgebügelt und wird ihn dir einpacken. Ich komme gleich nach, sobald ich den Laden abgeschlossen habe . . .«

Ich dachte mir nichts bei dem Namen, den Herr Desch genannt hatte, und erst als ich den Schneider sah, der ängstlich darauf zu lauschen schien, ob der SS-Führer noch vorn im Geschäft wäre, und nervös reagierte, als ich ihn fragte, ob er Herr Wolf sei, ging mir ein Licht auf. Das war ja der Vater von Ruth!

»Haben Sie Ihr Geschäft aufgeben müssen?« fragte ich ihn leise.

Er nickte traurig.

»Vielleicht können wir ja bald hinübermachen nach Amerika, meine Frau und ich«, flüsterte er. »Wir wohnen vorläufig hier . . .« Er machte eine Kopfbewegung zur Tür eines Hinterzimmers hin. »Herr Desch ist ein guter Mensch. ›Es ist hier sicherer für Sie, Herr Wolf‹, hat er gesagt, ›und Sie brauchen keine Miete dafür zu zahlen . . .‹ Er ist wirklich ein guter Mensch, der Herr Desch . . .«
Ich war sprachlos.
Erst als er den neuen Anzug meines Vaters einzupacken begann, faßte ich mir ein Herz und sagte: »Tante Änne, ich meine: Frau Ney hat mir die schöne Postkarte gezeigt, die Ruth ihr aus New York geschickt hat. Sie hat mir auch erzählt, daß die Quäker ihr geholfen haben . . .«
Er war gerade dabei, den Anzug mit vielen Lagen Seidenpapier auszustaffieren, doch als ich die Quäker erwähnt hatte, war er erschrocken aufgefahren.
»Pst!« flüsterte er. »Das ist nichts für fremde Ohren! Herr Desch will nicht, daß man weiß, was er macht. Er hat sie selber mit dem Auto nach Basel gefahren – denk nur! So ein vornehmer Geschäftsmann macht sich soviel Mühe für unsere Ruth! Er hat ihr sogar . . .«
Er hielt verlegen inne, denn Herr Desch war eingetreten.
»Ich hatte geschäftlich in Basel zu tun, Herr Wolf, und im Auto war Platz genug«, sagte er, und es klang so gelangweilt wie immer. »Meine Frau war froh, sich unterwegs unterhalten zu können. Ich rede nämlich nicht, wenn ich am Steuer sitze. Also, regen Sie sich nicht auf . . .«
Dann nahm er den Karton mit dem Anzug, den Herr Wolf inzwischen verschnürt und mit einem Tragegriff versehen hatte, ging mit mir in den Laden und sagte, ehe er mir die Tür aufschloß: »Fährst du in den großen Ferien wieder nach England?«
»Ja – schon in zehn Tagen.«
»Über Ostende–Dover . . .?«
»Ja, wie letztesmal.«
»Fein«, sagte er. »Ich nehme an, Fräulein Bonse weiß über alles Bescheid – die Abfahrtzeit des Zuges, die Liste der Teilnehmer und die ganzen Formalitäten . . .?«
»Ja, sie organisiert das ja alles.«
Ich war erstaunt, daß er Fräulein Bonse, zumindest ihren Namen, kannte. Ob ihm mein Vater davon erzählt hatte?
Ich zögerte noch, ihn danach zu fragen, als er sich weiter erkundigte: »Fährt nicht auch eine Gruppe nach Frankreich?«
»Ja, aber nach England reisen viel mehr. Wir treffen uns alle im

Kölner Hauptbahnhof, auch die, die nach Frankreich fahren. Bis Lüttich reisen wir zusammen.«
»Dann ist das ja wohl eine ziemlich große Gruppe, die gemeinsam bei Aachen die Grenze passiert. Was schätzt du: Wieviel werdet ihr sein?«
»So zwischen fünfundvierzig und fünfzig Jungen und Mädchen, denke ich, vielleicht auch noch ein paar mehr. Es war recht lustig, das letztemal . . .«
»Ausgezeichnet, wirklich ausgezeichnet«, meinte Herr Desch dazu, und es klang noch etwas gelangweilter als sonst. »Die Kontrolle kümmert sich wohl nicht viel um euch – oder?«
»Überhaupt nicht – wir haben einen Sammelfahrschein bis Lüttich, und dann hat jede der beiden Gruppen ihren eigenen Sammelfahrschein, den zeigt die Begleiterin einmal in Deutschland und einmal in Belgien dem Zugschaffner, der dann durchzählt, ob die angegebene Kopfzahl stimmt – das ist alles. Wir müssen natürlich so lange in den Abteilen bleiben . . .«
»Und der Zoll?«
»Der sammelt nur bei unserer Begleiterin die Devisenbescheinigungen ein – jeder darf 50 Mark mitnehmen –, und die Grenzpolizei zählt auch nur, wie viele wir sind, und läßt sich von der Begleiterin zeigen, daß die Anzahl der Reisepässe und Lichtbildausweise mit der Kopfzahl übereinstimmt . . .«
Ich begann bereits zu ahnen, warum er sich dafür so sehr interessierte, und wunderte mich nicht mehr, als Herr Desch nun auch noch wissen wollte, ob sich die Grenzbeamten jeden Ausweis genau ansähen, ob sie die Lichtbilder mit den Gesichtern verglichen und wie lange die ganze Prozedur denn so ungefähr dauerte.
»Keine fünf Minuten«, sagte ich. »Sie steigen in Aachen ein und bis Herbestal müssen sie fertig sein. Uns nehmen sie überhaupt nicht für voll. Sie prüfen nur, ob die Anzahl mit den Papieren übereinstimmt.«
»Das hört sich ja alles sehr gut an«, meinte er abschließend. »Hoffentlich bleibt es genauso, wie du es erlebt hast, aber ich denke, da wird sich wohl nichts geändert haben . . .«

Als ich zehn Tage später im Kölner Hauptbahnhof zu der Reisegruppe stieß, wunderte ich mich nicht, daß wir weit zahlreicher waren als im Jahr zuvor: etwa fünfundsechzig Jungen und Mädchen. Einige kannte ich, weil sie auch schon zum zweitenmal nach England oder Frankreich fuhren, anderen war ich in der Schule oder sonstwo schon begegnet. Nachdem wir uns begrüßt und bei der jeweils für uns zuständigen Reisebegleiterin, einer Studentin, gemeldet hatten, stiegen wir in den für uns reservierten Wagen ein und machten es uns dort bequem. Ich schaute aus dem Fenster und war nicht sonderlich überrascht, als ich den eleganten Herrn Desch sah. Er ließ sich seine Koffer von einem Gepäckträger zu einem Wagen 1. Klasse schaffen.

Im Vorübergehen sah er mich an. Seine Fischaugen blieben ausdruckslos, aber er nickte mir zu, ohne zu lächeln. Am Revers seines Staubmantels sah ich das SS-Abzeichen.

Als wir etwa anderthalb Stunden später die Grenze passiert hatten und das Grenzpolizei-, Zoll- und Zugpersonal ausgestiegen war – man hatte uns so flüchtig kontrolliert, wie ich es Herrn Desch vorausgesagt hatte –, sah ich ihn auf dem Gang unseres reservierten Wagens. Er sprach mit der Studentin, die meine Gruppe bis London begleitete. Sie gab ihm eine Tasche mit Pässen und anderen Papieren.

In Lüttich stiegen nicht nur diejenigen aus, die die nächsten Wochen in Frankreich verbringen sollten und in den Zug nach Paris umstiegen, sondern weitere sechzehn Jungen und Mädchen. Sie bildeten eine Gruppe für sich. Ein Gepäckträger kam mit einer Karre, auf der schon der Koffer von Herrn Desch stand, und dann erschien auch er.

»Stellt euer Gepäck auf die Karre«, sagte er, »und beeilt euch, bitte. Unser Zug fährt in acht Minuten ab. Im letzten Wagen sind drei Abteile für uns reserviert. Wir brauchen in Maastricht nicht umzusteigen – es ist der Kurswagen nach Rotterdam, direkt bis zum Hafen . . .«

Er sprach so gelangweilt, daß ihn seine Schützlinge, teils verwundert, teils etwas ängstlich, anstarrten. Er schien sich nichts daraus zu machen.

»Bitte, beeilt euch«, sagte er noch einmal und wandte sich zum Gehen. Der Studentin, die ihm im Zug die Pässe und Reiseunterlagen ausgehändigt hatte, nickte er einen zerstreuten Abschiedsgruß zu.

»Wohin fahren die denn?« fragte ich sie, als die Gruppe von Herrn Desch verschwunden war.

»Stell dir vor«, erzählte sie mir, »die fahren tatsächlich mit dem Schiff nach Amerika! Ich wußte das auch nicht, und Fräulein Bonse hat mir nur gesagt, daß eine Gruppe von sechzehn Jungen und Mädchen von Lüttich aus nach Holland weiterreist. Ich habe mich schon gewundert, weil es doch auch einen direkten Zug gibt. Aber die Organisation, die sie eingeladen hat, wollte, daß sie bis Lüttich mit uns reisten. Sie nennt sich ›Gesellschaft der Freunde‹, und der Herr, der sie eben in Empfang genommen hat, gehört wohl auch dazu. Es war jedenfalls wirklich sehr freundlich von ihm, sich den Umweg zu machen. Wenn er seine Gruppe in Rotterdam aufs Schiff gebracht hat, nimmt er die Nachtfähre von Hoek van Holland nach Harwich. Er muß nämlich auch nach England. Er will dort Stoffe einkaufen, und er hat dafür eine große Devisenzuteilung ... Hier, das soll ich dir von ihm geben – kennst du ihn näher?«

Ich nahm den Umschlag, den sie mir gab, und antwortete auf ihre Frage, daß mein Vater mit ihm geschäftlich zu tun hätte. Später ging ich in den Waschraum, verriegelte die Tür und sah nach, was in dem Umschlag war: Ein Zettel steckte drin, außerdem ein kleineres, sorgfältig verschlossenes Kuvert und eine englische Pfundnote.

»Bitte gib den Brief sobald wie möglich bei der Empfängerin persönlich ab«, stand auf dem Zettel. »Fahrgeld anbei.« Die Adressatin, die einen deutschen Namen hatte, wohnte in derselben Stadt in Yorkshire, in die ich reiste. Es würde mich höchstens eine Stunde und sechs Pence an Fahrgeld kosten, den Auftrag auszuführen, und ich war sehr erfreut über die Aufbesserung meiner schmalen Reisekasse.

Wegen der sehr strengen Devisenbewirtschaftung – die Naziführung steckte ja alles Geld in die Kriegsrüstung und gab Devisen nur zum Ankauf von fehlenden Rohstoffen frei – konnten gewöhnliche Auslandsreisende bloß fünfzig, später sogar nur zehn Mark in ausländische Währung umtauschen, und die Ausfuhr deutscher Banknoten war bei strengster Strafe verboten. Das war auch das Haupthindernis für alle diejenigen, die dem Terror in Deutschland durch Auswanderung entgehen wollten: Sie durften ihre Ersparnisse nicht mitnehmen!

Ein ausgeklügeltes System von Kontrollen, Sondersteuern und -abgaben sorgte dafür, daß ein Emigrant, sofern ihn die Gestapo überhaupt ausreisen ließ, praktisch mittellos, meist nur mit zehn Mark als gesamtes Vermögen, in ein fremdes Land kam. Auch die Mitnahme von Wertsachen aller Art, die man im Ausland hätte verkaufen können, war auf ein Mindestmaß begrenzt und wurde ebenfalls streng kontrolliert.

Herr Desch hingegen schien keine Devisenschwierigkeiten zu kennen. Ob er wohl deshalb ›Förderndes Mitglied der SS‹ geworden war und Galauniformen aus feinstem englischem Tuch anfertigte? Jedenfalls brachte er, wie ich viele Jahre später erfuhr, bis zum August 1939, als der Krieg ausbrach, mehrere hundert Menschen,

hauptsächlich Kinder und Jugendliche aus jüdischen Familien, sicher und mit etwas Geld versehen ins Ausland, entweder zu Verwandten oder in die Obhut seiner Quäker-Freunde. Die damals oft gehörte Frage, ›Was soll man denn dagegen machen?‹, beantwortete er auf seine Weise.
Fräulein Bonse und ›Tante Änne‹ Ney aber fanden noch ganz andere Antworten darauf.

9. Wie die Schraube weiter angezogen wurde

»Im Winter 1935/36 verstärkte sich der Druck. Überall bekam man es zu spüren. Ich beschloß kurz vor Weihnachten trotz dieser sich zuspitzenden Lage in Ski-Urlaub zu fahren. Ich dachte mir: ›Es ist vielleicht das letzte Mal ...‹, und ich liebte die bayerischen Berge so sehr ...«

Mrs. Armstrong, nun etwa fünfundsechzig Jahre alt, eine Frau mit rundem, freundlichem Gesicht und wohlfrisiertem silbergrauem Haar, war damals zwanzig gewesen und in Hannover aufgewachsen. Als sie um Weihnachten 1935 den Entschluß gefaßt hatte, in Oberbayern Urlaub zu machen, lebte sie in Köln und arbeitete beim Rundfunk. Kurz vor der Machtübernahme war sie dort als Ton-Cutterin eingestellt worden. Margarete Nußbaum hatte sie damals geheißen.

Grete, wie sie genannt wurde, hatte sich also zehn Tage Urlaub genommen und war zum Wintersport gefahren, doch schon bei der Ankunft hatte sie dann die erste böse Überraschung erlebt.

»Wir kamen am Bahnhof an und stiegen in den Omnibus, denn das Dorf, wo Freunde meiner Eltern ein Ferienhaus hatten und wo ich wohnen wollte, hatte keine eigene Bahnstation. Ich schaute aus dem Fenster. Die Sonne ging gerade unter, und die weiten, schneebedeckten Wiesen schimmerten rosa – es war ganz herrlich! Doch dann kamen wir zum Ortseingang, und quer über die Landstraße gespannt war ein breites Spruchband, auf dem stand: ›Juden betreten diesen Ort auf eigene Gefahr!‹ ... Da war meine Urlaubsfreude schon dahin.«

Denn Grete galt damals, auch wenn es beim ›Reichssender Köln‹ noch niemand wußte, nach den gerade erlassenen Ausführungsbestimmungen zu den ›Nürnberger Gesetzen‹ als ›Volljüdin‹; die deutsche Reichsbürgerschaft war ihr aberkannt, und sie hatte in ihrem Vaterland nicht einmal mehr Gastrecht. Sie war im Deutschen Reich nur noch ›geduldet‹, und das mit ganz erheblichen Einschränkungen ihrer bürgerlichen Rechte, würde in Kürze ihre Anstellung verlieren und weder in ihrem erlernten Beruf noch in

einem anderen, der ihren Fähigkeiten und Neigungen entsprach, eine Arbeitsstelle finden.
»Irgendwie hatte ich gehofft, in dem schönen Ferienort wäre vielleicht die Zeit stehengeblieben und es hätte sich nichts verändert gegenüber früher. Natürlich war das eine törichte Illusion, an die ich mich geklammert hatte und derentwegen ich aus der Großstadt in die Berge gefahren war, weil ich wenigstens für ein paar Tage aus dem Nazi-Alltag herauswollte. Aber kaum hatte ich mich von dem ersten Schock erholt, erlebte ich den nächsten: Im ›Gasthaus zur Post‹, wo ich zu Abend essen wollte, hingen am Eingang gleich drei große Schilder. Auf dem ersten stand: ›Weiber mit roten Krallen und mit langen Hosen haben hier nicht Zutritt!‹ Ich hatte zwar keine rotlackierten Fingernägel, trug aber Skihosen, so daß es mich ebenfalls betraf. Auf dem zweiten Schild stand: ›Hier grüßt jeder mit dem Deutschen Gruß: Heil Hitler‹, und das dritte Schild hatte die Aufschrift: ›Für Hunde und Juden verboten!‹ Da habe ich kehrtgemacht, bin hungrig ins Bett gegangen und habe die halbe Nacht geheult – mein Traum von dem letzten Stückchen heiler Welt war dahin ... Nicht die Schilder selbst waren für mich eine so schreckliche Überraschung – ich kannte das ja aus Hannover und aus Köln, wo zum Beispiel der Hausmeister in der Luxemburger Straße, wo ich ein möbliertes Zimmer bewohnte, neben dem Eingang auch einige Schilder angebracht hatte, darunter eins, auf dem stand: ›Wohnen in diesem Hause deutsche Volksgenossen, die am Geburtstag unseres Führers nicht flaggen?‹, und ein zweites, das schlicht besagte: ›Die Juden sind unser Unglück.‹ Was mich damals in dem kleinen oberbayerischen Ort in Verzweiflung gestürzt hat, war die totale Vergiftung eines schönen idyllischen Fleckchens und seiner mir als fromm und bieder in Erinnerung gebliebenen Bewohner. Schon am übernächsten Morgen, ohne einmal Ski gelaufen zu sein, bin ich wieder nach Köln zurückgefahren.«
Sie besann sich einen Augenblick.
Dann schüttelte sie den Kopf und sagte: »Nein, das stimmt gar nicht – ich fuhr erst zu meinen Eltern nach Hannover. Sie freuten sich sehr, daß ich zu Weihnachten nach Hause kam. Doch dann gab es Streit zwischen uns, und das war schrecklich!«
Sie seufzte.
»Es ist schwer, jemandem klarzumachen, um was es dabei ging, denn wie soll man es heute noch verstehen, daß meine Eltern damals glücklich waren über die ›Nürnberger Gesetze‹? Sie sahen darin eine Garantie oder, wie Hitler erklärt hatte, ›eine endgültige

gesetzliche Regelung‹, die ihnen das Verbleiben in ihrer geliebten Heimat möglich machte. Nach drei schrecklichen Jahren der Willkür und des Terrors waren sie darüber schon sehr froh ...«
Tatsächlich wurden die ›Nürnberger Gesetze‹ von vielen der davon betroffenen ›Nichtarier‹ als eine halbwegs erträgliche Konsolidierung aufgefaßt. Gewiß, das sogenannte ›Blutschutzgesetz‹, das Ehen und außereheliche Beziehungen zwischen ›Nichtariern‹ und ›Ariern‹ künftig untersagte und unter Zuchthausstrafe stellte, Juden die Beschäftigung weiblicher Hausangestellter ›arischen Blutes‹ unter 45 Jahren verbot und ihnen auch das Recht absprach, die ›Reichsflagge zu zeigen‹, wurde als bewußte Beleidigung und abscheuliche Diskriminierung empfunden. Aber weil die ›Nürnberger Gesetze‹ der wirtschaftlichen Betätigung der Juden keine Hindernisse in den Weg legten und sie unter ›Gastrecht‹ stellten, atmeten viele der Betroffenen erleichtert auf, weil sie annahmen, daß nun alle Schikanen und Willkürakte aufhören würden. Es könnte, so nahmen sie an, nun weder Boykotthetze, Einschlagen oder Beschmieren der Schaufenster, Erpressen von ›Spenden‹ oder unbegründete Verhaftungen mehr geben, von Mißhandlungen und Verschleppungen ganz zu schweigen.
Die Hauptsache, so meinten solche Optimisten, wäre die Tatsache, daß man ihnen weder ihr Heimatrecht nahm noch die Möglichkeit, außerhalb des öffentlichen Dienstes und der ›Kulturkammer‹bereiche in der freien Wirtschaft ihren Lebensunterhalt zu verdienen, sei es als Lohn- oder Gehaltsempfänger, sei es als Gewerbetreibende, Unternehmer, Vermieter, Landwirte oder im freien Beruf.
Grete Nußbaums Vater, als Sohn getaufter Eltern jüdischer Herkunft evangelisch erzogen, Frontoffizier des Ersten Weltkriegs, Doktor der Rechtswissenschaft und ehedem Anhänger der nationalliberalen Deutschen Volkspartei, war fest davon überzeugt gewesen, daß er nun seine schon vom Vater gegründete Außenhandelsfirma, die vor allem Werkzeugmaschinen exportierte, ganz wie bisher würde weiterführen können.
Gretes Mutter, Tochter eines wohlhabenden Notars, der mit einer Bankierstochter jüdischer Herkunft verheiratet gewesen war, galt nun nach den ›Nürnberger Gesetzen‹ als ›Mischling 1. Grades‹, war Eigentümerin zweier großer Geschäftshäuser in der Schillerstraße und einiger Wohnhäuser in Linden, und sie hatte gefürchtet, daß sie diesen ererbten Immobilienbesitz würde aufgeben müssen. Nach Verkündung der ›Nürnberger Gesetze‹, die als ›endgültige Regelung‹ nichts vorsahen, was für ›nichtarische‹ Haus-

und Grundeigentümer nachteilig gewesen wäre, war sie völlig beruhigt. Hinzu kam, daß sie ihre langjährige Haushälterin behalten konnte, weil sie über fünfundvierzig Jahre alt und somit nach Ansicht des Gesetzgebers gegen ›Rassenschande‹ gefeit war, und daß auch der Gärtner, der zugleich als Chauffeur und Hausdiener fungierte, weiter seiner Arbeit nachgehen konnte.

»Meine Eltern begriffen damals gar nicht, was ich meinte«, sagte die nunmehrige Mrs. Armstrong, »als ich ihnen erklärte, ich könnte in Deutschland nicht länger leben. ›Wo willst du denn hin – ohne Devisen?‹ fragte mein Vater, und meine Mutter erkundigte sich, ob ich vielleicht Liebeskummer hätte. Das war nicht der Fall, obwohl es mich auch schmerzte, daß ich mit meinen ›arischen‹ Freunden nun nicht einmal mehr tanzen durfte, ohne sie und mich dem Verdacht der ›Rassenschande‹ und damit einer Zuchthausstrafe auszusetzen, und daß ich in Deutschland jetzt nur noch einen ›Nichtarier‹ würde heiraten können, wo ich doch keinen einzigen Infragekommenden kannte. Am schlimmsten aber war es für mich, daß ich meinen Beruf aufgeben mußte. Die Arbeit beim Rundfunk in Köln gefiel mir, und ich war dort unter netten Kollegen. Ich fühlte mich dort wohl, zumal die meisten, mit denen ich dort arbeitete, keine Nazis waren. Auch wenn niemand darüber sprach, so merkte man das. Zum Beispiel, wenn ein Reporter kam und Bandaufnahmen vom Besuch des ›Führers‹ brachte, die erkennen ließen, wie reserviert die Rheinländer sich verhalten hatten, dann beratschlagten sie, was zu tun wäre, und schließlich sagte der zuständige Redakteur zu mir: ›Fräulein Nußbaum, Sie haben doch bestimmt noch etwas Jubel in Reserve. Schneiden Sie, wo es Ihnen nötig erscheint, ein bißchen dazwischen, damit es nicht gar so dünn klingt und wir am Ende Ärger kriegen – aber keine Übertreibungen, wenn ich bitten darf!‹

Niemand beim Sender wußte, daß ich nach den ›Nürnberger Gesetzen‹ als ›Volljüdin‹ galt. Aber kurz bevor ich in Urlaub gegangen war, hatte mich Frau Jansen von der Personalabteilung daran erinnert, daß mein ›Arier‹nachweis noch ausstehe. ›Ist ja nur ’ne Formalität, Fräulein Nußbaum‹, hatte sie gesagt, ›beschaffen Sie sich doch bitte bald die Taufscheine, damit ich das abhaken kann – es sind nur noch vier oder fünf im ganzen Haus, die fehlen. Am 31. Januar 1936 ist die Meldung nach Berlin fällig . . .‹ Das Verrückte war, daß die Nazis, die doch von der Kirche nichts wissen wollten und die Pfarrer schikanierten, ihre ganzen ›Rasse‹theorien nur auf die in den Kirchenbüchern verzeichneten Taufen der Vorfahren stützen konnten. Als ›Beweis‹ für die ›arische‹ Abstammung

eines Menschen gab es nur die Taufbescheinigungen der Eltern und Großeltern – nichts anderes! Nun waren zwar meine Eltern beide schon als Kleinkinder kurz nach ihrer Geburt evangelisch getauft worden, aber die Eltern meines Vaters hatten sich erst kurz vor ihrer Heirat dazu entschlossen, und bei der Mutter meiner Mutter war es ebenso gewesen. Außerdem war im Register vermerkt – mein Vater hatte sich beim Pfarrer danach erkundigt, und es war ihm zu seinem Leidwesen bestätigt worden –, daß die Großeltern ›vom mosaischen Glauben zum Christentum‹ übergetreten wären. Kurz, da war gar nichts zu machen, und so hatte ich mich entschlossen, noch vor Neujahr 1936 beim Rundfunk zu kündigen. Gleich nach Weihnachten schrieb ich von Hannover aus ans Personalbüro. Ich gab an, ich beabsichtige, in Kürze zu heiraten, und bat um Entlassung zum nächstmöglichen Termin. So brauchte ich mich wenigstens nicht der demütigenden Prozedur des ›Arier‹nachweises zu unterziehen ...«
Sie war dann, da sie bei ihren Eltern kein Verständnis für ihre Emigrationsabsichten gefunden hatte, zurück nach Köln gefahren. Es gab niemanden, mit dem sie sich hätte aussprechen können, und sie war sich völlig im unklaren darüber, wohin sie auswandern und wie sie es im einzelnen bewerkstelligen sollte. Sie wollte nur so bald wie möglich das Land verlassen, wo Gastwirte ›Hunden und Juden‹ den Zutritt verboten und idyllische Dörfer schon am Ortseingang kaum verhüllte Morddrohungen gegen ›Nichtarier‹ auf Transparenten verkündeten.
Eine Freundin in Hannover hatte ihr den Rat gegeben, doch erst einmal ihre Schulkenntnisse in Englisch oder Französisch aufzufrischen, am besten durch Teilnahme an einem Kurs im Ausland. Da gäbe es keine Devisenschwierigkeiten, weil auch viele Ausländer ähnliche Kurse in Deutschland mitmachten, und das könnte dann gegeneinander aufgerechnet werden. Die Freundin hatte ihr dann die Adresse der ›Stelle‹ gegeben, die diese Austauschprogramme organisierte. ›Das ist eine sehr patente Frau, wie ich gehört habe, und sie wird dir sicherlich helfen können. Es ist in Düsseldorf – das ist ja nicht weit von Köln ...‹ Da Grete Nußbaum noch ein paar Tage Urlaub hatte, fuhr sie am Tag nach ihrer Rückkehr aus Hannover zu der angegebenen Adresse im nahen Düsseldorf, und so lernte sie Fräulein Bonse kennen.
»Ich hatte gleich Vertrauen zu ihr, vielleicht gerade wegen ihrer so spröden Art«, erinnerte sich Mrs. Armstrong. »Sie lud mich zu einer Tasse Tee ein, stellte ein paar Fragen, sehr höflich, aber ganz unpersönlich, und dann sagte sie plötzlich: ›Hören Sie, Fräulein-

chen, ich bin eigentlich gar nicht für Sie zuständig, sondern nur für Oberschüler und Studenten. Wenn Sie allerdings ernste und dringende Gründe haben sollten, will ich Ihnen trotzdem zu helfen versuchen. Sie können ganz offen mit mir sprechen – so, wie Sie es noch vor drei Jahren getan hätten, als Herr Hitler noch nicht Reichskanzler war . . .‹ Das gab den Ausschlag. Ich habe ihr dann alles erzählt, ziemlich durcheinander und ohne Pause. Sie hat sich alles sehr aufmerksam angehört, ohne etwas zu sagen. Nur einmal unterbrach sie mich und schien wirklich erschrocken. ›Um Himmels willen‹, sagte sie, ›wenn jemand erfährt, daß Sie seit drei Jahren für die Hauptabteilung Politik des Reichssenders Köln arbeiten . . .‹ Ich sagte ihr, es wisse dort niemand etwas von meiner jüdischen Abstammung, und ich hätte auch schon gekündigt. Aber sie schien trotzdem sehr besorgt, und mit gutem Grund, wie sich dann zeigte . . .«

Fräulein Bonse stellte Grete Nußbaum dann noch viele Fragen, machte sich Notizen und sagte schließlich, sie brauche zwei, drei Tage Zeit, ehe sie ihr etwas Endgültiges sagen könnte. Inzwischen sollte ›das Fräuleinchen‹, wie sie Grete nannte, sofort ihren Reisepaß, der in Kürze ungültig wurde, verlängern lassen und angeben, daß sie am Akademischen Austauschdienst teilnehmen wolle und daß es dringend sei. Fräulein Bonse nannte ihr den Namen eines Beamten im Kölner Polizeipräsidium, an den sie sich wenden sollte.

›Haben Sie oder Ihre Wirtsleute Telefon?‹ erkundigte sich Fräulein Bonse dann noch und notierte sich die Nummer. »Drei Tage später – am 7. Januar, am Morgen nach dem Dreikönigstag, ich erinnere mich noch ganz genau – rief Fräulein Bonse in aller Frühe an. Meine Vermieterin schlief noch, aber das Telefon stand in der Diele, und ich kam gerade aus dem Bad und nahm den Anruf entgegen.

›Gut, daß Sie selbst am Apparat sind‹, sagte sie. ›Es ist etwas Unangenehmes passiert, aber Sie brauchen keine Angst zu haben. Tun Sie jetzt genau, was ich Ihnen sage . . .‹ Sie erklärte mir ganz genau, was ich zu tun hätte, und dann sagte sie nur noch, ich solle mich bitte beeilen. Es war kurz nach 7 Uhr morgens, und ich war schrecklich aufgeregt. Aber dann zwang ich mich, genau zu befolgen, was sie mir in ihrer kühlen, präzisen Art aufgetragen hatte. Ich packte einen kleinen Koffer mit dem Nötigsten sowie mit ein paar Dingen, die ich keinesfalls zurücklassen wollte, hinterließ meiner Wirtin ein paar Zeilen, sie möge sich keine Sorgen machen. Ich hätte ›wegen eines Todesfalls in der Familie plötzlich nach

München‹ reisen müssen. Ich steckte die Schlüssel, mein Postsparbuch, den Ausweis vom Rundfunk und die wenigen Wertsachen, die ich besaß, in meine Manteltasche und fuhr mit der Straßenbahn, nicht zum Kölner Hauptbahnhof, sondern nach Köln-Mülheim, einem rechtsrheinischen Vorort an der Bahnstrecke nach Düsseldorf.«
Dort hatte sie – es war gerade 8 Uhr – am Postamt ihr ganzes Spargeld abgehoben und es auf ein Postscheckkonto eingezahlt, das Fräulein Bonse ihr angegeben hatte. Es war eine größere Summe, da sie ja nicht Urlaub in Bayern gemacht hatte, sondern zu Hause gewesen war. Zehn Minuten später hatte sie einen Zug bestiegen und war bis Düsseldorf-Benrath gefahren. Die Eisenbahnfahrt hatte kaum zwanzig Minuten gedauert, um so länger die mit der Straßenbahn bis zum Café Ney, wo sie sich gegen halb zehn mit Fräulein Bonse getroffen hatte.
»Sie schien sehr erleichtert«, sagte Mrs. Armstrong, »als sie mich mit meinem Köfferchen hereinkommen sah, umarmte mich sogar, fand dann aber gleich wieder in ihre übliche reservierte Art zurück und sagte: ›So, jetzt wird erst mal gefrühstückt. Mit leerem Magen ist schlecht Krieg führen . . .‹ – das hat sich mir ganz fest eingeprägt, denn es machte mir den Ernst meiner Lage bewußt, und außerdem war es ein guter Rat, den ich auch später in allen schwierigen Situationen befolgt habe.«
Zu Grete Nußbaums Überraschung hatte Fräulein Bonse den Reisepaß, den sie zwei Tage zuvor dem Beamten im Polizeipräsidium übergeben hatte, und der Paß war sogar verlängert worden – bis zum Januar 1941!
›Es war ein großes Glück, daß Sie den Paß gleich abgegeben haben, denn so bin ich gewarnt worden, daß Ihre Verhaftung bevorstand. Heute morgen hätten die Gestapobeamten, die jetzt vermutlich schon in Ihrer Wohnung gewesen sind, Sie zum Verhör abgeholt‹, hatte Fräulein Bonse ihr erzählt und hinzugefügt: ›Jemand im Funkhaus hat Verdacht geschöpft – vielleicht durch Ihre Kündigung. Wahrscheinlich hat er sich die Personalakte daraufhin genauer angesehen und festgestellt, daß Sie kurz vor Hitlers Machtübernahme Ihre Stellung angetreten haben, in keiner Organisation sind, ihre ›arische‹ Abstammung nicht nachgewiesen haben und so weiter . . . Der Betreffende wird dann wohl, vielleicht bei der Polizei in Hannover, Erkundigungen über Sie und Ihre Familie eingeholt haben – und dann hat er vor Schreck gleich die Gestapo alarmiert . . . Na ja, es ist ja noch alles gutgegangen, und Sie brauchen keine Angst zu haben. Sie sind jetzt in Sicherheit . . .‹

»Es kam mir sehr seltsam vor, daß ich, mit nur noch einem Köfferchen und ohne Bleibe, in diesem Café, kaum eine Stunde von Köln entfernt, in Sicherheit sein sollte«, fuhr Mrs. Armstrong fort, »und zu allem Überfluß kam nun auch noch ein SS-Führer herein, mit lautem ›Heil Hitler!‹, und die Konditorsfrau, die ich bis dahin gar nicht beachtet hatte, antwortete freundlich: ›Guten Morgen, Herr Obersturmführer!‹ Er setzte sich an den Nebentisch und bestellte Kaffee. Fräulein Bonse legte ihre Hand auf meinen Arm und begann von den Einkäufen zu erzählen, die wir jetzt machen müßten – Wäsche und Strümpfe und ein paar warme Sachen, auch mindestens zwei Paar Schuhe und einen Regenmantel. Erst dachte ich, sie wollte nur unserem schwarzuniformierten Nachbarn ein harmloses Gespräch vortäuschen, aber dann merkte ich, daß sie mich tatsächlich für eine längere Reise ausstatten wollte. ›Das wird eine Menge Geld kosten‹, sagte ich, ›und ich habe nur noch fünfzig Mark bei mir . . .‹ Zu meinem Erstaunen gab sie zur Antwort, sie habe mit meiner Mutter telefoniert, und ich dürfte mir ›zum Geburtstag‹ selbst alles aussuchen, was ich brauchte. Als der SS-Führer wieder gegangen war, sagte sie: ›Wir fahren jetzt mit der Straßenbahn nach Krefeld und kaufen dort ein. Ich lege das Geld aus und bekomme es von Ihren Eltern wieder.‹ Dann trat Frau Ney hinzu und gab mir die Hand. ›Es ist für alles gesorgt, Fräulein Nußbaum‹, sagte sie. ›Unser Fahrer kommt gegen drei Uhr nachmittags nach Krefeld – wir haben eine Menge Bestellungen von dort, die er ausliefern muß. Er holt Sie am Ostwall ab und bringt Sie zu guten Freunden, wo Sie ein paar Tage bleiben können, und spätestens am kommenden Samstag sind Sie dann völlig in Sicherheit . . .‹ Ich wußte gar nicht, was ich dazu sagen sollte, wollte mich bedanken und zugleich sie fragen, warum sie das für mich täte, für eine ihr ganz Unbekannte. Und da sagte sie – ich werde das nie vergessen – ganz ruhig und freundlich: ›Weil ich mich vor meinem Herrgott nicht schämen will, wenn ich einmal vor ihm stehe . . .‹ Und dann gab sie mir wahrhaftig einen Kuß, drückte mir noch einmal fest die Hand und begleitete uns zur Tür . . .«

Es war dann alles so verlaufen, wie vorgesehen – die Einkäufe, das Treffen mit dem Fahrer des Lieferwagens, der Abschied von Fräulein Bonse, die ihr ihren Paß und noch einige Anweisungen gegeben hatte –, und am Nachmittag war sie dann auf einem schönen alten Gutshof am Westrand der Wankumer Heide angekommen und dort wie ein gerngesehener Gast empfangen worden.

Zwei Mägde hatten sich ihres – inzwischen beträchtlich angewachsenen – Gepäcks bemächtigt, die Hausfrau war gekommen und

hatte sie zum Tee gebeten, und später war auch der Gutsherr, ein Graf oder Baron, dazugekommen.
»Sie stellten überhaupt keine Fragen«, erinnerte sich Mrs. Armstrong. »Sie taten so, als wäre ich von ihnen eingeladen worden, und redeten nur von völlig harmlosen Dingen. Später zeigte mir die Baronin mein Zimmer, fragte mich, ob ich auch alles hätte, was ich brauchte, und erst nach dem Abendessen, als ich bat, mich zurückziehen zu dürfen – ich war plötzlich sehr erschöpft und müde nach all den Aufregungen dieses Tages –, da sagte der Gutsherr zu mir: ›Ich wünsche Ihnen eine gute Nacht. Unter unserem Dach dürfen Sie sich völlig sicher fühlen. Morgen sehen wir weiter. Ich hörte, daß Sie einen gültigen Paß haben, aber es wird trotzdem wohl besser sein, wir vermeiden die Grenzstation. Morgen nachmittag, bevor es dunkel wird, machen wir zu dritt einen Spaziergang nach St. Jakob – eine knappe halbe Stunde nur. Meine Frau und ich gehen ein-, zweimal in der Woche dorthin. Es liegt schon in Holland. Ihr Gepäck wird dann schon in Venlo sein – da sind Sie von St. Jakob aus in zehn Minuten mit der Straßenbahn. Der Wirt vom Limburger Hof, direkt am Markt, weiß Bescheid und hat Ihnen ein Zimmer reserviert. Übermorgen früh wird Pater Vinzent Sie aufsuchen. Der regelt dann alles Weitere – er kennt sich aus . . .‹ Das war ungeheuer beruhigend für mich, diese Fürsorge wildfremder Menschen.«
So war Grete Nußbaum, die jetzige Mrs. Margaret Armstrong, an einem neblig-trüben Nachmittag im Januar 1936 aus dem ›Dritten Reich‹ buchstäblich ausgewandert – in Begleitung ihrer Gastgeber über die ›grüne Grenze‹ ins benachbarte Holland, wo niemand diskriminiert wurde, weil sich die Großeltern verspätet hatten taufen lassen, und wo sie sicher war vor der Gestapo, die nach ihr, einer ›getarnten Volljüdin, die sich in den Reichssender Köln eingeschlichen hat‹, seit zwei Tagen fahndete.
Am Morgen nach dem Weggang aus ihrer und ihrer Eltern Heimat war, wie von dem Baron angekündigt, Pater Vinzent im Hotel erschienen, hatte mit ihr im Frühstückszimmer eine Tasse Kaffee getrunken und ihr einen Umschlag übergeben, worin sie ihre Fahrkarte nach London, etwas Geld, einen Gepäckschein sowie einen Einladungsbrief des Britischen Akademischen Austauschdienstes fand, der ihr sechs Monate kostenlosen Aufenthalt in England garantierte.
›Damit ist erst einmal Zeit gewonnen‹, hatte Pater Vinzent dazu bemerkt. ›In einem halben Jahr können Sie fließend Englisch, und dann wird sich auch für Sie eine passende Anstellung finden, viel-

leicht sogar beim Rundfunk. Ihr Gepäck haben wir übrigens schon für Sie aufgegeben – Sie können es an der Victoria Station abholen . . .‹

Es war für sie wie ein Traum gewesen: Menschen, die sie erst seit wenigen Tagen kannte wie Fräulein Bonse, gänzlich Fremde wie der heimliche Helfer im Kölner Paßamt, Frau Änne Ney, deren Fahrer, der Baron und seine Frau oder nun der Pater hatten ihr unter erheblichen Gefahren selbstlos und wie selbstverständlich geholfen, sie vor dem KZ bewahrt, ihr die Freiheit, vielleicht sogar das Leben gerettet.

War sie, so hatte sie sich gefragt, durch einen glücklichen Zufall auf einige der wenigen Hilfsbereiten und Mutigen gestoßen? Oder gab es, was sie bisher nicht bemerkt und schmerzlich vermißt hatte, unter den dem Anschein nach völlig ›gleichgeschalteten‹ Deutschen doch so etwas wie eine zwar unsichtbare, aber doch noch handlungsfähige Opposition?

Sie hatte auch nach viereinhalb Jahrzehnten, die seit damals vergangen waren, noch keine klare Antwort auf diese Fragen gefunden.

»Man weiß sowenig über den heimlichen Widerstand«, sagte sie, als ich mich verabschiedete, »und die darüber Auskunft hätten geben können, leben meist nicht mehr. Gibt es denn gar keine Möglichkeit, diese Menschen und ihr mutiges Handeln der Vergessenheit zu entreißen?«

10. Vom Widerstand in Hamburg

»Tach, Werner, schön, dich mal wiederzusehen – komm rein«, waren ihre ersten Worte, als sie die Wohnungstür öffnete.

Dann warf sie mir einen prüfenden Blick zu, und erst als Werner mich ihr als Freund und Kollegen vorgestellt hatte, gab sie auch mir die Hand und hieß uns beide eintreten.

In der aus Wohnküche und Schlafkammer bestehenden Anderthalbzimmerwohnung im dritten Stock eines alten Mietshauses im Norden von Altona, wo sie, wie ich dann erfuhr, seit über fünfzig Jahren lebte, roch es nach frisch aufgebrühtem Kaffee und Kernseife.

»Ich hab' schon gewartet«, sagte sie. »Auf deiner Karte steht, ›gegen drei‹ – es ist gleich vier!« Sie zeigte dabei auf die Ansichtskarte, mit der Werner unseren Besuch angekündigt hatte. Sie stand auf dem Bord über dem Herd, zwischen einer kleinen Flasche mit Benzin und einer Streichholzschachtel.

»Wie in alten Zeiten«, sagte Werner und schmunzelte. Dann klärte er mich auf: »Alma Stobbe war mal die illegale Postdurchgangsstelle. Sie war immer auf einen plötzlichen Besuch der Gestapo vorbereitet, sonst lebte sie wohl nicht mehr ...«

Damals hatte sie die Ansichtskarten aus Prag, Haderslev oder Stockholm mit chiffrierten Nachrichten für die Hamburger Genossen stets so aufbewahrt, daß sie sie sofort verbrennen konnte.

»Zweimal ist sie auf diese Weise ungeschoren davongekommen – nicht wahr, Alma?«

»Dreimal«, berichtigte sie ihn und schenkte uns Kaffee ein. Jetzt war sie eine schon recht zittrige alte Frau mit runzligem Gesicht und schwachen Augen. Man konnte sich kaum vorstellen, wie tatkräftig sie damals gewesen war.

Sie band sich gerade die Schürze ab, stellte einen Teller mit Streuselkuchen auf den Tisch und setzte sich zu uns.

»Nu langt mal zu«, sagte sie und kam sogleich zurück auf die Haussuchungen, von denen Werner gesprochen hatte: »Dreimal haben sie hier alles auf den Kopf gestellt, das Unterste zuoberst –

alle Schiebladen und was in der Kommode war, das Bett, vor allem das Bücherbord. Sogar die Salzkumme haben sie durchgefilzt – es sah aus wie in Sodom und Gomorrha ... Aber sie haben nichts, absolut *gar* nichts gefunden, und da mußten sie denn wohl abziehen.«

Es war eine nüchterne Feststellung, aber man konnte noch den Triumph spüren.

Sie hatte, nachdem wir ihrer Aufforderung, uns Kuchen zu nehmen, gefolgt waren, zu erzählen begonnen: Schon als 17jährige Arbeiterin war sie 1931 in die KPD eingetreten, hatte auf dem Höhepunkt der Wirtschaftskrise und Massenarbeitslosigkeit 1932 zahlreiche ihrer Kolleginnen in der Fischfabrik für die Partei gewonnen und war RGO-Gruppenleiterin geworden.

Im Bezirk Wasserkante waren die meisten der etwa 28000 Angehörigen dieser KPD-nahen ›Roten Gewerkschafts-Opposition‹ zugleich Mitglieder einer der dem Allgemeinen Deutschen Gewerkschaftsbund (ADGB) angeschlossenen Einzelgewerkschaften, und dadurch hatte die RGO erheblichen Einfluß auf den von rechten Sozialdemokraten geführten ADGB-Bezirk. Sie bemühte sich, zum Teil mit Erfolg, um die Schaffung einer antifaschistischen Einheitsfront der Arbeiter, Angestellten und Erwerbslosen, gleich ob sie Kommunisten, Sozialdemokraten oder parteilos waren.

Schon vom Januar 1933 an, vier Monate früher als für die sozialdemokratischen und christlichen Gewerkschaften, begann für die RGO die Zeit der Illegalität. Ohne daß gegen sie ein offizielles Verbot erlassen worden war, wurden ihre Funktionäre durch polizeiliche Maßnahmen und brutale Überfälle der SA und SS von Anfang an in den Untergrund gedrängt.

Obwohl sich im Frühjahr 1933 der Terror der Nazis von Monat zu Monat steigerte, gelang es der Hamburger RGO-Führung, in Verbindung mit 21 Stadtteilkomitees, rund siebentausend Mitglieder in der Hansestadt zusammenzuhalten. Es gab eine regelmäßig erscheinende und heimlich verteilte RGO-Zeitung, jeden Monat wurden die Beiträge kassiert, und etwa von Juni 1933 an begannen die RGO-Betriebszellen, Verbindung mit einzelnen Mitgliedern und Gruppen der verbotenen ADGB-Gewerkschaften aufzunehmen und sie in ihre illegale Arbeit zu integrieren.

»Ich habe noch ein Stück von den UKG, den ›Unabhängigen Klassengewerkschaften‹ – so hieß unsere illegale Zeitung, die immer sehr gut darüber informiert war, was in den Betrieben vor sich ging«, sagte Alma Stobbe und holte ein vergilbtes Exemplar aus ihrer Kommodenschublade. »Wenn der Akkord erhöht, die Arbeitszeit verlängert oder eine andere Schweinerei gegen die Kollegen gemacht wurde, dann stand das ein paar Tage später schon in den ›UKG‹ . . .«

»So etwas hattest *du* in der Wohnung . . .?!«

Werner zeigte auf die hektographierte Zeitung, die sie uns auf den Tisch gelegt hatte.

Alma Stobbe schüttelte den Kopf und lachte.

»Nein, nein, bei mir war immer alles sauber«, sagte sie. »Das alte Blatt ist eins von den vielen, die die Gestapo bei Genossen beschlagnahmen konnte. Ich habe es mir kurz nach Kriegsende, als wir Überlebenden uns das Hauptquartier dieser Bande mal ansehen gingen, als Andenken mitgenommen . . . und das hier auch!«

Sie holte noch ein Bündel Papiere aus ihrer Kommode und gab es Werner, der darin blätterte.

»Donnerwetter – das ist wirklich interessant«, meinte er dann. Es war ein ›Lagebericht über den Monat Juni 1934‹, abgefaßt von einem Hamburger Polizeikommissar und SA-Standartenführer Richter.

›. . . Im Februar–März des vergangenen Jahres‹, hieß es darin, ›haben sich in Hamburg einige neue Köpfe der KPD zusammengefunden, und zwar fünf Männer: Walter Hochmuth, ehemaliges Bürgerschaftsmitglied in Hamburg, Bennies, Griegat, Gauert und Grosse. Diese fünf Männer, alle intelligent und entschlossen, haben es verstanden, innerhalb eines Vierteljahres hier einen illegalen Parteiapparat, desgleichen die RGO, aufzuziehen, wie wohl seit der Machtergreifung kein Apparat mehr in Hamburg bestanden hat . . .‹

»Das mit dem Parteiapparat«, erklärte Alma Stobbe, »das stimmt nicht – alle fünf waren Leute von uns, der RGO. Wir waren von Anfang an streng von der KPD getrennt, damit nicht, wenn etwas schiefging, gleich beide Organisationen auf einen Schlag kaputt waren.«

›Mit einer erstaunlichen Einsatzbereitschaft‹, hieß es weiter in dem Polizeibericht, ›sowie mit beachtlicher Intelligenz ist es den fünf Männern gelungen, monatelang der fieberhaften Arbeit der Staatspolizei zu trotzen, ihre Organisation verhältnismäßig festzufügen und insbesondere allwöchentlich ihre illegalen Zeitschriften anzufertigen und zu verteilen. Als vor etwa vier Wochen zugegriffen wurde, wurde hier selbst noch nicht geahnt, welchen Umfang die Organisation angenommen hatte . . .‹

»Das war eine sehr schlimme Sache, als sie die fünf Genossen und dann sehr viele andere schnappten . . . Ich werde das nie vergessen! Vor allem nicht die Sache mit Albert Bennies: Am 20. Juli 1934 fiel er der Gestapo in die Hände, nachdem er vierzehn Monate lang illegal gearbeitet hatte und immer alles gutgegangen war. Sie haben ihn dann in den Keller vom Stadthaus gebracht und fürchterlich gequält ... Aber der Albert hat allem standgehalten, er hat keinen verraten, keinen einzigen Genossen! Nur haben sie unglücklicherweise in seiner Tasche die Karte gefunden, die ich ihm zwei Tage vorher an der ausgemachten Stelle auf dem Friedhof Norderreihe hinterlegt hatte. Sie war aus Kopenhagen, und sie haben wohl aus den scheinbar ganz harmlosen Mitteilungen herausgefunden, daß er einen illegalen Treff hatte – auf der Reeperbahn, im ›Alkazar‹. Auch Tag und Stunde hatten sie entdeckt – unter der Briefmarke waren die Zahlen geschrieben. Der Treff sollte am nächsten Vormittag um zehn Uhr sein ... Ja, da sind sie dann mit dem Bennies hin – fünf Kerle von der Gestapo, alle in Zivil und bewaffnet. Der arme Albert mußte vor ihnen her die Reeperbahn lang bis zu dem Haus gehen, wo der Treff stattfinden sollte. Sie hatten ihm in St. Pauli die Fesseln abgenommen, damit niemand etwas merkte. Beinahe hätten sie ihr Ziel erreicht – dann wäre nicht nur der Genosse aus Kopenhagen erwischt worden, sondern noch einer aus Harburg, von der ›Phoenix‹-Gummifabrik ... Aber der Albert Bennies hat ihnen einen Strich durch die Rechnung gemacht – zwanzig Schritt vor dem ›Alkazar‹ hat er aus voller Kehle zu schreien angefangen: ›Achtung! Die Bullen! Vorsicht! Gestapo!‹ hat er gebrüllt, so laut er konnte, und dann hat er sich direkt vor einen Autobus geworfen, der gerade vorbeikam. Natürlich war große Aufregung – die Leute aus dem Bus und von der Reeperbahn stürzten herbei, und in dem Gedränge und Gewühl konnten die Genossen aus dem ›Alkazar‹ entkommen. Der Albert ist dann auf dem Transport ins Hafenkrankenhaus gestorben. Sie haben ihn dann heimlich beerdigt. Sie fürchteten, es könnte eine Massendemonstration werden, weil ganz Altona wußte, was da gelaufen war ...«

Als sie ihre Geschichte beendet hatte, holte sie aus dem Küchenschrank Gläser und schenkte uns und sich einen Korn ein. »Auf Albert Bennies«, sagte sie leise, ehe sie ihr Glas leerte.

Dann zeigte sie Werner eine Stelle in dem Polizeibericht vom Juli 1934, den wir unbedingt noch lesen sollten:

›Es wurden‹, hieß es da, ›mehrere Schreibmaschinen, eine ganze Reihe von Vervielfältigungsapparaten und sogar eine richtige kleine Druckerei ausgehoben. Wenn durch das Zugreifen der Staatspolizei die Gefahr hier zunächst auch gebannt ist, so gibt dieser Vorfall zu Bedenken Anlaß, als er klar beweist, daß wenige intelligente und entschlossene Männer, die es verstehen, gewisse Mißstimmungen in der Bevölkerung auszunutzen, sehr schnell wieder Zulauf erhalten. Zum Teil ist er auch offensichtlich ein Beweis dafür, daß die Furcht vor dem Zugriff des Staates in den ehemals kommunistischen Kreisen nicht mehr in demselben Umfange besteht wie früher ... Zur Zeit schweben zwei große Ermittlungsverfahren mit je 200 Beschuldigten wegen Wiederaufnahme der RGO bis in die neueste Zeit. Auch in Mecklenburg, Bremen und Oldenburg schweben umfangreiche gleiche Verfahren, die zur Zuständigkeit des Hanseatischen Oberlandesgerichts gehören. Danach besteht auch bei dem Generalstaatsanwalt und bei dem Präsidenten des Strafsenats des Hanseatischen Oberlandesgerichts die Ansicht, daß bisher ein Abflauen in der Stärke der illegalen Arbeit der KPD nicht zu verzeichnen ist.‹

Tatsächlich, so erfuhren wir dann von Alma Stobbe, waren im Sommer 1934 mehr als achthundert RGO-Mitglieder des Bezirks Wasserkante in insgesamt fast sechzig Strafprozessen abgeurteilt worden. Viele von ihnen kamen schon während der Voruntersuchung im Stadthauskeller bei den Verhören durch die Gestapo oder im nahen KZ Fuhlsbüttel ums Leben. Die übrigen wurden zu Gefängnis- und Zuchthausstrafen verurteilt. Viele, die ihre Freiheitsstrafen voll verbüßt hatten, waren bei der Entlassung erneut verhaftet und in ein Konzentrationslager gebracht worden, und die Juden unter den Kommunisten, die langjährige Zuchthausstrafen abzusitzen hatten, waren 1941/42 nach Auschwitz gebracht und dort vergast worden – unter ihnen die Sekretärin Lieselotte Schlachcis, die mit Alma Stobbe eng zusammengearbeitet hatte und 1941 in Kopenhagen verhaftet worden war, und der Schlosser Dagobert Biermann.

»Den Biermann«, sagt sie nachdenklich, »den habe ich so um 1936 kennengelernt. Da hatten wir die RGO-Arbeit schon aufgegeben und uns eingestellt auf enges Zusammengehen mit allen illegalen Gewerkschafts- und Widerstandsgruppen. Das Wichtigste war damals der Kampf in Spanien. Die Franco-Faschisten wurden ja vor allem von Hamburg aus beliefert ... Der Dagobert Biermann war schon '33 das erste Mal verhaftet und verurteilt worden, weil er zusammen mit anderen Kommunisten die ›Hamburger Volkszeitung‹ illegal herausgegeben hat. 1935, im Mai etwa, war er dann wieder frei und kam als Schlosser auf der Deutschen Werft unter. Da hat er vielen Genossen wieder Arbeit verschafft, indem er sie als ›Spezialisten‹ für seine Kolonne anforderte, auch wenn sie dann erst angelernt werden mußten ... Im Sommer 1936 traf ich ihn zum ersten Mal. Er wollte eine wichtige Nachricht nach Kopenhagen bei mir ›auf die Post‹ geben. Wir gingen am Sonntagmorgen zusammen auf den Fischmarkt und dann ein Stück spazieren, so an der Elbe lang ... Sein Schwager, der Ewerführer Dietrich, hatte ihm von großen Waffentransporten nach Franco-Spanien berichtet ... Biermann organisierte dann einen geheimen Nachrichtendienst, der alles sammelte, was über diese Transporte von Seeleuten, Werftarbeitern oder Eisenbahnern zu erfahren war.«

Dagobert Biermann hatte nach und nach engen Kontakt zu Nazigegnern in Hamburg und Lübeck hergestellt, die am Arbeitsplatz oder aufgrund einer besonderen Vertrauensstellung zuverlässige Informationen über Transporte nach Spanien erhielten. Zu diesem Kreis gehörte der Tabakhändler Hans Schulz, in dessen Laden am Alten Steinweg viele Seeleute einkauften; der Dreher Albert Blumenstein von der Stülcken-Werft, ein alter Sozialdemokrat und Gewerkschafter; der Eisendreher Bruno Rieboldt, der bei Blohm & Voß eine illegale kommunistische Betriebszelle aufgebaut hatte; sein Schwager, der Ewerführer, und der – als Jude aus der Anwaltskammer ausgeschlossene und mit Berufsverbot belegte – Rechtsanwalt Dr. Michaelis.

Die geheime Zentrale dieses Nachrichtendienstes war das Lokal der Witwe Köpke in der Hafenstraße, wo viele Seeleute aus- und eingingen. Dort liefen die Informationen zusammen, die bald ein klares Bild von dem enormen Umfang nicht nur der Kriegslieferungen an Franco-Spanien, sondern auch der geheimen deutschen Wiederaufrüstung vermittelten. So wußten sie bald, daß die Kriegsschiffe und Kampfflugzeuge, die bei Blohm & Voss gebaut wurden, für die Wehrmacht bestimmt waren, wogegen Gewehrmunition, bei der alle sonst üblichen Angaben über Hersteller, Geschoßart und Datum fehlten, an die Franco-Truppen geliefert wurde.

Über ein Jahr lang konnten Dagobert Biermann und seine Freunde mit Alma Stobbes und anderer Hilfe diese Nachrichten ins Ausland schmuggeln. Dann waren sie einem von der Gestapo in ihre Gruppe eingeschleusten Spitzel zum Opfer gefallen. »Einer nach dem anderen ist dann verhaftet worden«, berichtete sie, »und jedesmal habe ich gezittert, ob ich wohl als nächste abgeholt würde. Aber sie haben dichtgehalten – der Albert Blumenstein kam schon bei dem ersten Verhör ums Leben. Biermann bekam sechs, Rieboldt zwölf Jahre Zuchthaus, und drei andere, deren Namen ich

nicht mehr weiß, wurden auch zu langen Strafen verurteilt. Den Dr. Michaelis, wohl weil er ein Studierter war und sie ihn für den Anführer hielten, haben sie in Berlin hingerichtet . . .«
Wieder ging sie zu ihrer Kommode und brachte uns, nachdem sie eine Weile gekramt hatte, einen alten Zeitungsausschnitt, den sie sich aufgehoben hatte.
»Da steht's«, sagte sie, »und vom ›roten Meuchelmord‹ haben sie auch noch geschrieben, wo doch jeder wußte, wer die Meuchelmörder wirklich waren. Der Doktor, der Blumenstein, der Dagobert – alle sind sie ermordet worden!«
Sie wischte sich über die Augen, ging zum Herd und machte sich dort zu schaffen.
Werner las den Zeitungsbericht und gab ihn mir.
»Eine einzige rote Linie des Meuchelmordes«, lautete die Überschrift, und im Text hieß es: »Wenn sich Juden vom Schlage eines Michaelis damit entschuldigen wollen, daß sie ja nicht so sehr in der kommunistischen Partei, sondern mehr in dem ›geistigen Kreise der Liga für Menschenrechte‹ verkehrt hätten, so sei auch noch die ›Liga der Menschenrechte‹ als eine kommunistische sogenannte ›kulturelle‹ Vereinigung mit einer erbärmlichen international-bolschewistisch-jüdischen Zielsetzung gekennzeichnet . . .«
Das Fazit aber lautete: »Judentum und Komintern waren in gleichem Maße an dem Siege der Roten in Spanien interessiert. Man hoffte durch den Sieg der Roten einen hochverräterischen Umsturz auch in Deutschland herbeiführen zu können . . .«
Tatsächlich haben Tausende von Deutschen auf seiten des republikanischen Spanien gegen die von Hitler und Mussolini militärisch unterstützten Putschisten unter Führung des Generals Franco in den ›Internationalen Brigaden‹ gekämpft, bis die Republikaner der faschistischen Übermacht schließlich unterlagen.
Allein aus Hamburg waren, wie uns Alma Stobbe dann berichtete, 123 Männer, vorwiegend Kommunisten, aber auch Sozialdemokraten, Gewerkschafter, Reichsbannerleute und Anarchisten, als Freiwillige in die ›Internationalen Brigaden‹ eingetreten. Nur etwa dreißig von ihnen waren später zurückgekehrt.
»Die hatten es satt, die Faust immer nur in der Tasche zu ballen und vor den Braunen zu kuschen«, mischte sich Alma Stobbe in unsere Unterhaltung ein. »In Spanien, da konnten sie zurückschießen . . . Aber hier, in Hamburg, da haben wir auch für Spanien gekämpft!«
Sie erzählte uns dann, wie schon im Spätsommer 1936, als Geschütze und Granaten, als Frachtgut getarnt, im Hamburger Ha-

fen verladen wurden, damit Franco seinen Putsch gegen die Regierung in Madrid erfolgreich durchführen konnte, eine Gegenaktion der Hafenarbeiter begonnen hatte. An den Werkshallen und Planken im Hafen waren über Nacht Losungen erschienen: ›Es lebe die spanische Republik! Keine Waffen für Franco!‹ Tausende von Werftarbeitern konnten sie beim Schichtwechsel lesen, bis sie von den Behörden wieder beseitigt wurden. Am nächsten Morgen las die Frühschicht neue Parolen: ›Nieder mit Hitler und Franco! Es lebe der Freiheitskampf des spanischen Volkes!‹

An den Türen und Fenstern der U- und S-Bahn-Züge tauchten Tausende von Aufklebern mit den gleichen oder ähnlichen Parolen auf, ebenso an den Schuppen und Werkstoren, auf den großen Werften, den Schiffen im Hafen und an den Landungsbrücken, ja sogar einmal auf sämtlichen Flaschen der Bierkisten für die Arbeiter von Blohm & Voß.

Im Oktober 1936 kam es zu den ersten Sabotageakten. So passierte beim Verladen großer Kisten mit ›Maschinenteilen‹ – bei denen es sich in Wahrheit um fabrikneue Feldhaubitzen handelte – ein ›Unfall‹, bei dem nicht nur fünf der Kisten im Hafenbecken versanken und zwei auf dem Kai zerschellten, sondern auch zwei die Verladung überwachende Beamte erheblich verletzt wurden. Die Gestapo nahm zahlreiche Verhaftungen unter den Hafenarbeitern vor, konnte aber keinen Schuldigen ermitteln.

In vielen Großbetrieben wurden regelmäßig Geldsammlungen durchgeführt, vorgeblich für eine Kranzspende, ein Jubilarsgeschenk oder nach altem Brauch – ›das Wirtschaftsgeld für die erste Woche‹ – für die Frau eines Kollegen, der geheiratet hatte. Meist landete das Sammelergebnis aber bei der ›Hilfe für das republikanische Spanien‹, wie es die Sammler und die angeblichen Empfänger vorher vereinbart hatten.

Als die Waffentransporte von Hamburg nach Spanien einen immer größeren Umfang annahmen und auch die ersten deutschen Soldaten der ›Legion Condor‹* eingeschifft wurden, bildete sich in den deutschen Häfen, vor allem in Hamburg, ein sogenannter ›Signaldienst‹, an dem sich auch Funktionäre der ›Deutschen Arbeitsfront‹, des braunen ›Gewerkschaftsersatzes‹, aktiv beteiligten. Dieser ›Signaldienst‹ meldete jede Verladung von Kriegsgerät und

* Tarnname der regulären deutschen Streitkräfte, die im Spanischen Bürgerkrieg auf Francos Seite eingesetzt waren, insgesamt knapp 6000 Mann, von denen etwa 450 fielen. Zur Legion Condor gehörten vor allem Luftwaffenangehörige mit Sturzkampf- (Stuka) und anderen Bombern, Flak usw. sowie Panzertruppen. Deutsche Instrukteure bildeten insgesamt 36000 Franco-Offiziere aus.

schirmte, so gut es ging, die Gegenaktionen ab, zu denen auch Arbeitsverweigerungen der Hafenarbeiter und Schiffsbesatzungen gehörten.
»Auf der ›Henrica‹«, erinnerte sich Alma Stobbe, »da hat damals die ganze Besatzung abgemustert. Die Männer erklärten, sie dächten nicht daran, Kanonen und Flugzeuge nach Spanien zu schaffen, damit sie dort gegen das Volk eingesetzt würden. Das alles war aber nur möglich, weil die überwältigende Mehrheit der Arbeiter im Hafen auf unserer Seite stand . . .«

Auf dem Heimweg erkundigte ich mich bei Werner, ob er wüßte, wie stark eigentlich die illegale Kommunistische Partei damals gewesen sei.
»Ende 1934 waren es noch etwa hundertzwanzigtausend Parteimitglieder, aber davon steckte die Hälfte in den Zuchthäusern, Gefängnissen und Konzentrationslagern. Mindestens zweitausend der führenden Kader hatten die Nazis bis dahin schon umgebracht. Daß überhaupt noch so viele Kommunisten am Leben und auf freiem Fuß waren, verdankten sie der heimlichen Unterstützung durch ehemalige Genossen, die zu den Nazis übergelaufen waren, weil sie Angst, vor allem um ihre nächsten Angehörigen, hatten, die aber innerlich noch auf unserer Seite standen. ›Beefsteaks‹ nannte man sie – außen braun, innen rot. Aber sie hatten auch Rückhalt bei den linken Sozialdemokraten, die ebenfalls einen illegalen Parteiapparat aufgebaut hatten. Nicht selten fanden die kommunistischen Funktionäre sogar in gutbürgerlichen Kreisen Rückhalt, manchmal auch Unterschlupf. Der Mann, der für Albert Bennies als Redakteur der illegalen RGO-Zeitung arbeitete, hatte sein ›Büro‹ beispielsweise in einer hochherrschaftlichen Villa in der Rothenbaumchaussee – er hat es mir selbst mal erzählt. Die Familie, der das Haus gehörte und wo er auch wohnen durfte – es waren liberale Hamburger Großbürger –, wußte genau, daß die Gestapo schon seit Monaten nach ihm fahndete. Sie organisierten es dann so, daß ihr ›Logiergast‹ – Walter hieß er – die Villa überhaupt nicht mehr verließ, außer daß er täglich einen Abendspaziergang durch den großen Garten machte. Alle Besorgungen für ihn erledigte die Mutter des Hausherrn oder dessen Frau, zum Beispiel den nicht ganz ungefährlichen Einkauf der Wachsmatrizen, auf die Walter seine Artikel tippte, und deren Ablieferung in einem Zigarrengeschäft in der Stadt, von wo ein anderer Genosse sie dann abholte. Der Vervielfältigungsapparat stand im Keller einer Leihbücherei an der Lübecker Chaussee. Aus deren Laden holten

sich die Verteiler regelmäßig die fertigen Packen ab. Das Kommen und Gehen von Leuten mit gewichtigen Einkaufs- und Aktentaschen oder kleinen Koffern fiel dort am wenigsten auf. Außerdem kamen vor allem Frauen und Kinder – ›ich soll für die Oma die Liebesromane holen, die Sie ihr zurechtgelegt haben‹, sagten sie –, und manche waren sogar in HJ- oder Jungvolk-Uniform oder in BDM-Tracht, sagten beim Hereinkommen ›Heil Hitler‹ und hoben die Hand zum Nazi-Gruß. Die Tarnung war perfekt – sonst wäre es nicht so lange gutgegangen ...«

»Und die Abholer, auch die von HJ, Jungvolk und BDM, wußten alle, was in den Paketen war und um was es ging?«

»Bestimmt«, sagte Werner. »Die RGO hat niemals Leute für ihre Arbeit eingespannt, die nicht Bescheid wußten, um was es da ging. Mag sein, daß einige den Inhalt ihrer Pakete nicht genau kannten. Aber zumindest war ihnen klar, daß es sich um etwas streng Verbotenes handelte, daß es gegen die Nazis gerichtet war und daß sie sich damit auf keinen Fall von der Polizei erwischen lassen durften. Und den Jugendlichen war von den Eltern eingeschärft worden, mit niemandem auch nur andeutungsweise darüber zu sprechen, was in der Leihbücherei vor sich ging, weil sonst dem Vater oder dem älteren Bruder ›Kolafu‹ drohte.«

»Kolafu? Das Wort habe ich noch nie gehört.«

»Ich kannte das auch nicht. Aber ich weiß von Kollegen aus Hamburg, daß das unter Nazigegnern die übliche Bezeichnung für das Konzentrationslager Fuhlsbüttel war, das bis Ende 1935 bestanden hat. Später gab es dann Neuengamme – das lag weiter abseits ...«

Dann kam er wieder zurück auf das Versteck, das sein Kollege Walter damals in der Villa an der Rothenbaumchaussee gefunden hatte.

»So etwas hat es, glaube ich, nur in Hamburg gegeben«, meinte er. »Da gab es ja wohl die stärkste linke Opposition, und selbst bei den sogenannten ›Wahlen‹ mußte Hitler dort 1934 noch rund fünfundzwanzig Prozent Nein-Stimmen einstecken – richtiger gesagt: Selbst die Nazis trauten sich nicht, das Wahlergebnis in Hamburg noch weiter zu verfälschen, weil sie sich sonst lächerlich gemacht hätten. In der Pfalz war das anders, da konnten sie 1934 ein Wahlergebnis von 97 Prozent Ja-Stimmen melden, und ich schätze, daß damals tatsächlich etwa siebzig Prozent der Leute bei uns für Hitler gestimmt haben, knapp die Hälfte davon aus mehr oder weniger ehrlicher Überzeugung oder schlicht aus Dummheit, der Rest aus Angst vor möglicher Entdeckung. Man wußte ja, daß die Nazis vor nichts zurückschreckten. Außerdem sagten sich die

Leute, daß das Wahlergebnis ja ohnehin gefälscht würde . . . Viele von den ›Überzeugten‹ sind wohl auch nur dem Propagandarummel erlegen und haben am Ende geglaubt, was die Naziredner ihnen erzählten: daß Hitler die ›Ehre Deutschlands wiederhergestellt‹ und die Arbeitslosigkeit beseitigt habe. Bei uns in Ludwigshafen waren die meisten Beamten und Geschäftsleute stramme Hitler-Anhänger, bei den Arbeitern und kleinen Angestellten überwogen die Ängstlichen. Die Mehrheit der mittleren und erst recht die leitenden Angestellten der BASF waren Opportunisten. Es wäre jedenfalls undenkbar gewesen, daß sogenannte ›bessere‹ Leute einen Kommunisten, der von der Gestapo gesucht wurde, bei sich aufgenommen und monatelang in ihrer Villa versteckt hätten . . .!«

»Meinst du wirklich?«

»Ja, bestimmt. Mein Vater und seine Genossen fanden damals nur noch Rückhalt bei ihresgleichen – wenn überhaupt! Und ich glaube, es dürfte überall sonstwo ähnlich gewesen sein, außer vielleicht in Hamburg. Selbst die Nazigegner in den gutbürgerlichen Kreisen hatten doch für ›Rote‹ nichts übrig. Sie waren entweder stockkonservativ oder fromm katholisch. Allenfalls gab es noch ein paar, die zur ›Bekennenden Kirche‹ gehörten, und einige Liberale. Die hätten zwar einen Kommunisten nicht angezeigt, aber sie wären auch bestimmt nicht bereit gewesen, ihm zu helfen – schon aus Angst! Sie wagten ja nicht mal, den Juden zu helfen . . .«

»Nein«, sagte ich, »da irrst du dich. Es gab etliche Leute, auch in den sogenannten ›besseren‹ Kreisen, die keine Angst hatten. Ich habe auch gutsituierte Geschäftsleute gekannt, die nicht nur verfolgten Juden geholfen und dabei viel riskiert haben, sondern die sich auch nicht gescheut haben, mit den Kommunisten zusammenzuarbeiten. Die Hauptsache war für sie, daß es dabei gegen die Nazis ging.«

Ich dachte dabei an einen Freitagnachmittag, Anfang März 1936, als der ›Uhrmacher‹ aus Basel im Café Ney erschienen war.

11. Besuch aus Basel

Es muß am Freitag, dem 6. März 1936, gewesen sein, denn am nächsten Morgen – aber das konnten wir an diesem Nachmittag natürlich noch nicht wissen – war wieder eines jener Wochenendereignisse fällig gewesen, mit denen ›der Führer‹ damals die Welt in immer größere Aufregung versetzte.

Die erste dieser Wochenendüberraschungen hatte uns Hitler ein Jahr zuvor beschert: Am 16. März 1935 war der darauf nicht vorbereiteten Öffentlichkeit die Wiedereinführung der allgemeinen Wehrpflicht verkündet worden. In einer langen Rede vor dem Reichstag, die von allen deutschen Rundfunksendern übertragen wurde, hatte Hitler diese Maßnahme ausführlich begründet und zugleich beteuert, daß er ›nichts als den Frieden‹ wolle. Die Reichsregierung werde ›niemals über die Wahrung der deutschen Ehre und der Freiheit des Reiches hinausgehen‹. Wir hatten uns in der Aula unseres Gymnasiums versammeln müssen, um der Stimme aus dem Radio zu lauschen.

Anschließend hatten wir schulfrei, und Kulle war der Meinung gewesen, nun gäbe es Krieg, denn England und Frankreich würden diesen Bruch des Versailler Vertrags bestimmt nicht zulassen. Aber London und Paris reagierten zunächst gar nicht und dann nur mit einem schwachen Protest.

Mein Vater war der Ansicht, Hitler habe sich für seine Überraschung, der dann noch etliche folgten, mit Vorbedacht den Sonnabend ausgesucht, weil die Mitglieder der westlichen Regierungen das Wochenende meist irgendwo auf dem Lande, mit der Jagd auf Sumpfhühner oder dem Fischen von Lachsen, verbrächten und dann nur sehr schwer zu erreichen seien.

Seitdem war fast ein Jahr vergangen, und in dieser Zeit war an den Schulen ständig von ›Wehrertüchtigung‹ und von der Notwendigkeit einer Stärkung des ›Wehrwillens‹ die Rede gewesen. Für uns Schüler bedeutete das, neben Änderungen des Lehrplans für den Deutschunterricht, wo die vorgesehene Durchnahme von ›Maria Stuart‹ und ›Kabale und Liebe‹ durch ›Wallensteins Lager‹ und

Kleists ›Prinz von Homburg‹ ersetzt wurde, daß wir freitags zwei Stunden ›Spielturnen‹ als zusätzlichen, der ›Wehrertüchtigung‹ dienenden Nachmittagsunterricht bekamen, den nicht unser Turnlehrer erteilte, sondern – was die Bedeutung der Sache unterstrich – unser Ordinarius. Er hieß Dr. Konen, und wir nannten ihn unter uns ›Koko‹, weil er manchmal, wenn er den Kopf schief hielt und einen Schüler über die Brillengläser hinweg prüfend ansah, wie ein alter Papagei aussah.

Um 3 Uhr nachmittags hatten wir uns im Umkleideraum neben der Turnhalle einzufinden. Dort benutzte ›Koko‹ die paar Minuten, die wir zum Umziehen brauchten, zur Absolvierung der ihm von der Schulbehörde vorgeschriebenen, von uns nicht weiter beachteten Pflichtübung: Er teilte uns ohne große Überzeugungskraft mit, daß wir nicht zum ›Spaßvergnügen‹ gekommen seien, sondern zum ›Dienst für das Vaterland‹, zur Leibesertüchtigung als künftige Soldaten der neuen Wehrmacht und zur Stärkung unserer Muskeln sowie unseres ›Wehrwillens‹.

Dann hatten wir uns in Dreierreihe aufzustellen und uns entlang einer imaginären, von den Spitzen unserer Schuhe gebildeten Geraden ›auszurichten‹. Einer – meist der, der das Klassenbuch führte – trat vor und kommandierte: »Stillgestanden! Augen – rechts!« Dann meldete er dem Klassenlehrer, daß wir vollständig angetreten wären, worauf ›Koko‹ selbst das Kommando übernahm, und nun gab es zwei Möglichkeiten: Entweder spielten wir zweimal dreißig Minuten Fußball im Freien, auf dem großen Sportplatz, der zur Schule gehörte, oder wir blieben in der Turnhalle und spielten Handball, je nach Wetterlage. ›Koko‹, von dem wir wußten, daß er weder Nazi war noch von ›Wehrertüchtigung‹ etwas hielt, schenkte unserem Ballspiel weder drinnen noch draußen irgendwelche Beachtung. Er las vielmehr die tags zuvor erschienene, von ihm für diese lästige Doppelstunde aufbewahrte ›Berliner Illustrirte‹, bis die Zeit um war und wir, nach neuerlichem Antreten und ›Melden‹, uns wieder anziehen und nach Hause gehen konnten, von ›Koko‹ entlassen mit dem vorgeschriebenen ›Deutschen Gruß‹, bei dem er lediglich den rechten Arm hob und mit seiner ausgestreckten Hand das Zeichen gab, in den Umkleideraum zu verschwinden.

Ich staunte immer wieder, wie er es fertigbrachte, nicht klarwerden zu lassen, weshalb er den Arm erhoben und die Hand ausgestreckt hatte – zum Nazi-Gruß oder nur zum Wegschicken der Klasse?

An diesem ersten Freitag im März 1936 hatten wir Fußball ge-

spielt. Mir war heiß, und auf dem Nachhauseweg hatte ich mir im Café Ney von ›Tante Änne‹ ein Eis geholt. Ich unterhielt mich noch mit ihr, als jemand hereinkam, den weder sie noch ich kannte. Es war ein Mann von Mitte Vierzig, nicht sehr groß, eher untersetzt und sehr kräftig wirkend. Er trug einen dicken grauen Wintermantel, einen Schal, einen eleganten grauen Homburg, dunkelgraue Glacélederhandschuhe, blankgeputzte schwarze Stiefeletten mit grauen Gamaschen, sogenannten ›Hundedeckchen‹, einen zusammengerollten schwarzen Regenschirm am Arm und eine altmodische lederne Reisetasche. Ohne diese Tasche hätte man ihn für einen sonntäglichen Rennplatzbesucher halten können; es fehlte nur das Fernglas.
Er war an der Tür stehengeblieben und hatte sich erst einmal prüfend umgesehen, so als suchte er jemanden im Lokal, mit dem er sich verabredet hatte. Doch dann war er auf ›Tante Änne‹ zugegangen, hatte höflich den grauen Homburg gelüftet und sie gefragt: »Pardon, sind Sie vielleicht Frau Anna Ney?«
Als sie dies bejahte, zeigte sich auf seinem etwas hölzern und bäuerisch wirkenden Gesicht erstmals die Spur eines Lächelns.
»Das freut mich aber«, sagte er, und ich fand, er sprach genauso wie der Ansager des schweizerischen Landessenders Beromünster, dessen Nachrichten mein Vater jeden Abend hörte. »Es ist sehr gut, daß ich Sie antreffe. Mein Name ist Sprüngli. Ich bin von Basel gekommen und soll Ihnen beste Grüße bestellen von Ihrem Herrn Bruder. Es geht ihm gut.«
›Tante Änne‹, die sich zunächst reserviert verhalten hatte, begrüßte Herrn Sprüngli nun sehr freundlich, drückte ihm die Hand, bat ihn, Platz zu nehmen, bot ihm Kaffee und ein Stück Kuchen an, erkundigte sich nach ihrem Bruder, von dem sie sagte, daß sie ihn seit fast vier Jahren nicht gesehen hätte, und fragte dann: »Sie sind auf der Durchreise?«
»Ja, gewiß. Ich habe hier nur Station gemacht, um den Gruß auszurichten und um nach Ihrer Pendüle zu sehen. Ihr Herr Bruder sagte, es sei eine sehr wertvolle Stutzuhr mit einem besonders schönen Schlagwerk, ein Fabrikat von Ernest Borel in Genf. Ich kenne mich damit aus – oder haben Sie sie schon anderweitig reparieren lassen?«
»Nein«, erwiderte ›Tante Änne‹ etwas zögernd.
»Nun, dann kommt mein Besuch Ihnen vielleicht gelegen«, meinte Herr Sprüngli. »Ich bin nämlich Uhrmacher. Ihr Herr Bruder sagte mir, die fragliche Pendüle befinde sich in Ihrem kleinen Landhaus in Meerbusch, nicht sehr weit von hier, nicht wahr?«

»Etwa zwanzig Minuten mit der Straßenbahn. Hat mein Bruder sonst noch etwas gesagt, was Sie mir ausrichten sollen?«
»Nein – das heißt, er hat mir natürlich auch herzliche Grüße an Ihren Herrn Gemahl aufgetragen. Er sagte: ›Vergiß nicht, ‚Griesgen' von mir zu grüßen, und frag ihn, ob er noch die Krawatte trägt, die ich ihm zu seinem Geburtstag geschenkt habe – die dunkelblaue mit den silbernen Krönchen‹ ...«
Er sah ›Tante Änne‹ ernst und mit einer stummen Frage im Blick an, und sie schien mir jetzt etwas nervös zu sein.
Ich war sicher, daß das alles nur mir auffiel, weil ich den beiden aus nächster Nähe sehr aufmerksam zugehört und sie genau beobachtet hatte, während die übrigen Gäste im Café sich miteinander unterhielten und die beiden gar nicht beachteten.
Der Grund für mein reges Interesse war die Bemerkung, die ›Tante Änne‹ früher einmal gemacht hatte, als von der brutalen Behandlung der Kommunisten durch die Gestapo die Rede gewesen war. Ihr Mann, der Konditor, der mit Vornamen Werner hieß und nur von ihr manchmal, seiner schon früh ergrauten Haare wegen, ›Griesgen‹ genannt wurde, hatte von einem kommunistischen Arbeiter erzählt, den er kannte und der von der Gestapo furchtbar zugerichtet worden war.
»Ich bin gegen den Kommunismus«, hatte ›Tante Änne‹ dazu bemerkt. »Ich bin dafür, daß der Mensch an Gott glaubt und jede Religion achtet. Ich bin auch für das Privateigentum, zumindest für das, was man sich selbst erarbeitet hat. Aber ich würde heute jedem Kommunisten helfen, der vor den Nazis flüchten muß ... – schließlich ist unser Jupp auch ein Kommunist ... Ein Glück, daß er noch rechtzeitig in die Schweiz gegangen ist!«
›Unser Jupp‹, das wußte ich, war ihr Bruder Josef, der in Basel lebte und von dem sie schon öfter gesprochen hatte, ohne seine politische Gesinnung zu erwähnen. Aus dem Gespräch mit Herrn Sprüngli, dem angeblichen Uhrmacher, war mir nun klargeworden, daß hinter dem scheinbar ganz harmlosen Gerede mehr stekken mußte, als ich zunächst vermutet hatte.
Offenbar hatte sich der ›Uhrmacher‹ der Frau Ney gegenüber erst einmal ›ausgewiesen‹, indem er mehrere Dinge aus ›Tante Ännes‹ privater Sphäre erwähnt hatte, von denen ein Außenstehender schwerlich etwas wissen konnte, etwa das Fabrikat der Stutzuhr auf der Kommode in ihrem kleinen Landhaus in Meerbusch. Die Uhr war übrigens keineswegs reparaturbedürftig, denn ich hatte sie selbst erst am vergangenen Sonntag schlagen hören und die Zeit mit meiner Taschenuhr verglichen.

Der Fortgang des Gesprächs der beiden schien meine Vermutung vollends zu bestätigen, daß der ›Uhrmacher‹ etwas ganz anderes wollte, als nur Grüße bestellen. Ich vermutete, daß er Unterschlupf suchte, denn auf ›Tante Ännes‹ Frage, ob er es eilig hätte, antwortete Herr Sprüngli: »Nun ja, es ist gewissermaßen schon recht eilig. Aber für ein paar Tage könnte ich mich wohl freimachen. Eine solche Reparatur, das ist keine Kleinigkeit . . .«
Nun wußte ›Tante Änne‹ – und auch ich –, um was es ging: Offenbar wollte Herr Sprüngli ein sicheres Quartier, und er dachte an das die Woche über meist leerstehende Häuschen der Neys vor der Stadt.
». . . bis Mitte nächster Woche werde ich bestimmt fertig sein«, fügte Herr Sprüngli noch hinzu, und ich sah, wie ihm ›Tante Änne‹ nach kurzem Nachdenken noch einmal einen prüfenden Blick zuwarf, wobei sie sich näher zu ihm beugte und ihm über ihre Brillengläser hinweg direkt in die Augen sah. Ich erinnerte mich, daß sie einmal gesagt hatte, sie könnte jeden Spitzel an den Augen erkennen.
Offenbar war ihre Prüfung zugunsten von Herrn Sprüngli ausgefallen, denn sie lehnte sich nun zurück, atmete tief ein und sagte: »Also, gut . . .«, und zu meiner Verwunderung fuhr sie fort: »Hat mein Bruder nicht etwas über das *Stammcafé* gesagt . . .?« Sie sprach das Wort, auf das es anzukommen schien, etwas gedehnt, und Herr Sprüngli antwortete sofort: »Ja, gewiß, Ihr Herr Bruder sagte, ihm träumte neulich, daß es *unter Palmen* stünde . . .«
»Nun, dann ist ja alles in Ordnung«, sagte ›Tante Änne‹ und stand auf. »Die Straßenbahn fährt in zwölf Minuten«, fügte sie hinzu, nachdem sie einen Blick auf die Uhr über der Tür zu ihrem Kontor geworfen hatte.
»Ich will Ihnen noch rasch etwas einpacken, Herr Sprüngli«, erklärte sie dann in ihrer gewohnten, sehr freundlichen Art. »Am Sonntag nach der Messe kommen wir dann, mein Mann und ich, zum Mittagessen.« Und zu mir sagte sie, während sie schon nach hinten, in die Küche vor der Backstube, ging: »Warte bitte auf mich! Du sollst noch etwas für mich erledigen . . .«
»Gern, Tante Änne, ich hab' Zeit . . .«, rief ich ihr nach.
Während Herr Sprüngli nun sehr bedächtig seinen Kuchen aß und sich noch etwas Kaffee aus dem Kännchen einschenkte, überlegte ich, weshalb mir der angebliche Traum von ›Tante Ännes‹ Bruder Jupp, von dem ich sicher annahm, daß er nur der zwischen den Geschwistern verabredeten geheimen Losungsworte wegen erwähnt worden war, so sehr bekannt vorkam.

Dann fiel es mir ein: Das war natürlich aus einem Gedicht von Erich Kästner!

›Mir träumte neulich, daß mein Stammcafé
auf einer Insel unter Palmen stünde.
Persönlich kenne ich bloß Warnemünde,
doch Träume reisen gern nach Übersee . . .‹

Von Erich Kästner kannte ich nicht nur ›Emil und die Detektive‹ und andere Kinderbücher, die ich schon als Sextaner gelesen hatte, sondern auch seine ›Gebrauchs-Lyrik‹. Drei Bände, die vor 1933 erschienen waren, standen sogar in meinem Bücherregal, neben dem Pult, an dem ich meine Hausaufgaben erledigte.
Allerdings waren sie äußerlich nicht mehr als Bücher von Kästner erkennbar. Ich hatte sie in blaues, gewachstes Papier sauber eingeschlagen und mit den vorschriftsmäßigen achteckigen Etiketten versehen, auf die ich in meiner besten Sütterlin-Schrift *›Algebra VIa‹*, *›Rassenkunde‹* und *›Geschichte – Mittelalter‹* geschrieben hatte.
Es gab in meinem Bücherregal, neben ›Winnetou‹ und ›Oliver Twist‹, ›Dr. Doolittle's Reisen‹ und ›Lederstrumpf‹, noch etliche solcher getarnten Werke, die von den Nazis verboten und am 10. Mai 1933, bejubelt von Leuten wie Herrn Dr. Barsch, öffentlich verbrannt worden waren. Nach und nach waren sie aus dem großen Bücherschrank meines Vaters in mein Regal gewandert, nachdem wir sie, zumindest dem äußeren Anschein nach, in alte, nicht mehr gebrauchte Schulbücher verwandelt hatten: Tucholskys – von John Heartfield mit Bildkollagen versehenes – Buch ›Deutschland, Deutschland, über alles . . .‹ war zu einer *›Heimatkunde I‹* geworden, Erich Maria Remarques ›Im Westen nichts Neues‹ zu *›Säen und Ernten‹* und George Grosz' ›Das Gesicht der herrschenden Klasse‹ zu *›Dierckes Physikalischer Schulatlas‹*.
Da es zu viele Bücher waren, wanderte ein Teil davon in einen großen alten Wäschekorb auf dem Speicher, wobei meine Mutter vorsorglich die oberste Lage mit wirklichen alten Schulbüchern von mir abgedeckt und auf dem Truhendeckel außen ein Pappschild angebracht hatte, dessen Aufschrift die Tarnung vollständig machte.
Aber vieles hatte ich vor dem Speicher bewahrt – beispielsweise Döblins ›Berlin Alexanderplatz‹, Irmgard Keuns ›Kunstseidnes Mädchen‹ und manches andere –, in Absprache mit meinen Eltern, die natürlich auch nicht für jedes ihrer Lieblingsbücher auf den Speicher klettern wollten.

So waren Erich Kästners Gedichte bei mir geblieben, und ich kannte viele davon längst auswendig. Daher war es für mich nicht schwer gewesen, die Losungsworte zu erkennen, mit denen sich ›Tante Änne‹ und Herr Sprüngli die endgültige Gewißheit gegeben hatten, daß sie sich gegenseitig vertrauen konnten.
Nach fünf Minuten war ›Tante Änne‹ aus der Küche zurückgekommen. Sie gab mir einen Korb mit Lebensmitteln, gemahlenem Kaffee, Zigaretten und Süßigkeiten.
»Könntest du das wohl in unser Häuschen in Meerbusch bringen und den Freund meines Bruders dahin begleiten, weil er den Weg nicht kennt?«
»Mach ich gern, Tante Änne«, sagte ich und fügte leise hinzu: »Sag ihm, ich steige hinten ein, in den zweiten Wagen, und er soll erst kurz vor der Abfahrt in den ersten Wagen einsteigen, in Meerbusch aussteigen und den Weg neben den Gleisen in Fahrtrichtung weitergehen. Ich komme nach und hole ihn dann schon ein. Wo sind die Schlüssel zum Haus? Ich zeige ihm dort alles.«
Ich hatte die Freude, ›Tante Änne‹ einen Augenblick lang verblüfft zu sehen. Dann faßte sie sich aber rasch, lächelte mich an und sagte nur: »Die Schlüssel sind im Korb. Los, beeil dich, die Straßenbahn fährt gleich ab – und versuch nicht klüger zu sein, als du bist . . .«
Ich hatte dann aber die Genugtuung, daß Herr Sprüngli meine Ratschläge genau befolgte. Er stieg in den vorderen Straßenbahnwagen ein, gerade als die Bahn abfuhr, während ich von der letzten Plattform aus beobachtete, ob ihn wohl jemand ›beschattete‹.
Die Fahrt nach Meerbusch dauerte nicht viel länger als eine Viertelstunde, und unterwegs überlegte ich mir, wie ich ihn nachher ansprechen und mit ihm reden sollte. Am besten, so fand ich, würde es sein, ihm ganz unbefangen zu begegnen und das Weitere ihm zu überlassen.
Ich fragte mich, was er hier wohl wollte. Seiner Aussprache nach war er wirklich ein Schweizer. Warum war er dann aus der Schweiz, wo er doch vor der Gestapo sicher war, hierhergekommen?
Vielleicht war er ein Kurier – davon hatte ich schon gehört. Es hatte sogar einmal in der Zeitung gestanden, daß ›ein Kurier der Komintern aus Moskau‹ von der stets wachsamen Geheimen Staatspolizei erwischt worden war – ›mit Anleitungen zum bolschewistischen Aufstand und Bürgerkrieg‹, wie die Zeitungsmeldung besagt hatte.
Aber Herr Sprüngli sah eigentlich nicht so aus, als ob er Leute

zum Bürgerkrieg anleiten könnte, und auch seine Ledertasche ähnelte mehr der eines Landarztes auf Patientenbesuch als der eines Revolutionärs. Aber man konnte sich da sicherlich auch täuschen . . .

Am meisten beschäftigte mich jedoch die Frage, ob der ›Uhrmacher‹ tatsächlich verfolgt würde. Was konnte Herr Sprüngli sonst gemeint haben, als er andeutete, daß er es recht eilig hätte? Aber anderseits, so sagte ich mir, würde er ganz bestimmt nicht ins Café Ney gekommen sein, wenn er nicht völlig sicher gewesen wäre, etwaige Verfolger abgeschüttelt zu haben.

Es mußte also etwas anderes dahinterstecken – aber was?

In Meerbusch stiegen alle aus. Die wenigen Fahrgäste verliefen sich rasch. Herr Sprüngli ging gemächlich den Weg an den Schienen entlang, ohne sich nach mir umzusehen. Ich wartete, bis ich sicher sein konnte, daß es keine Verfolger gab. Dann lief ich Herrn Sprüngli nach und holte ihn rasch ein.

»Dort am Wegweiser biegen wir links ab«, sagte ich zu ihm, nachdem ich ihn begrüßt hatte. »Es ist gleich das erste Haus, und wir gehen am besten durch das Gartentörchen, das zur Bahn hin liegt. Da kann uns keiner von den Nachbarn sehen . . .«

Er warf mir einen Blick zu, sagte aber nichts.

Wir gingen durch den Neyschen Garten zum Haus. Herr Sprüngli wartete auf der Terrasse, bis ich von der anderen Seite aus ins Haus gegangen war und ihm die Terrassentür öffnen konnte.

»Hier ist die Küche«, sagte ich und zeigte ihm den Weg, »dort ist das Bad, hier in der Diele steht das Telefon, und ein Gästezimmer ist im ersten Stock, gleich neben der Treppe links.« Dann packte ich meinen Korb aus, zeigte ihm die Vorräte an Reis, Nudeln und geräuchertem Speck und wollte mich, da er kaum mit mir sprach, schon auf den Heimweg machen, als er mich plötzlich fragte: »Du kannst nicht zufällig von deinem Fenster aus die Rheinbrücke sehen?«

»Nein – wir wohnen nicht am Rhein.« Dann fiel mir Fräulein Bonse ein. »Aber Tante Änne, ich meine Frau Ney, kennt jemanden, der sieht von seinen Fenstern aus genau auf die Oberkasseler Brücke.«

»Meinst du, daß Frau Ney den Betreffenden bitten könnte, morgen in aller Frühe ab und zu einen Blick auf die Rheinbrücke zu werfen?«

Ich sah ihn verwundert an.

Dann sagte ich: »Bestimmt – die beiden kennen sich gut, und es

handelt sich um jemanden, der in Ordnung ist ... Aber, worauf soll sie – es ist nämlich eine Frau – denn überhaupt achten?«
»Auf Soldaten«, sagte Herr Sprüngli, »auf Marschkolonnen, Geschütze, Militärfahrzeuge aller Art – ich schätze, so von fünf Uhr in der Frühe an ...«
»Gibt es Krieg?!« fragte ich erschrocken.
»Das kann schon sein«, war alles, was Herr Sprüngli darauf antwortete. Er sah sich in dem Haus um, vergewisserte sich, daß das Licht, der elektrische Herd und das Telefon funktionierten, schaltete das Radio ein und wieder aus und betrachtete dann von der Terrasse aus die hohe Antenne auf dem Dach.
Ich dachte derweilen angestrengt nach. Dann sagte ich: »Wir sind doch hier auf dem linken Rheinufer ›entmilitarisierte Zone‹! Wenn Hitler die Wehrmacht hier einmarschieren läßt, hat mein Vater gesagt, dann werden die Franzosen und Engländer sie bestimmt daran hindern ...«
»Das wollen wir hoffen«, meinte dazu Herr Sprüngli nur.
Würden die Engländer und Franzosen die Wehrmacht zum Rückzug zwingen, sagte ich mir, wäre Hitler blamiert. Dann könnte es sein, daß es zum Aufstand gegen die Nazis kam, vor allem im Ruhrgebiet und im Köln–Aachener Braunkohlenrevier, und Düsseldorf lag dann ziemlich genau in der Mitte ...
»Es ist nicht gewiß«, sagte Herr Sprüngli, meine kühnen Hoffnungen dämpfend, und nach einer Pause fügte er bedeutsam hinzu: »Aber es ist gut möglich, und man muß jedenfalls darauf vorbereitet sein ...«
Ich dachte darüber nach.
Schließlich kam ich zu der Überzeugung, daß nicht allein Fräulein Bonse morgen früh am Fenster stehen und die Oberkasseler Rheinbrücke beobachten würde. Bestimmt gab es auch rheinabwärts, in Uerdingen, Duisburg und Wesel, und rheinaufwärts, in Neuß, Köln, Bonn, Remagen, Koblenz, Mainz, Ludwigshafen und Karlsruhe, Freunde von Herrn Sprüngli, die die Rheinbrücken im Auge behielten ... Vielleicht war er nur für einen bestimmten Abschnitt zuständig und würde von hier aus telefonische Verbindung mit den Beobachtern halten ... Und ganz gewiß würde er auch eine Verbindung zu seinen Genossen im Ausland benötigen – vielleicht über Funk? Ob in seiner Reisetasche wohl ein Funkgerät verborgen war? Ich wagte nicht, ihn danach zu fragen, verabschiedete mich dann und fuhr zurück zum Café Ney und richtete Tante Änne aus, was sie mit Fräulein Bonse besprechen sollte. Auch sie erschrak sehr.

»Gibt es Krieg?« fragte sie ängstlich.
»Er sagt: Das kann schon sein . . .«
»Jesus, Maria und Josef«, flüsterte ›Tante Änne‹, und ich ließ sie allein.
Als ich an diesem Abend zu Bett ging, stellte ich mir den Wecker auf 5 Uhr. Am nächsten Morgen stand ich um halb sechs bereits an der Lueg-Allee, die von der Oberkasseler Rheinbrücke in gerader Linie durch die linksrheinischen Stadtteile führt, und tatsächlich – da kamen sie: Feldjäger auf Motorrädern voraus, dann eine Marschkolonne Infanterie, etwa fünfhundert Mann, dahinter im Schrittempo einige Militärlastwagen, ein Sanitätsauto und eine Feldküche . . .!
Am Straßenrand standen nur sehr wenige Zuschauer. Ein SA-Mann rief plötzlich wie wild: »Heil! Heil!«, aber als er merkte, daß niemand sich an dieser Begrüßung beteiligte, hörte er damit auf.
In der Schule redeten natürlich alle von dem sensationellen Ereignis. Die meisten fanden es ›prima‹, daß auch das linksrheinische Gebiet jetzt Garnisonen der Wehrmacht bekäme. Einige machten sorgenvolle Gesichter und meinten: »Wenn das mal gutgeht!«
Nach der großen Pause wurden wir zum Rundfunkempfang der ›Führer‹rede in die Aula gerufen. Hitler sprach in der Kroll-Oper in Berlin vor dem eilig zusammengerufenen Reichstag: »Im Interesse des primitivsten Rechts eines Volkes auf Sicherung seiner Grenzen zur Wahrung seiner Verteidigungsmöglichkeiten hat daher die deutsche Reichsregierung mit dem heutigen Tage die volle und uneingeschränkte Souveränität in der entmilitarisierten Zone des Rheinlandes wiederhergestellt!«
Danach brüllten die sechshundert Nazi-Abgeordneten minutenlang ›Heil! Heil! Heil!‹ und trampelten mit ihren Stiefeln wie wild auf das Parkett.
Von der übrigen langen Rede prägte sich mir nur ein Satz ein: »Wir haben in Europa keine territorialen Forderungen zu stellen, Deutschland wird niemals den Frieden brechen!«
Hinterher hatten wir schulfrei.
Zu Hause herrschte dann an diesem und am nächsten Tag große Spannung. Mein Vater hörte ständig die Rundfunknachrichten, deutsche und ausländische. Am Sonntagnachmittag, ehe wir uns mit Freunden trafen, um gemeinsam mit ihnen in einem Ausflugslokal Kaffee zu trinken, sagte er: »Die englische Regierung ist heute, am Sonntag, zusammengetreten, das hat es in den letzten hundert Jahren nicht gegeben . . .! Aber sie unternehmen nichts,

weder die Engländer noch die Franzosen! Und dabei wäre es eine einzigartige Gelegenheit für sie, dem braunen Spuk ohne große Opfer ein Ende zu machen. Es wird ihnen bestimmt schon bald sehr leid tun, daß sie jetzt nicht energisch gehandelt haben ...«

Jahre später erfuhr ich, wie recht er gehabt hatte: Hitler hatte der Wehrmacht Anweisung gegeben, sich im Fall einer militärischen Intervention der Franzosen oder Engländer sofort und kampflos auf das rechte Rheinufer zurückzuziehen.
Im Nürnberger Hauptkriegsverbrecherprozeß sagte General Jodl aus, daß allein die französischen Grenztruppen ausgereicht hätten, die sehr schwachen Streitkräfte der Wehrmacht ›wegzublasen‹.
Hitler selbst hatte genau gewußt – so sagten mehrere seiner Minister, Generale und Mitarbeiter übereinstimmend aus –, daß er mit der Besetzung des Rheinlands ein gewaltiges Risiko eingegangen war. Sein Dolmetscher Paul Schmidt hatte ihn sagen hören: »Die achtundvierzig Stunden nach dem Einmarsch ins Rheinland sind die aufregendste Zeitspanne meines Lebens gewesen. Wären die Franzosen damals ins Rheinland eingerückt, hätten wir uns mit Schimpf und Schande zurückziehen müssen, denn die militärischen Kräfte, über die wir verfügten, hätten keineswegs auch nur zu einem mäßigen Widerstand ausgereicht ... Ein Rückzug unsererseits aber hätte den Zusammenbruch bedeutet ...« Der amerikanische Korrespondent in Berlin, William L. Shirer, notierte sich einige Monate später:
›Bei einem Rückblick auf jene Tage läßt sich deutlich erkennen, daß der geglückte Rheinland-Coup Hitler einen Sieg einbrachte, dessen Folgen weitaus verhängnisvoller sein sollten, als man damals übersehen konnte ...‹
Tatsächlich stand ein Wochenende lang alles auf des Messers Schneide. Aber da sich bei den Westmächten kein ernsthafter Widerstand bemerkbar machte, errang Hitler den Triumph, den er sich erhofft hatte, und verschaffte sich neue Popularität, nicht allein bei seinen Anhängern, sondern auch bei vielen, die schon im Begriff gewesen waren, ins Lager der heimlichen Opposition überzugehen. Denn die Unzufriedenheit großer Teile der Bevölkerung hatte im Laufe des Winters 1935/36, vor allem wegen der geringen Löhne bei steigenden Preisen und erhöhtem Akkord, stark zugenommen.

Am Montag nach dem Einmarsch der Wehrmacht ins Rheinland ging ich gleich nach der Schule zu ›Tante Änne‹ ins Café.

»Was macht der Besuch?« erkundigte ich mich.
»Schon wieder abgereist«, sagte ›Tante Änne‹.

Drei Wochen später, nach einem Propagandarummel ohnegleichen, hielt die Nazi-Führung sogenannte Wahlen ab. Das Wahlrecht wurde zur Wahlpflicht erklärt, das geforderte Ankreuzen der Einheitsliste der NSDAP wurde geschickt verbunden mit der Frage, ob der Wähler der ›Wiederherstellung der Ehre des deutschen Volkes und der vollen Souveränität des Reiches‹, wie sie der ›Führer‹ durch die Rheinlandbesetzung erreicht habe, zustimme oder nicht.
Die Nazi-Partei und ihre vielen Hilfsorganisationen übten den stärksten Druck auf die Wähler aus, den es jemals in Deutschland gegeben hat. In den Betrieben, den Hausgemeinschaften, den Ämtern und sogar in den Schulen lautete drei Wochen lang die Parole: ›Bei dieser Wahl darf keiner fehlen! Jede Stimme dem Führer! Wer nicht für Adolf Hitler stimmt, ist ein Volksverräter!‹
Am Sonntag, dem 29. März 1936, kurz vor Mitternacht, konnte der Reichspropagandaminister Dr. Goebbels triumphierend das ›Wahl‹ergebnis bekanntgeben: ›99 Prozent aller Deutschen haben für Adolf Hitler und die NSDAP gestimmt!‹
Es überraschte niemanden in Deutschland. Jeder wußte, welcher Druck ausgeübt und wie in den Wahllokalen gedroht, manipuliert und gefälscht worden war.
Ein ganzes Volk hatte sich dem Terror gebeugt.

12. Der Führer hat immer recht

Kurz nach Ostern 1936 durfte ich nach Berlin fahren und besuchte dort zahlreiche Verwandte und Freunde. Es gab für mich eine Überraschung nach der anderen, denn alles war anders geworden, als ich es in Erinnerung gehabt hatte. Mehr als drei Jahre Naziherrschaft waren imstande gewesen, einen Wandel zu schaffen, wie ich ihn mir nicht in den kühnsten Träumen vorgestellt hatte.
Schon die lange Bahnfahrt war voller seltsamer Erlebnisse gewesen. Ich hatte einen Fensterplatz in einem Abteil gefunden, in dem nur zwei Männer saßen, die sich leise unterhielten, ohne mich zu beachten. Es waren, wie ich dann ihrem Gespräch entnahm, Autobahnarbeiter, die über die Osterfeiertage bei ihren Familien auf Urlaub gewesen waren. Sie sprachen von der ›verfluchten Schinderei‹, die für sie jetzt wieder beginne, von der miserablen Unterbringung und Verpflegung. In Duisburg kam eine Frau ins Abteil, Mitte 30, mit Schneckenfrisur und im Schneiderkostüm, an der Bluse ein großes NS-Frauenschaftsabzeichen. Mit einem betont fröhlichen ›Heil Hitler!‹ begrüßte sie uns und nahm Platz. Die beiden Arbeiter erwiderten ganz mechanisch den Nazi-Gruß und setzten ihre inzwischen etwas lauter gewordene Unterhaltung fort. Ich sagte ›Good morning‹ und fügte mit betont englischer Aussprache ›Gu-ten Mor-gen‹ hinzu – ein kleiner Trick, den ich seit meiner Rückkehr vom Ferienkurs in Yorkshire im vergangenen Jahr schon wiederholt mit Erfolg angewandt hatte. Damit entzog ich mich jeder Möglichkeit einer Kritik, denn Ausländer, besonders Engländer, waren zu dieser Zeit bei den Nazis hochangesehene, geradezu umworbene Gäste.
Sie lächelte mir freundlich zu, wie ich es erwartet hatte, und vertiefte sich dann in den ›Illustrierten Beobachter‹. Doch schon nach ein paar Minuten ließ sie das Blatt sinken, warf den beiden Arbeitern einen strengen Blick zu und sagte: »Muß das wirklich sein – diese Meckerei?! Noch dazu in Gegenwart eines jungen Ausländers . . . Sie sollten froh sein, daß Sie Arbeit haben, und dem Führer dankbar sein, daß er die Arbeitslosigkeit beseitigt hat!«

Die beiden Arbeiter sahen sie erschrocken an.
Dann faßte sich der Ältere von den beiden und sagte ganz ruhig: »Hören Sie mal, junge Frau: Wir arbeiten bei Wind und Wetter im Freien – mit der Schaufel, für 51 Pfennig Stundenlohn. Da gehen dann noch die Abzüge runter und die freiwilligen Spenden, die sie uns auch gleich mit abziehen, und 15 Pfennig Schlafgeld täglich für einen Strohsack in einer zugigen Holzbaracke und weitere 35 Pfennig für ein sogenanntes Mittagessen aus dem Suppenkessel, das *Sie* nicht anrühren würden – da leg ich meine Hand für ins Feuer! Vor einem halben Jahr gab es noch 66 Pfennig pro Stunde, und die Antreiberei wird immer schlimmer ...«
»Laß doch, Karl«, sagte der Jüngere, aber sein Kollege fuhr erbittert fort: »Ich bin gelernter Buchdrucker. Im Sommer '33 wurde ich arbeitslos. Bis zum Frühjahr '34 ging ich stempeln – das war immer noch besser als jetzt. Man war zu Hause, bei seiner Familie, und ab und zu hat man noch was nebenbei verdienen können oder hat im Garten gearbeitet ... Jetzt bin ich dienstverpflichtet – mit zehn Tagen Urlaub im Jahr! Das macht einen kaputt, sage ich Ihnen!«
»Nun laß doch, Karl«, mischte sich der Jüngere wieder ein, »das interessiert die Dame doch gar nicht!«
»Das soll sie aber interessieren«, fuhr der Ältere unbeirrt fort. »Gewiß, Anfang '33 hatten wir noch über 6 Millionen Arbeitslose, jetzt sind es nur noch 2,1 Millionen – das ist richtig. Aber es stimmt auch, daß ich Anfang '33 noch in meinem Beruf gut verdient habe und zu Hause war, und jetzt plagen wir uns für immer niedrigere Löhne – für netto 16 Mark die Woche. Das ist eine Schweinerei, und das muß man doch noch sagen dürfen!«
Die NS-Frauenschaftlerin schwieg zunächst, offenbar beeindruckt. Dann aber, wohl mehr für mich, den vermeintlichen ›jungen Ausländer‹, sagte sie: »Es läßt sich nicht alles im Handumdrehen bessern, was die vierzehn Jahre Systemzeit uns an Elend gebracht haben. Aber jetzt haben die Menschen doch wieder Hoffnung! Sie sind von der Straße weg, und Deutschland ist wieder stark und mächtig! Wir haben unsere Ehre wieder – das ist das Allerwichtigste! Adolf Hitler hat in drei Jahren schon Wunder vollbracht, und von Jahr zu Jahr wird alles besser und schöner! Vielleicht können Sie schon nächstes Frühjahr mit Ihrer Familie Urlaub auf Madeira machen – mit ›Kraft durch Freude‹ ... Man muß nur fest an den Führer *glauben*!«
»Ja, ja«, lenkte der Ältere ein, nachdem ihm sein Kollege einen beschwörenden Blick zugeworfen hatte. Aber dann fügte er doch

noch leise hinzu: »Madeira! Nach Feierabend in der Laube in meinem Garten sitzen, wäre mir lieber ...«
In Dortmund mußten die beiden Arbeiter umsteigen und verließen das Abteil. Andere Leute stiegen ein, die NS-Frauenschaftlerin begrüßte sie wieder mit fröhlichem ›Heil Hitler‹, und alle, auch die, die zuvor ›Guten Tag‹, gesagt hatten, beeilten sich, den Nazi-Gruß zu erwidern.
In Hamm stieg sie dann aus, aber zuvor erkundigte sie sich bei mir, wohin meine Reise denn ginge.
»Nak Börlinn«, antwortete ich, und sie rief: »Ach, nach Berlin, in die Reichshauptstadt! Da ist es gewiß wunderbar und sehr interessant. In wenigen Monaten beginnen dort ja die Olympischen Spiele – die ganze Welt wird dann sehen, was unser Führer Adolf Hitler geleistet hat!«
Dann schenkte sie mir noch den ›Illustrierten Beobachter‹, rief ›Heil Hitler!‹ und für mich noch extra: ›Goodbye – und gute Reise!‹.

Am Bahnhof Zoologischer Garten erwarteten mich mein Onkel Karl und Tante Elsbeth, eine Schwester meiner Mutter. Zu meinem Entsetzen trug Onkel Karl ein Parteiabzeichen, Tante Elsbeth eine Frauenschaftsbrosche.
Ich bemühte mich, mir meinen Schreck nicht anmerken zu lassen, und wir begrüßten uns herzlich.
»Du wirst schrecklichen Hunger haben, Junge«, sagte Tante Elsbeth als erstes, »aber ich habe dir vom Mittagessen genug aufgehoben – Kalbsbraten mit Sahnesoße und gemischtes Gemüse, und Nachtisch natürlich: Zitronenkrem ...«
Sie war als gute Köchin berühmt und häufte einem immer riesige Portionen auf den Teller, stets in Sorge, man könnte hungrig wieder aufstehen, und außerdem kannte ich sie als ungemein herzlich, freundlich und hilfsbereit.
Onkel Karl, dessen unerschütterliche Ruhe und trockenen Humor ich schätzte, frotzelte mich in gewohnter Weise und erkundigte sich, ob es denn in dem Provinznest, aus dem ich käme, überhaupt eine Bahnstation gäbe – Düsseldorf, das klänge so, als wäre es von dort fünf Stunden zu Fuß bis zum nächsten Bahnhof ...
Es war, bis auf die Hakenkreuzabzeichen, die sie trugen, alles genauso, wie es früher gewesen war.
Beim Abendbrot, bei dem meine Erwartungen noch übertroffen wurden von der Menge der von Tante Elsbeth aufgetragenen Lekkerbissen, erkundigte ich mich nach meinem Vetter und meiner

Cousine, die beide noch zur Schule gegangen waren, als ich sie zum letzten Mal gesehen hatte.

»Fritz kommt meist sonntags, wenn er dienstfrei hat«, teilte mir Tante Elsbeth eifrig mit. »Es geht ihm prima, und er rechnet fest damit, nächste Woche, an Führers Geburtstag, befördert zu werden. Und das hat er auch verdient, der Fritz – er ist so pflichtbewußt und diensteifrig! – Du weißt ja, er ist bei der Leibstandarte . . .«

Ich hatte es nicht gewußt, nicht einmal, daß mein vier Jahre älterer, sehr stiller und von meinen Eltern als ›etwas beschränkt‹ angesehener Vetter Fritz zur SS gegangen war. Und nun hatte ich gar einen Cousin bei der ›Leibstandarte Adolf Hitler‹!

»Toll«, sagte ich, und mein Staunen war echt. »Und wie geht es Gudrun? Was macht sie?«

Ich erfuhr, daß meine Cousine noch bei ihren Eltern wohnte, aber meist erst am späteren Abend nach Hause käme.

»Sie arbeitet wie verrückt bei ihrer Dienststelle«, erläuterte Tante Elsbeth. »Da wird es oft acht oder neun Uhr abends, ehe sie da rauskommt, und dann laden sie ihre Chefs meist noch zum Abendessen ein – neulich sogar zu Horcher! Anschließend wird sie dann mit dem Auto nach Hause gebracht . . .«

Was mochte das für eine Dienststelle sein? Horcher – das wußte ich von meinen Eltern – war eines der vornehmsten und teuersten Restaurants in der Stadt. Aber ehe ich mich danach erkundigen konnte, sagte mein Onkel Karl, er müsse jetzt eilig zur Versammlung – alle vom Blockwart aufwärts seien bestellt. Minister Dr. Goebbels selbst als Gauleiter von Groß-Berlin werde sprechen – vor allem über die Wahl vom 29. März, bei der einiges schiefgegangen sei.

»Nanu«, wunderte ich mich, »es haben doch 99 Prozent mit Ja gestimmt . . .?!«

»Eben«, sagte er nur und zog sich schon den Mantel an.

»In allen Berliner Stimmbezirken gleichmäßig 99 Prozent«, erklärte Tante Elsbeth, »das sieht doch nicht gut aus – das macht auch im Ausland keinen überzeugenden Eindruck . . .« Sie klang bekümmert. »In Friedrichshagen sind in fünfzehn Wahllokalen von insgesamt zwanzig genauso viele Stimmen abgegeben worden, wie es Wahlberechtigte gab, und bei den anderen fünf jeweils nur eine Stimme weniger . . .«

»Das ist doch prima«, sagte ich, »und es hieß doch auch: ›Diesmal darf keiner fehlen!‹ Da kann man sich doch nicht beklagen, wenn alle kommen!«

Sie sah mich erstaunt an.
»Naja«, meinte sie dann nur und wechselte das Thema: »Onkel Karl muß viel zu oft abends noch weg, und gerade heute wäre es so schön gewesen, wenn er uns etwas vorgespielt hätte – von Schubert zum Beispiel . . .«
Onkel Karl war ein guter Pianist, aber mir machte es nichts aus, daß der Musikabend ausfiel. Vielmehr beschäftigte mich die Frage, warum mein Onkel Karl zu einer Versammlung ›vom Blockwart aufwärts‹ ging. Welchen Posten hatte er sich wohl von den Nazis aufschwatzen lassen? Schon früher war es Tante Elsbeths ständige Klage gewesen, daß ihr Mann abends immer zu irgendwelchen Veranstaltungen müßte. Damals hatte es sich vor allem um ›die Loge‹ gehandelt, denn Onkel Karl war ein eifriger Freimaurer gewesen, daneben noch im Schachklub und im Gesangverein, im Bezirkswohlfahrtsausschuß und im Vorstand des Waisenhauses. Überall hatte er Ehrenämter inne und mußte ständig zu Sitzungen. Seine Frau war sehr stolz darauf, nur hätte sie ihn gern häufiger abends zu Hause gehabt.
»Karl ist einfach zu gutmütig«, hatte meine Mutter dazu gemeint. »Wenn jemand zu ihm sagt: ›Karl, du kannst uns doch nicht im Stich lassen – wir brauchen dich‹, dann macht er das eben auch noch . . .«
Vielleicht war *das* die Erklärung, überlegte ich mir, aber als ich am nächsten Vormittag Tante Martha, die andere, unverheiratete Schwester meiner Mutter, in Steglitz besuchte und sie fragte, ob sie mir sagen könnte, warum Onkel Karl und Tante Elsbeth auf einmal Nazis wären oder zumindest so täten, da sagte sie nach einem tiefen Seufzer: »Sie glauben jetzt wirklich daran. Erst neulich hat Elsbeth doch allen Ernstes zu mir gesagt: ›Man darf an unserem Führer nicht zweifeln – der Führer hat immer recht . . .!‹ Sie ist eine herzensgute Frau, aber sie hat leider nicht mehr Verstand als ein Huhn, und ihr Sohn, mein Neffe Fritz, der brave Junge, noch weniger – sonst wäre er doch nicht zur ›Leibstandarte‹ gegangen . . .«
»Und Onkel Karl?«
»Bei Karl ist die Sache etwas komplizierter«, meinte Tante Martha. »Er hat sich nie für Politik interessiert, und plötzlich, im März, April '33 etwa, da wurde er sehr gegen seinen Willen in die Politik hineingezogen. Die Loge, die ihm soviel bedeutet hat, wurde polizeilich geschlossen, und die Freimaurerei galt auf einmal als etwas Anrüchiges. Dann haben ihn SA-Leute auf dem Kurfürstendamm angerempelt, weil er doch so jüdisch aussieht . . .«

»Tatsächlich . . .?«
Jetzt, wo meine Tante Martha es sagte, wurde es auch mir bewußt: Onkel Karl sah wirklich manchmal so aus, wie die Nazi-Zeitungen Juden zu karikieren pflegten, wogegen alle Juden, die ich kannte – und das waren sehr viele, denn ich war im Berliner Westen zur Schule gegangen –, keineswegs so aussahen.
»Es war Ecke Fasanenstraße, nicht weit von der Synagoge«, fuhr Tante Martha fort. »Ein SA-Mann hat ihm den Hut vom Kopf und mit der Faust ins Gesicht geschlagen – da hat Karl es mit der Angst zu tun bekommen. Er sorgte sich vor allem um seine Familie und um das Geschäft.«
Onkel Karl war vereidigter Kunstsachverständiger, speziell für Porzellan, Glas und Keramik, und daneben hatte er ein kleines Ladengeschäft nahe dem Savignyplatz, wo es besonders wertvolle alte Gläser, Bunzlauer Krüge und antikes Porzellan zu kaufen gab. Ich konnte mir vorstellen, welche Angst Onkel Karl davor gehabt hatte, daß ihm HJ und SA Steine in die Fenster hätten werden können . . .
»Er hat jetzt ein großes Schild am Schaufenster: ›Deutsches Geschäft‹«, sagte Tante Martha. »Dabei hat er doch fast nur jüdische Kundschaft gehabt – die Herren Kreisleiter und Standartenführer verstehen ja nichts von alten Fayencen und venezianischem Glas . . .«
»Und was macht eigentlich Gudrun?« erkundigte ich mich noch, ehe ich meinen Besuch bei Tante Martha beendete, weil ich zum Mittagessen bei meiner Cousine Lilly in Neukölln eingeladen war.
»Ich weiß es auch nicht, was Gudrun eigentlich macht. Sie arbeitet bei irgendeiner neuen Dienststelle, aber weder von Karl noch von Elsbeth ist Näheres zu erfahren. Sie tun sehr geheimnisvoll. Ich weiß nur, daß sie oft abends mit einem großen Auto nach Hause gebracht wird, manchmal ziemlich spät. Der Fahrer trägt SS-Uniform . . .«

Meine Cousine Lilly wohnte in einer Neubauwohnung in der Nähe der Hermannstraße. Es war eine Arbeitergegend, in der vor 1933 der höchste Anteil kommunistischer Stimmen zu verzeichnen gewesen war. An dem langen Bretterzaun entlang dem S-Bahn-Gelände war in stark verblaßter Farbe noch immer zu lesen: ›Neukölln bleibt rot!‹
Lilly war mit Martin verheiratet, einem hochgewachsenen, sehr gut aussehenden Mann, den ich besonders gern mochte. Er stammte aus einer Kleinstadt, irgendwo in Westpreußen, hatte in

Berlin studiert und bei einem sehr bekannten Internisten als Assistent gearbeitet. Zum Leidwesen der Familie machte er sich dann mit einer Arztpraxis in Neukölln selbständig, anstatt am Kurfürstendamm.
Martin war Jude, und ich hatte gefürchtet, eine öde Praxis und traurige Gesichter vorzufinden. Statt dessen war das Wartezimmer überfüllt. Einige Patienten saßen oder standen sogar in der kleinen Diele, und meine Cousine Lilly empfing mich mit den Worten: »Du hast Pech – es wird noch eine Weile dauern, bis wir essen können! Heute geht es hier wieder einmal zu wie in einem Taubenschlag . . .«
»Soll er sich doch 'ne schicke Uniform anziehn, der Dokter«, bemerkte dazu einer der Patienten in der Diele, ein älterer Mann, der eine Strickjacke und eine Schirmmütze trug. »Sie soll'n mal seh'n, Frau Dokter, wie ville Zeit Sie dann ha'm – denn könnse schon um elfe zu Mittach essen . . .«
Später, bei Tisch, erzählte Martin: »So gut wie jetzt ist die Praxis noch nie gegangen – wenn wir mehr Platz hätten, könnte ich gut noch zwei Kollegen als Assistenten beschäftigen. Und was die Leute einem alles erzählen! Mir gegenüber nehmen sie kein Blatt vor den Mund, und sie reden sich alles von der Seele, was sie sonst nicht auszusprechen wagen, weder im Betrieb noch in der Kneipe, oft nicht einmal in der Familie.«
Er hatte, wie ich dann erfuhr, vor kurzem seine Krankenkassenzulassung verloren und angenommen, daß er nun seine Arme-Leute-Praxis würde zumachen müssen. Aber die Anzahl seiner Patienten hatte sich überhaupt nicht vermindert, sie war eher noch gestiegen. Allerdings konnten die meisten kaum etwas bezahlen, weil sie von dürftigen Unterstützungssätzen lebten oder von den niedrigen Löhnen nichts erübrigen konnten. Häufig bezahlten sie in Naturalien: etwas Obst, ein paar Köpfe Salat oder eine Gurke aus dem Garten, einige Gläser mit eingemachtem Kürbis, mitunter auch Tauben oder sogar ein Huhn. Andere boten ihre Arbeit als Klempner, Elektriker oder Tischler an, und alle waren sie ›Privatpatienten‹.
»Es geht ganz gut«, meinte Martin. »Vorgestern war sogar ein SA-Mann da . . .«
Er hatte am Abend gewartet, bis alle Patienten gegangen waren und Martin gerade die Praxis hatte schließen wollen.
»Es fehlte ihm eigentlich gar nichts«, erzählte Martin. »Der Hals war ein bißchen gerötet, wahrscheinlich vom vielen ›Heil!‹-Schreien. Er wollte sich wohl nur mal aussprechen – über die letzte

›Wahl‹, und daß er selbst mehr als fünfhundert Stimmzettel mit einem Kreuz im ›Ja‹-Feld hätte versehen müssen, und über das, wie er es nannte, ›Unrecht‹, das den Juden geschehe. ›Ick hab absolut nischt jejen Sie, det wollt' ick bloß ma' saren‹, ließ er mich zum Abschied noch wissen, und dann hat er zackig mit ›Heil Hitler‹ gegrüßt und ist gegangen, nachdem er mir drei Mark für die Behandlung auf den Schreibtisch gelegt hat. Das war die höchste Einnahme in dieser Woche ...«

Dann erfuhr ich, daß sie ihre Auswanderung vorbereiteten. »Wir müssen hier weg, solange noch Zeit ist«, sagte Martin, und er schien mir darüber sehr traurig zu sein. »Nächstes oder übernächstes Jahr gibt es Krieg. Ich weiß genau Bescheid über die heimliche Aufrüstung – meine Patienten, soweit sie Arbeit haben, sind alle in Rüstungsbetrieben. Allein bei der AEG in Treptow wird in zwei, demnächst sogar in drei Schichten gearbeitet – nur Heereslieferungen. Und von den Kommunisten hier weiß ich, daß sie bei Erkner einen neuen Militärflugplatz bauen. Jeder Arbeiter ist dienstverpflichtet und vereidigt. Es gibt 5 Mark pro Tag bei zehnstündiger Arbeit im Akkordtempo, auch sonntags ... Wenn der Krieg ausbricht, ist es für uns zu spät – wir müssen vorher weg, und dabei gefällt es mir so gut, und die Praxis geht doch glänzend!«

Nachmittags traf ich Bobbi, meinen alten Schulfreund, mit dem ich zusammen bei den ›Roten Falken‹ eingetreten war. Er trug ein HJ-Abzeichen.

»Nanu«, sagte ich. »Seit wann bis du dabei?«

»Schon lange – gleich im Mai '33 bin ich eingetreten. Mein Vater ist doch Beamter, und außerdem gefällt es mir prima. Die Kameradschaft ist großartig bei uns, und Pfingsten gehen wir ins Zeltlager. Wirklich, du solltest das auch machen – wir sind doch jetzt eine große Volksgemeinschaft, und was hat der Führer nicht alles geleistet ...!«

»Ja«, sagte ich, »ich weiß schon: die Arbeitslosigkeit hat er beseitigt und die Reichsautobahn hat er gebaut ...«

»Und der Einmarsch ins Rheinland – du wohnst doch jetzt da! Die Leute müssen doch stolz sein, daß der Führer ihnen die Ehre zurückgegeben hat!«

»Klar«, sagte ich, »das sind sie.«

13. Wie manch einer durch die Nazizeit kam

Mehr als vierzig Jahre später traf ich Bobbi wieder – im Münchner Ratskeller, wo er an einem großen Tisch unter lauter feierlich gekleideten Damen und Herren den Ehrenplatz einnahm. Von seinem kastanienbraunen lockigen Schopf war nur noch ein dünner Haarkranz übrig, und er war ziemlich dick und etwas kurzatmig geworden. Aber sein Lachen, seine Mimik, seine Stimme hatten sich nicht verändert.

Ich bat den Kellner, ihm eine Karte von mir zu geben, auf die ich ›Bobbi?‹ geschrieben hatte. Er kam sofort an meinen Tisch. Nach der Begrüßung erfuhr ich, daß er schon seit 1949 ›im Westen‹ lebte, daß es ihm gutging und daß er der Senior einer großen Frankfurter Anwaltskanzlei war. Er habe, so erzählte er mir, vorhin eine Rede halten müssen – zum Andenken an die Toten des Widerstands.

Er sah mein Erstaunen und klärte mich auf: Sein Vater, ein höherer Beamter, hatte sich 1936 – ›im Olympiade-Jahr‹ – als Oberstleutnant reaktivieren lassen und es im Krieg dann noch bis zum Generalmajor gebracht. Im Zusammenhang mit der Offiziersrevolte vom 20. Juli 1944 war er dem Verschwörerkreis zugerechnet, vom Volksgerichtshof zum Tode verurteilt und in Plötzensee hingerichtet worden.

›Es war ein furchtbarer Schock für mich – mir ist damals meine Welt zusammengebrochen ...« Ich rechnete nach. Er war anderthalb Jahre älter als ich, 1944 mußte er knapp fünfundzwanzig Jahre alt gewesen sein und vermutlich Soldat, aller Wahrscheinlichkeit nach Offizier. Er bestätigte es.

»Ich war damals Oberleutnant und stand an der Ostfront. Als mir mein Regimentskommandeur mitteilte, mein Vater, der General, sei wegen Verschwörung gegen das Leben des Führers hingerichtet worden, habe ich ihn für verrückt gehalten. Ich konnte es nicht fassen – daß sich mein Vater, ein überzeugter Nationalsozialist und äußerst korrekter Offizier, zu so etwas hergegeben haben könnte ...«

Er erzählte mir dann, wie sein Leben im ›Dritten Reich‹ verlaufen war: Ende 1936 war sein Vater als nunmehriger Oberstleutnant zum Wehrkreiskommando nach Breslau versetzt worden. Dorthin war die Familie umgezogen, und er hatte in Breslau sein Abitur gemacht. 1938 war er als Fahnenjunker zu einem niederschlesischen Infanterieregiment gekommen, hatte an der Besetzung des Sudetenlandes, am Einmarsch in Prag, nach Ausbruch des Zweiten Weltkriegs vom ersten Tage an am Polenfeldzug teilgenommen und war nach zwei Lehrgängen Anfang 1940 Leutnant geworden – »gerade rechtzeitig für den Feldzug in Frankreich«, wie er sagte. Später war er fast ohne Unterbrechung an der Ostfront gewesen, zweimal leicht verwundet und mit dem ›Deutschen Kreuz in Gold‹ ausgezeichnet worden.

»Als mich mein Kommandeur im Herbst 1944 zu sich kommen ließ«, erzählte er, »rechnete ich fest mit Beförderung und Ritterkreuz – statt dessen ... Ich habe damals überhaupt nicht begriffen, warum mein Vater zur Opposition gegen Hitler übergegangen sein sollte – wir verdankten dem Führer doch alles!« Er sagte tatsächlich noch immer: ›dem Führer‹ ...

»Mein Vater war seit 1940 wieder in Berlin, in der Bendlerstraße. Wir hatten eine hübsche Villa in Zehlendorf, Personal, Fahrer, Ordonnanzen ... Meine Mutter war glücklich, endlich das zu haben, wonach sie sich früher immer gesehnt hatte: Anschluß an die Berliner Gesellschaft, Einladungen zu Empfängen, Bällen, Diners ... Meine ältere Schwester hatte sich mit einem Legationsrat aus dem Auswärtigen Amt verheiratet, ich war verlobt mit – jetzt wirst du lachen! – der Tochter eines Richters am Volksgerichtshof. ›Seid nicht so laut, Kinder‹, mahnte uns meine zukünftige Schwiegermutter mitunter, wenn ich auf Heimaturlaub war und wir Tanzplatten aufgelegt hatten, ›bei diesem Krach kann Papa nicht arbeiten – er hat noch ein Dutzend Todesurteile zu schreiben ...‹ Die Verlobung ging dann natürlich in die Brüche – glücklicherweise, wie ich rückblickend sagen darf ...«

»Sag mal, wenn du am Polen- und am Rußlandfeldzug teilgenommen hast«, fragte ich, »dann mußt du doch selbst gesehen haben, was los war, und dann muß dir doch auch einiges klargeworden sein?«

»Sicherlich – was sie mit den Juden dort gemacht haben, war eine Schweinerei. Aber man hat uns damals immer wieder erklärt, es handele sich um eine harte Notwendigkeit; ich glaube übrigens nicht, daß mein Vater davon etwas gewußt hat – er war doch ein ›Schreibtischhengst‹, wie wir damals sagten, und mit ganz anderen

Dingen befaßt... Nein, ich muß dir gestehen, ich habe damals überhaupt nicht begriffen, daß wir uns Verbrechern ausgeliefert hatten – das ist mir erst viel später klargeworden, als alles vorbei war...«

Er erzählte mir dann noch, wie er in der ersten Nachkriegszeit hatte froh sein können, als Sohn eines Opfers der Nazi-Diktatur eine Studienbeihilfe zu bekommen; daß sein Schwager noch ins neue Auswärtige Amt in Bonn und dann sogar ins Bundeskanzleramt übernommen worden war – des Schwagers ›Ehrenrang‹ bei der SS war von dem hingerichteten Schwiegervater voll aufgewogen worden – und daß diese Verbindung zur Bundesregierung seiner Anwaltspraxis sehr zugute gekommen sei.

»Warum bist du eigentlich damals, 1932, mit mir zu den ›Roten Falken‹ gegangen?« fragte ich ihn später, als wir von unserer Sextanerzeit in Berlin sprachen.

Er lachte.

»Eigentlich nur deinetwegen«, sagte er dann. »Wenn meine Eltern etwas davon erfahren hätten, wäre wohl eine Tracht Prügel fällig gewesen... Na ja, es war ja auch nur eine kurze Episode, obwohl mir vieles gut gefallen hat – die Sonnenwendfeier, zum Beispiel...«

»Da verwechselt du wohl die ›Falken‹ mit dem ›Jungvolk‹...«

»Kann sein – es ist schon so lange her...«

Als wir uns spät am Abend trennten, sagte er: »Du, beinahe hätte ich es vergessen – ich soll dich von einer Dame grüßen, die vorhin mit mir am Tisch saß. Sie sagte, ihr wäret Schulfreunde und hättet euch kürzlich in Düsseldorf wiedergesehen. Du hast sie wohl nicht erkannt, denn sie saß mit dem Rücken zu dir und sah dich nur im Vorbeigehen. Sie hätte dich so gern noch gesprochen, sagte sie, als mir der Kellner deine Karte brachte, aber sie mußte sich sehr beeilen, um noch ihren Zug zu erreichen. Sie war nur hier wegen der Feierstunde...«

Zu meiner Verwunderung erfuhr ich, daß es sich um Marga gehandelt hatte.

»Was hat sie mit der Feier zum Andenken an die Opfer des 20. Juli zu tun?«

»Ja, weißt du das nicht?« fragte Bobbi erstaunt. »Sie ist doch die Witwe eines der hingerichteten Offiziere. Komisch, daß sie dir das nicht erzählt hat! Allerdings – sie versuchte es lange Zeit sogar vor ihrer Tochter zu verheimlichen, daß ihr Mann Adjutant bei einem der Hauptverschwörer gewesen ist und als einer der ersten an die Wand gestellt wurde...«

»Sie hat bei unserem ersten Wiedersehen nach vielen Jahren von unserer gemeinsamen Schulzeit erzählt, von der Tanzstunde, von den Kleidern, die sie damals getragen hat ... Von ihrem Mann erzählte sie, er sei Offizier gewesen und an der Ostfront gefallen ...«
»Ach ja ...?«
Ich sagte dazu nichts, aber ich nahm mir vor, bei nächster Gelegenheit Marga danach zu fragen.

Einige Wochen später, als ich wieder für einen Tag in Düsseldorf war, rief ich sie morgens an, und Marga lud mich zum Mittagessen ein. Sie wohnte im Zoo-Viertel, in einem schönen Einfamilienhaus aus den zwanziger Jahren.
»Mein Vater hat das Haus gekauft, nachdem er endlich Senatspräsident geworden war«, erklärte Marga, »Ende 1938, kurz nach meiner Verlobung. Die Hochzeit im April 1939 haben wir schon hier gefeiert – ein Glück, daß es den Bombenkrieg überstanden hat. Ich mag das Haus nämlich. Ich habe es von Anfang an gemocht ...«
Ich kannte das Haus.
Bevor Margas Vater es gekauft hatte, war es von den Großeltern unserer gemeinsamen jüdischen Schulfreundin Susanne bewohnt worden. Auch Susannes Großvater war Senatspräsident beim Oberlandesgericht gewesen, bis man ihn 1933 hinausgeworfen hatte. Susanne und ich waren, ehe sie für immer nach England fuhr, ein paarmal hier gewesen.
Wußte Marga nichts davon?
Ich fragte sie danach, und sie antwortete: »Ja, das kann gut sein – Vater hat es jedenfalls sehr günstig kaufen können.« Sie lachte. »Komm, ich zeige es dir – wir haben ohnehin noch etwas Zeit bis zum Mittagessen ...«
Sie führte mich durch einige sehr teuer und elegant eingerichtete Räume, bot mir dann Sherry an, und ich erkundigte mich, ob sie ganz allein hier wohne. Es wirkte alles ungemein gepflegt.
»Ja, mit Fräulein Marquart, meiner Haushälterin. Für meine Tochter ist natürlich immer ein Zimmer reserviert – sie kommt alle zwei, drei Monate zu Besuch. Wir haben ein spanisches Hausmädchen ...«
Ehe Fräulein Marquart kam und uns zu Tisch bat, kam mir noch ein Gedanke: »Sag mal, du mußt aber sehr jung geheiratet haben – unser gemeinsames Abitur war Anfang 1938, danach mußten wir alle zum Arbeitsdienst ...«

»Ja, genau – und beim Ernteeinsatz habe ich meinen späteren Mann kennengelernt. Wir waren auf dem Gut seines Vaters in Pommern. Danach habe ich in München mit dem Medizinstudium begonnen, weil er in der Nähe in Garnison war, und schon am 9. November haben wir Verlobung gefeiert ... Es war der glücklichste Tag meines Lebens! Mein Vater war sehr nobel und hat uns ein Bankett im Breidenbacher Hof gegeben – es war phantastisch ...!« Und dann beschrieb sie mir das Kleid, das sie an diesem Abend getragen hatte.
»Wie traurig«, sagte ich, »daß ihr euch gerade diesen Tag zum Feiern ausgesucht hattet.«
Sie sah mich überrascht an.
»Na ja«, meinte ich, »es war die sogenannte ›Reichskristallnacht‹, der Abend des 9. November 1938, als der schlimmste Pogrom begann, der je in Deutschland stattgefunden hatte.«
»Richtig«, sagte Marga, »jetzt kann ich mich wieder erinnern – die Bürgersteige waren, als wir nachts heimgingen, voller Glasscherben, und ich hatte doch so dünne Ballschuhe an und ein Kleid bis zum Boden ... Vater sagte noch, es sei unerhört, daß die Straßenreinigung das nicht sofort beseitigt hätte ...«
Das spanische Hausmädchen servierte die Vorspeise, und Marga wechselte das Thema, erzählte von ihren Enkelkindern in der Schweiz, vom Hotel ihres Schwiegersohns, der ihr – das Mädchen war wieder hinausgegangen – ›diese Perle aus Estremadura‹ verschafft habe.
»... sonst wüßte ich wirklich nicht, wie ich zurechtkommen sollte«, fuhr sie fort. »Früher, da war Hauspersonal ja überhaupt kein Problem, und im Krieg dann schon gar nicht. In den ersten Monaten meiner Ehe – wir haben am 7. April 1939 geheiratet, drei Wochen nach dem Einmarsch in die Tschechei, an dem mein Mann teilgenommen hatte –, da wohnten wir in Striegau – ein trauriges Nest im Vergleich zu Düsseldorf oder München, aber mein Mann war dorthin versetzt worden. Ich war ja noch nicht 20 und hatte keine Ahnung vom Haushalt, aber als ›Frau Leutnant‹ hatte ich natürlich ein Hausmädchen, das alles in Ordnung hielt – für 20 Mark im Monat, denk nur! –, und außerdem den Offiziersburschen meines Mannes, die ›Ordonnanz‹, wie das hieß, für die schwere Arbeit, und der Bursche bekam natürlich nur ein Trinkgeld ... Wir hatten eine schöne Wohnung in Striegau, voll eingerichtet – ich brauchte meine Aussteuer gar nicht mitzubringen ...«
»Wahrscheinlich hatte man dort eine jüdische Familie hinausgesetzt.«

»Stimmt«, sagte Marga, »jetzt, wo du es sagst, erinnere ich mich sogar, daß ich gleich zu Anfang großen Ärger hatte, weil ich ein junges Mädchen hereingelassen hatte, das vor der Tür stand und ganz ängstlich gefragt hatte, ob es sein Tagebuch holen dürfe – es sei im Wäscheschrank liegengeblieben. Ich habe es dem armen Ding natürlich erlaubt und später meinem Mann davon erzählt, der dann großes Trara darum gemacht hat: Alles in der Wohnung sei Wehrmachteigentum, und was ich mir eigentlich dabei gedacht hätte, eine Jüdin ins Haus zu lassen – es war mein erster Ehekrach!«
»Dein Mann war ein richtiger Nazi?«
»Ach was! Keine Spur! Der war Berufsoffizier und hat sich um Politik überhaupt nicht gekümmert. Er wollte bloß keinen Ärger mit dem Kreisleiter haben. Dabei war das ein ganz netter Mann, immer sehr höflich zu mir – ›Frau Leutnant, wenn Sie einen Wunsch haben, stehe ich immer zur Verfügung‹ und so –, nur wenn er zuviel getrunken hatte, wurde er ziemlich vulgär ... Aber viel Auswahl hatte man in Striegau ja nicht, was den gesellschaftlichen Verkehr betraf: Außer den anderen Offizieren gab's nur den Landrat, den Kreisleiter, den Bürgermeister, den Amtsgerichtsdirektor und noch ein halbes Dutzend Honoratioren ...«
»Warst du lange dort?«
»Nur etwa ein Jahr. Nach dem Polen-Feldzug wurde mein Mann nach Küstrin versetzt. Da hat es mir nicht gut gefallen, denn die Wohnung war nicht so schön wie in Striegau, und die polnischen Dienstmädchen, die ich zugewiesen bekam, machten mir dauernd Ärger – die eine heulte den ganzen Tag, die andere – eine Studentin, glaube ich – war ziemlich frech ...«
»Man hatte sie wahrscheinlich zur Zwangsarbeit nach Deutschland geschickt«, warf ich ein.
»Vielleicht«, sagte Marga, »ich weiß es nicht und habe mich auch nicht darum gekümmert – ich war ja noch so jung, da war ich nur interessiert an den Kasinofesten, an hübschen Kleidern und an dem, was mir mein Mann dann, als er vom Mai '40 an in Frankreich war, von dort schickte: Strümpfe, Parfüm, Wäsche – na, du weißt schon ... Als dann '41 der Rußlandfeldzug begann und ich ein Baby erwartete, habe ich die Wohnung in Küstrin aufgegeben. Bis lange nach Kriegsende habe ich dann in Bayern gelebt – das war, alles in allem, eine sehr schöne Zeit!«
Ich erfuhr dann noch, daß sie dort das Ferienhaus ihrer Verwandten bewohnt hatte, mit einer älteren Frau als ›Bedienung‹. So war sie von allem verschont geblieben – von ständigem Fliegeralarm

und Bombennächten, von Arbeitseinsatz und Lebensmittelknappheit.
Ihr Mann, so berichtete sie, war dann, nach einer schweren Verwundung und längerem Lazarettaufenthalt, im Frühjahr 1944 Adjutant eines Generals im OKW, im Oberkommando der Wehrmacht, geworden. Nun hätte sie eigentlich zu ihm nach Berlin ziehen können, aber er hatte darauf bestanden, daß sie und ihre kleine Tochter in Oberbayern blieben.
»Pfingsten '44 habe ich ihn zum letzten Mal gesehen«, sagte sie. »Er hatte sich sehr verändert . . .«
»Du erwähntest neulich, er sei an der Ostfront gefallen . . .«
»Ja – das heißt . . .«
Sie erinnerte sich wohl daran, daß ich mit Bobbi gesprochen hatte, am Abend nach der Feierstunde für die Opfer des 20. Juli, und so gab sie nun den wahren Sachverhalt zu. »Versteh das bitte nicht falsch«, fügte sie eilig hinzu, »ich habe mir das so angewöhnt, immer zu sagen, er sei gefallen – und das stimmt ja gewissermaßen auch. Damals schien es mir besser, vor den Leuten im Dorf und vor allem vor dem Kind als Witwe eines an der Front gefallenen Offiziers zu gelten. Für mich machte es ja ohnehin keinen großen Unterschied – ich hatte damit rechnen müssen, daß er nicht zurückkam, und wir waren uns auch schon ziemlich fremd geworden . . .«
»Hat dich denn die Gestapo in Ruhe gelassen?«
»Ja, zum Glück – bis auf eine Vorladung, die aber glimpflich verlief. Ich muß sagen, sie waren sogar sehr rücksichtsvoll und haben mir dann versichert, daß ich keinerlei Nachteile haben würde. Sie haben mich dann auch nicht mehr behelligt. Allerdings – heute kann ich es dir ja verraten – hatte ich damals ein Gschpusi mit einem sehr einflußreichen Mann . . . Das hat mir sicherlich sehr geholfen. Er inspizierte ab und zu die SS-Junkerschule in Tölz und kam dann zu Besuch. Ich hatte ihn in München kennengelernt. Da fuhr ich schon mal abends hin, zu einer Party bei Freunden . . .«
»Party sagte man doch wohl erst etwas später, so ab Mai '45 . . .«
»Richtig«, sagte sie und lachte, »nachdem die Amerikaner uns befreit hatten!«
Der Inspekteur der SS-Junkerschulen war dann von einem Captain oder Major des US Military Government abgelöst worden.
»Ich hab' eigentlich immer viel Spaß gehabt«, sagte sie, »und glücklicherweise auch nie ernste Schwierigkeiten. Es ist tatsächlich so gekommen, wie es Onkel Hubert, der große Festredner in unserer Familie, bei meiner Verlobungsfeier im ›Breidenbacher Hof‹

mir prophezeit hat. ›Du wirst immer auf Rosen gebettet sein, Marga, denn du bist ein Glückskind‹, hat er damals gesagt, und genau in diesem Augenblick flog ein Korken von einer Sektflasche, die ein Kellner ungeschickt geöffnet hatte, genau in die Scheiben vom Oberlicht, und die Scherben fielen auf den Tisch. ›Siehst du, liebe Marga, Scherben bringen Glück‹, sagte Onkel Hubert darauf, und wir haben alle sehr gelacht . . .«
»Es gab viele Scherben in dieser Nacht . . .«
»Ja, wir sprachen ja schon davon – es war gerade in dieser ›Kristallnacht‹ . . . Onkel Hubert machte in seiner Rede sogar eine Anspielung darauf. Er sagte so etwas wie: ›. . .auch wenn heute alles in Scherben fällt, euch braucht das nicht zu kümmern, denn euch gehört die Welt!‹ Wir wußten gar nicht, was er meinte, und haben erst beim Nachhausegehen die Bescherung gesehen . . .«
»Was war denn dein Onkel Hubert, außer Prophet, sonst noch?« erkundigte ich mich.
»Er war höherer Beamter in der Verwaltung«, sagte Marga, »ich glaube, Regierungsvizepräsident oder etwas Ähnliches, aber kein verknöcherter Bürokrat – ganz im Gegenteil, immer gut gelaunt und sehr trinkfest. An meinem Verlobungsabend allerdings, da haben wir ihn nachher stützen müssen, mein Vetter Jürgen, Vater und ich. Er schwankte ungeheuer, wie ein Schiff bei schwerer See, und sang dabei aus voller Kehle ›Gaudeamus igitur‹ . . .«
Seltsam, dachte ich, wie gut sie sich an alles erinnert, was ihr Spaß gemacht hat, und alles andere konnte sie vergessen. Und während sie weitererzählte, von Onkel Hubert, Vetter Jürgen, Tante Mimi und vielen anderen, die sie namentlich nannte, fiel mir auf, daß sie einen Vornamen überhaupt nicht erwähnt hatte, nämlich den ihres 1944 in Plötzensee hingerichteten Ehemanns.

14. Vom ›Anschluß‹ zur ›Reichskristallnacht‹

»Ich glaube, daß es Gottes Wille war, von hier einen Knaben in das Reich zu schicken, ihn groß werden zu lassen, ihn zum Führer der Nation zu erheben, um es ihm zu ermöglichen, seine Heimat in das Reich hineinzuführen. Es gibt eine höhere Bestimmung, und wir alle sind nichts anderes als ihre Werkzeuge ...«

Es war die letzte ›Führer‹-Rede, deren Rundfunkübertragung wir in der Aula unseres Gymnasiums anhören mußten. Sie galt der ›endlich vollzogenen Heimführung der Ostmark‹, wie der gewaltsame Anschluß Österreichs von Hitler genannt wurde, und der aus Niederösterreich gebürtige ›Führer‹, der es in Wien nur zum Bauhilfsarbeiter, Postkartenverkäufer und Bewohner eines ›Männerheim‹ genannten Obdachlosenasyls gebracht hatte, war bei seiner triumphalen Rückkehr schier in Ekstase geraten. Er fühlte sich als Abgesandter Gottes, aber er vergaß darüber nicht, seinen besiegten Gegenspieler, den österreichischen Bundeskanzler Kurt Schuschnigg, als ›wortbrüchigen elenden Lügner‹, als ›verrückten, verblendeten Mann‹ zu beschimpfen.

»Als am 9. März Herr Schuschnigg sein Abkommen brach, da fühlte ich in dieser Sekunde, daß der Ruf der Vorsehung an mich ergangen war«, hörten wir ihn schreien, »und was sich dann abspielte in drei Tagen, war auch nur denkbar im Vollzug eines Wunsches und Willens der Vorsehung. In drei Tagen hat der Herr sie geschlagen ... Und mir wurde am Tage des Verrats die Gnade des Allmächtigen zuteil, der mich befähigte, mein Heimatland mit dem Reich zu vereinigen ...«

Schuschnigg hatte am 13. März 1938 eine Volksabstimmung in ganz Österreich durchführen wollen, bei der – darin stimmten alle in- und ausländischen Beobachter überein – zweifellos eine große Mehrheit der Wähler für die Unabhängigkeit der Alpenrepublik gestimmt hätte.

Aber Hitler war Schuschnigg zuvorgekommen, hatte die Wehrmacht einmarschieren und ganz Österreich besetzen lassen, und im Gefolge der Wehrmacht waren Gestapo, SD, SS-Totenkopfver-

bände und zahlreiche ›Sondereinheiten‹ für Terror, Propaganda und ›Gleichschaltung‹ in die österreichischen Städte und Provinzen eingefallen.
Was sich dann abspielte, hat ein neutraler Beobachter, der amerikanische Korrespondent William L. Shirer, der gerade in Wien war, folgendermaßen geschildert: »In den ersten paar Wochen führten sich die Wiener Nationalsozialisten schlimmer auf, als ich es irgendwo in Deutschland gesehen hatte. Es war eine Orgie des Sadismus. Tag für Tag wurden zahlreiche Juden und Jüdinnen herangeholt, um von den Häuserwänden Schuschniggs Wahlparolen abzuschrubben und die Rinnsteine zu reinigen. Während sie unter Aufsicht höhnisch grinsender SA-Leute auf den Knien arbeiteten, sammelten sich Menschenmengen an, die sie verspotteten. Hunderte von jüdischen Männern und Frauen wurden auf der Straße ergriffen und mußten öffentliche Bedürfnisanstalten und Klosetts der SA- und SS-Quartiere säubern. Zehntausende kamen ins Gefängnis. Ihre Besitztümer wurden beschlagnahmt oder gestohlen . . .«
Über die Volksabstimmung, die die Nazi-Führung dann am 10. April 1938 in ganz Deutschland und Österreich durchführen ließ, hat Shirer bemerkt, es wäre unter den gegebenen Umständen vorauszusehen gewesen, wie sie ausgehen würde. Das Trommelfeuer der Nazi-Propaganda, der Terror der ›Sondereinheiten‹, die massive Einschüchterung der Bevölkerung durch Massenverhaftungen und der daraus entstandene Sog, der alle Konjunkturritter ins Lager der Nazis überwechseln ließ, hatten die Voraussetzungen für einen triumphalen Sieg des ›Führers‹ geschaffen. Eine weitverbreitete Erklärung des Wiener Kardinal-Erzbischofs Innitzer, mit der er den Nationalsozialismus ausdrücklich begrüßte und den österreichischen Katholiken empfahl, mit Ja zu stimmen, sorgte für Verwirrung bei den letzten Aufrechten der christlichen Opposition.
»Im übrigen«, schloß Shirer seinen Bericht, »fürchteten auch die österreichischen Wähler nicht ohne Grund, daß ihre Wahlzettel kontrolliert würden. Zufällig hatte ich am Abend des Wahltages, eine halbe Stunde nach Schließung der Wahllokale, als erst wenige Stimmen gezählt sein konnten, eine Rundfunksendung. Bevor ich meine Sendung durchgab, sagte mir ein nationalsozialistischer Beamter, 99 Prozent der Österreicher hätten mit Ja gestimmt. Das war fast genau die später amtlich bekanntgegebene Zahl: 99,08 Prozent in Großdeutschland, 99,75 Pronzent in Österreich.«
An diesem 10. April 1938 waren meine Mitschüler aus der Abitur-

klasse und ich bereits zehn Tage beim Arbeitsdienst, jeder und jede in einem anderen Lager, verteilt über alle Gegenden Deutschlands, und hatten den Sold für die erste Dekade – 2,50 Reichsmark – schon ausgezahlt bekommen.

»Euch steht jetzt ein großes Erlebnis bevor«, war uns vor der Abfahrt von Düsseldorf von einem hohen Arbeitsdienstführer versichert worden, »das Erlebnis der Volksgemeinschaft, das Erlebnis körperlicher Arbeit an der frischen Luft für das gemeinsame Ganze, das Erlebnis der wahren Bedeutung von Blut und Boden . . .!«

Eine ähnlich schwülstige Ansprache hatte uns dann auch der Lagerführer gehalten, nachdem wir in erdbraune Uniformen mit Hakenkreuzarmbinde eingekleidet und mit fabrikneuen, nur für Paraden bestimmten blitzenden Spaten ausgerüstet worden waren.

»Und merkt euch«, hatte er zum Abschluß gesagt, »hier seid ihr alle gleich: ob Söhne von Grafen und Bankiers oder von einfachen Fabrik- und Landarbeitern, denn das ist nationalsozialistische Volksgemeinschaft!«

Indessen waren einige dann doch noch etwas gleicher als die anderen, denn eine Minute später hieß es: »Aburenten drei Schritte vortreten!«

Es gab nur zwei Abiturienten unter den fast dreihundert Arbeitsdienstpflichtigen des Lagers, und wir wurden nochmals unterteilt, nachdem uns der Lagerführer kurz in Augenschein genommen hatte. Mein Kollege, der, wie ich dann von ihm erfuhr, Peter hieß, trug wegen starker Kurzsichtigkeit eine dicke Hornbrille, und er wurde deshalb kurzerhand zum ›Professor‹ ernannt, während ich ein schlichter ›Aburent‹ blieb. An diesen Bezeichnungen hielt der Lagerführer, Oberfeldmeister Kamesaska, ein hagerer Balte mit Habichtnase und schmalen Lippen, dessen Brust zahlreiche Orden zierten, sechs Monate lang, bis zu unserer Entlassung, eisern fest. Er mochte sich keine Namen merken.

»Die beiden Kanaken da, der Aburent und der Professor, die melden sich morgen früh bei mir – für die hab' ich eine Sonderaufgabe . . . Zurück ins Glied, ihr Hornochsen! Ganze Abteilung – stillgestanden!«

Er hatte die Lagermannschaft wegtreten lassen wollen, aber einer der neuen Arbeitsdienstmänner war dem Kommando ›Stillgestanden!‹ nicht rechtzeitig gefolgt, weil er sich mit seinem Hintermann unterhalten hatte.

Oberfeldmeister Kamesaska bekam einen Wutanfall. Er brüllte so laut, daß die Scheiben der Barackenfenster klirrten: »Seid ihr *wahn*sinnig geworden ...?! Saubande gottverfluchte!« Es folgte ein Schwall von erlesenen deutschen, russischen und möglicherweise lettischen Flüchen, und dann jagte er uns kreuz und quer über den weiten Platz, ließ uns über den Kies robben, ›Sprung auf, marsch, marsch!‹ und Kniebeugen üben, bis wir völlig verschwitzt und keuchend wieder antreten mußten und das ›Stillgestanden!‹ endlich klappte.

»Ihr sollt mich kennenlernen, ihr hundsföttischen Kanaken«, ließ er uns zum Abschied wissen, ehe wir endlich wegtreten durften.

Als die anderen Arbeitsdienstmänner am nächsten Morgen zum ›Stubbenroden‹, genauer: zur restlosen Beseitigung aller Baumstümpfe mittels Hacke, Spaten und Axt aus einer riesigen Waldbrandfläche, mit Gesang abmarschierten, harrten Peter und ich mit recht gemischten Gefühlen unserer ›Sonderaufgabe‹. Zu unserer angenehmen Überraschung fragte uns Oberfeldmeister Kamesaska zunächst, ob wir Karten lesen und mit einem Bandmaß umgehen könnten.

Wir bejahten dies und sahen uns im Geiste bereits die gesamte Rodungsfläche vermessen und in eine Generalstabskarte einzeichnen. Aber wir sollten, wie sich dann zeigte, eine noch dringendere Aufgabe übernehmen, nämlich die erforderlichen Vermessungen, Markierungen und Materialbedarfsberechnungen für den Bau eines Radfahrwegs.

Er sollte vom Lager zu dem – nur etwas mehr als eine halbe Wegstunde entfernten – Wohnhaus des Lagerführers und von dort zum nächsten Haltepunkt der Kreisbahn – knapp zwei Stunden zu Fuß – schnurgerade durchs Gelände führen, meist durch Heide und Sand, streckenweise auch durch Fichtenwälder. Unser Arbeitsdienstlager befand sich nämlich in einer unerschlossenen, menschenleeren Gegend Mecklenburgs, an einem östlichen Nebenarm der Müritz.

»Der Radweg muß picobello werden – wie lange werdet ihr Kanaken für das Ausmessen und Rechnen brauchen?« wollte der Oberfeldmeister Kamesaska von uns wissen, nachdem er uns mit der ehrenvollen Aufgabe vertraut gemacht hatte.

Peter sagte sofort: »Das wird einige Wochen dauern, Oberfeldmeister, wenn es picobello werden soll!«

Er nickte, und so verbrachten wir die nächsten Monate mit der Planung eines Radfahrwegs von genau 13,333 Kilometer Länge. Er führte – natürlich nur auf dem Papier – fast schnurgerade vom Arbeitsdienstlager zum Bahnhaltepunkt, nur unter Umgehung eines sumpfigen, schilfbewachsenen Müritzarms, und er sollte einen

soliden Unterbau aus Kies, eine Decke aus geteertem Schotter sowie eine Randbepflanzung mit in ein Meter Abstand gesetzten gelben und blauen Stiefmütterchen erhalten, die wir in den Entwurf ebenfalls einzeichneten.
Es war ein schöner, erholsamer Sommer für Peter und mich. Meist lagen wir an einer gegen Sicht gut geschützten Stelle, neben uns Karten, Schreib- und Zeichenblöcke, Rechenschieber, Lineal und Bleistifte. Anfangs wagten wir nicht, schwimmen zu gehen, denn ab und zu schickte Oberfeldmeister Kamesaska einen der Arbeitsdienstführer vorbei, um den Fortgang unserer Arbeit kontrollieren zu lassen. Bald lernten wir aber, uns mit diesen ›Sbirren‹, wie Peter sie nannte, zu arrangieren, meist auf der Basis von einer Flasche Lübser Pilsner für jedes zugedrückte Auge. So wurden wir hervorragende Kenner der kargen Flora und reichen Fauna Mecklenburgs, vor allem der Sumpf- und Wasservögel. Peter kannte sich gut damit aus. Er hatte vor, Zoologie zu studieren und seine Doktorarbeit über den Fischreiher zu schreiben. Fast hätten wir, da die Radwegplanung längst abgeschlossen und absolut ›picobello‹ war, auch noch an die Vermessung der schier endlosen Waldbrandfläche gehen müssen. Aber der ›Professor‹ vermochte Oberfeldmeister Kamesaska davon zu überzeugen, daß man auch eine Beleuchtung des Radwegs ins Auge fassen müßte, was angesichts des beabsichtigten Anschlusses seines Wohnhauses, später auch des Lagers, an das Stromnetz eine Kleinigkeit wäre. So konnten wir auch den Rest der Arbeitsdienstzeit messend und planend verbringen.

Als ich Peter jetzt nach langer Zeit wiederbegegnete, hatte er sich nur wenig verändert. Gewiß, die Schläfen waren grau geworden, sein Haar etwas dünner, das Gesicht hatte viele Falten, und er war nicht mehr sonnengebräunt wie damals. Aber in den Augen saß ihm noch immer der Schalk, der ihn im Sommer 1938 die Radwegbeleuchtung hatte erfinden lassen.
Es war im Sommer 1981, als wir uns in Marburg zufällig trafen. Er hatte dort einen Vortrag gehalten, und wir wohnten im selben Hotel und verbrachten den Abend zusammen. Er war zwar nicht Zoologe geworden, sondern Architekt, aber er war seit kurzem tatsächlich Professor, ehrenhalber.
»Siehst du, Kamesaska hat dich gleich richtig eingeschätzt . . .«
»Ich ihn auch«, meinte Peter. »Ein richtiger Landsknechtstyp, unbrauchbar für den Frieden, arbeitsscheu und brutal.«
»Kamesaska war picobello – zumindest für uns«, wandte ich ein. »Wir müssen ihm dankbar sein . . .«

»Seinem Stellvertreter auch – erinnerst du dich noch an ihn? Feldmeister Wondraschek, der Edel-Arier, der Lange mit dem schlaksigen Gang, der sich pfundweise Pomade ins Haar strich. Ich glaube, er war im Zivilberuf Zuhälter. Er kam uns doch manchmal kontrollieren und erstattete nach zwei Flaschen Lübser Pilsner einen sehr lobenden Bericht über unser unermüdliches Schaffen. Weißt du das nicht mehr?«
Jetzt fiel es mir wieder ein: Wondraschek erteilte auch den ›weltanschaulichen‹ Unterricht, der so wichtig war, daß auch wir Radwegvermesser daran teilnehmen mußten. Aber er fand ohnehin nur statt, wenn es in Strömen regnete.
Den ›Edel-Arier‹ nannten wir Wondraschek, weil sein Steckenpferd die angebliche Überlegenheit der ›arischen‹ Rasse war. Als deren ausgeprägteste Vertreter hatte er uns die ›nordischen‹ Menschen und als deren Elite Herrn Oberfeldmeister Kamesaska, den vielfach ausgezeichneten Baltikum- und Freikorpskämpfer, sowie sich selbst vorgestellt.
›Heldische Typen wie wir‹, pflegte er sich auszudrücken, und im krassesten Gegensatz zu ihm, Kamesaska und anderen edlen ›Ariern‹ standen das ›jüdische Untermenschentum‹, die ›semitisch-bolschewistische Hochfinanz‹, ›die Einsteins und Mandelstamms‹. Professor Albert Einstein war ihm nur aus dem Lehrbuch als ›Relativitätsjude‹ bekannt, aber mit einem Herrn Mandelstamm mußte er wohl einmal hart aneinandergeraten sein und dabei den kürzeren gezogen haben, denn er erging sich über ihn bei jedem Unterricht in den wüstesten Beschimpfungen.
»Der Dritte im Bunde«, erinnerte sich Peter, »war Unterfeldmeister Perkuleit, dieser boshafte Zwerg mit den Säbelbeinen und dem Hitler-Schnurrbart. Ihn konnte selbst Wondraschek nicht als ›nordischen‹ Helden bezeichnen, diesen heimtückischen Denunzianten und üblen Schleifer . . .«
Ich erinnerte mich nur noch dunkel an ihn, aber Peter rief mir dann ins Gedächtnis zurück, daß uns ein Arbeitsmann aus Berlin-Gesundbrunnen damals vor Perkuleit gewarnt und erzählt hatte, wie dieser zwei Jahre zuvor, ehe er Arbeitsdienstführer geworden war, die Arbeiter im Betrieb bespitzelt und mehrere Männer an die Gestapo ausgeliefert hatte. Da war Perkuleit noch Lagerverwalter gewesen.
»Ja«, sagte ich, »mit solchen Leuten wie Wondraschek und Perkuleit konnten Hitler, Göring und Goebbels die ›Reichskristallnacht‹ veranstalten . . .«
»Das stimmt nur zum Teil«, meinte Peter dazu. »Die ausführenden

Organe waren zwar solche und ähnliche Typen. Aber weder ein Wondraschek noch ein Perkuleit und auch kein Kamesaska hätte einen solchen – angeblich spontanen – ›Ausbruch des Volkszorns‹ kaltblütig planen, bis ins Detail sorgfältig vorbereiten und ›schlagartig‹ im gesamten Großdeutschen Reich in Gang setzen können. Das haben Leute ganz anderen Schlages organisiert. Erinnerst du dich noch an meinen Vetter Klaus-Günter?«
Ich sah ihn erstaunt an. Was hatte Peters Vetter mit dem Pogrom vom 9. November 1938 zu tun gehabt?
Ich erinnerte mich noch an diesen Cousin meines Freundes. Einmal hatte er uns beide sonntags für ein, zwei Stunden in unserem mecklenburgischen Lager besucht und im Auto nach Neustrelitz mitgenommen, wo wir von ihm zu Kaffee und Kuchen eingeladen worden waren. Zwei oder drei weitere Male waren wir von ihm in Berlin bewirtet worden, wohin wir an den meisten Wochenenden auf Kurzurlaub hatten fahren dürfen. Peters Vetter Klaus-Günter war ein hochgewachsener, fahlblonder Hamburger von damals Ende 20, der überaus elegante Maßanzüge trug und sehr auf gute Manieren bedacht war. Er hatte Jura studiert und, wie ich mich dunkel erinnerte, häufig von seiner ›Firma‹ gesprochen, die ihn überaus stark in Anspruch genommen hatte.
Als wir uns das zweite Mal mit ihm in Berlin trafen, war noch ›ein Kollege‹ aus seiner ›Firma‹ bei ihm, und dessen Begleiterin war zu meiner großen Überraschung meine Cousine Gudrun gewesen. Ich hatte etwas von einem ›tollen Zufall‹ gesagt und Gudrun herzlich begrüßt, war aber von Peters Vetter dahingehend korrigiert worden, daß er und seine ›Firma‹ niemals etwas dem Zufall überließen. ›Sonst hätten wir schon längst Pleite gemacht‹, hatte er lachend hinzugefügt.
Wir waren dann zu fünft in ein elegantes Tanzcafé am Kurfürstendamm gegangen, und als Peter und ich uns schon kurz nach 21 Uhr hatten verabschieden wollen, um noch den letzten Zug nach Mecklenburg zu erreichen, war Peters Vetter so freundlich gewesen, uns seinen Wagen zur Verfügung zu stellen. So konnten wir noch eine ganze Weile bleiben und wurden dann von einem Fahrer nach Neustrelitz gebracht, gerade noch rechtzeitig zur Abfahrt des letzten Zugs der Kreisbahn.
»Die Firma meines Vetters«, sagte Peter, »war das Reichssicherheitshauptamt. Klaus-Günter war Reinhard Heydrich direkt unterstellt. Und Heydrich, Chef des SD, der Gestapo und der gesamten Polizei, hat damals mit seinen Mitarbeitern die ›Reichskristallnacht‹ organisiert. Bis ins kleinste haben sie alles geplant – er hat es mir dann selbst

mal erzählt, daß der Anschlag auf den deutschen Botschaftssekretär in Paris nur den Vorwand für die seit längerem vorbereitete ›Aktion‹ geliefert hat . . .«

Am 7. November 1938 hatte ein jüdischer Flüchtling in Paris, Herschel Grynspan, einen Angehörigen der deutschen Botschaft, Ernst vom Rath, niedergeschossen, um Rache zu nehmen für das, was man den Juden in Deutschland angetan hatte. Die Eltern des Täters waren kurz zuvor mit vielen tausend anderen in Deutschland ansässigen polnischen Juden in Güterwagen nach Polen abgeschoben worden.

Die Naziführung beschloß daraufhin, die geplante ›Aktion‹ am Abend des 9. November zu starten, im Anschluß an die alljährlichen Feiern zum Gedenken an die Toten des gescheiterten Hitler-Putschs im Jahre 1923 in München. Am 8. und 9. November 1938 wurden im Reichssicherheitshauptamt die letzten Vorbereitungen getroffen. Über Fernschreiber gingen an alle Gestapo- und SD-Leitstellen die Befehle hinaus.

»Es dürfen nur solche Maßnahmen getroffen werden«, hieß es darin, »die keine Gefährdung deutschen Lebens und Eigentums mit sich bringen – z. B. Synagogenbrände nur, wenn keine Brandgefahr für die Umgebung vorhanden ist; Geschäfte und Wohnungen von Juden dürfen nur zerstört, nicht geplündert werden; . . . die stattfindenden Demonstrationen sind von der Polizei nicht zu verhindern; . . . es sind so viele Juden – insbesondere wohlhabende – festzunehmen, als in den vorhandenen Hafträumen untergebracht werden können. Nach Durchführung der Festnahme ist unverzüglich mit den zuständigen Konzentrationslagern wegen schnellster Unterbringung der Juden in den Lagern Verbindung aufzunehmen . . .«

An jedem Ort im Großdeutschen Reich wurden ›Einsatzstäbe‹ gebildet. Die Gestapo lieferte die vorbereiteten Listen aller jüdischen Privatwohnungen, Geschäfte, Heime, Schulen und sonstigen Einrichtungen. Die SA- und SS-Stürme sowie die örtliche HJ erhielten Anweisung, aus jeder Einheit einige Leute auszusuchen, die sich für die geplante ›Aktion‹ eigneten; sie sollten nicht in Uniform, sondern in ›Räuberzivil‹ nach den offiziellen Feiern zum 9. November an vorher bestimmten Stellen sich einfinden. Das NSKK* hatte Fahrzeuge, Fahrer und ›Kradmelder‹ zu stellen, später auch Lastwagen für den Abtransport der Gefangenen. Die Feuerwehr

* NSKK = Nationalsozialistisches Kraftfahr-Korps, eine der SA und SS gleichgestellte Gliederung der NSDAP

mußte Äxte, Spitzhacken und anderes zur Zerstörung geeignetes Werkzeug liefern, außerdem einige ›zuverlässige‹ Beamte abstellen, die sowohl die Brandstifter anleiten als auch ein Übergreifen der Brände auf benachbarte Gebäude verhindern sollten. Ein immer größerer Kreis von Nazi-Funktionären und Beamten wurde im Laufe des 9. November in die geplante ›Aktion‹ eingeweiht. Nur die Masse der – angeblich von Rachedurst ergriffenen und zu ›spontanen‹ Aktionen bereiten – Bevölkerung ahnte sowenig von dem, was bevorstand, wie die Opfer selbst. Die waren – das Reichssicherheitshauptamt hatte in seiner Planung auch daran gedacht – schon drei Wochen vorher bei Androhung strengster Strafen zur Ablieferung aller Schuß-, Hieb-, Stich- und Schlagwaffen gezwungen worden, um jeglichen Widerstand bei dem geplanten Pogrom auszuschließen.

Die Planer und ihre engsten Mitarbeiter, darunter Peters Vetter Klaus-Günter und meine Cousine Gudrun, hatten sogar schon die Muster für die Rückmeldungen aus dem Reich entworfen. Die Gestapo- und SD-Leitstellen brauchten dann nach beendeter ›Aktion‹ nur noch die Zahlen einzutragen: ›Zerstörte Wohnungen: . . ., zerstörte Geschäfte: . . ., sonstige Zerstörungen: . . ., geschätzter Sachschaden insgesamt: . . . RM; Synagogen, in Brand gesteckt: . . ., vollständig demoliert: . . .; Todesfälle: . . . Verletzte: . . . Verhaftungen: . . .; . . . männliche Juden ins Konzentrationslager . . . eingeliefert. Sonstige Vorkommnisse . . .‹

»Es war alles perfekt vorbereitet«, sagte Peter.

»Wann hat dein Vetter dir denn das erzählt?« erkundigte ich mich.

»Etwa sechs Wochen danach. Wir waren in den Weihnachtsferien in Oberstdorf im Allgäu zum Skilaufen. Klaus-Günter war auch für ein paar Tage aus Berlin gekommen. Abends saßen wir beisammen – fünf oder sechs Vettern und Cousinen, meine Eltern und ich –, und da kam das Gespräch auf die ›Kristallnacht‹. Alle, ausgenommen Klaus-Günter, waren entrüstet über diese beispiellose Gemeinheit. Mein Vater fand es besonders empörend, daß man sogar die Synagogen demoliert und angezündet hatte. Ich sagte etwas über die widerliche Roheit und Feigheit dieser Räuberbanden, die zu viert und fünft über einzelne alte Leute und über Familien mit kleinen Kindern hergefallen sind . . .«

»Hast du selbst etwas davon gesehen?«

»Ja«, sagte Peter. »Ich kam an dem Abend spät nach Hause und sah, wie einige Kerle auf einen Mann eindroschen, der unter den Schlägen zusammenbrach, und den sie dann auf die Straßenbahnschienen zerrten. Er lag in einer Kurve, an einer ziemlich schlecht beleuchteten Stelle. Ich habe ihn, zusammen mit einem Polizisten, der vorbeikam, ins Elisabethkrankenhaus gebracht. Es war ein weißhaariger alter Herr, ein Rechtsanwalt, glaube ich ... Und auf dem Heimweg sah ich eine Frau mit zwei kleinen Kindern, die nur mit einem Mantel über dem Nachthemd bekleidet war. Sie und auch die Kinder waren völlig verängstigt. ›Warum schlagen sie uns?‹ schrie die Frau. ›Wir haben doch nichts getan ...!‹ Ich bot ihr an, zu uns zu kommen, aber sie wollte zurück in ihre Wohnung und nach ihrem Mann sehen. Das erzählte ich damals, und da sagte mein Vetter Klaus-Günter: ›Habt euch doch bloß nicht so! Das sind doch Bagatellen ... Man muß die großen geschichtlichen Zusammenhänge und die staatspolitischen Notwendigkeiten sehen! Mit der Ostmark und dem Sudetengau haben wir fast eine halbe Million Juden dazubekommen, und das sind doch nur Parasiten! Eine einmalige Härte ist besser als ein hundertjähriger Volkstumskampf ... Außerdem sind diese Juden dickfellig. Einige haben immer noch nicht begriffen, daß dies die letzte Warnung war ...‹ Und dann prahlte er damit, wie glänzend alles organisiert worden war – ›beste Generalstabsarbeit‹, sagte er –, und er lobte Hermann Görings ›genialen Einfall‹, den entstandenen Sachschaden von den Juden selbst bezahlen zu lassen. ›Eine Milliarde Mark müssen sie aufbringen! Eher lassen wir die reichen Juden, die im Anschluß an die Aktion in die KZs eingeliefert worden sind, nicht wieder frei ... Denkt euch, eine Milliarde! Die können wir jetzt gut gebrauchen. Davon bauen wir den Westwall! Versteht ihr jetzt, wie nützlich diese Aktion war?‹ ...«

»Was ist aus ihm geworden?«

»Er hat den Krieg überlebt. Die Amerikaner haben ihn dann zu einer langen Gefängnisstrafe verurteilt, aber 1950 war er wieder frei. Er bezieht sogar eine stattliche Pension, denn er wurde gegen Ende des Kriegs noch zum General der Waffen-SS befördert. Er lebt irgendwo am Bodensee – ich habe keinen Kontakt mehr mit ihm.«

»Hast du nach dem Krieg noch einmal mit ihm darüber gesprochen – über seine damalige ›Firma‹ und was er dort gemacht hat?«

»Ja«, sagte Peter, »aber wenn du glaubst, er hätte irgendwelche Einsichten oder gar Schuldgefühle gezeigt, dann irrst du dich ... Anfang der sechziger Jahre habe ich ihn mal getroffen – es war zufällig am 9. November, und ich erinnerte ihn daran. Er war keine Spur verlegen. ›Ich habe niemandem ein Haar gekrümmt‹, sagte er, ›und an den Rasse-Quatsch, da hat doch ohnehin niemand von uns geglaubt. Wir waren doch nur Rädchen in einer großen Maschine – wichtige Rädchen, gewiß, aber im Grunde haben wir doch nichts anderes gemacht als jeder Generalstabsoffizier . . .‹ Er erzählte dann noch, daß er in der Geschäftsleitung eines großen Industrieunternehmens sei, und bemerkte dazu: ›Fachleute werden eben immer gebraucht . . .‹, und damit hatte er ja wohl leider recht . . .«

Es entstand eine Pause. Jeder hing seinen Gedanken nach.

Dann sagte Peter: »Stell dir vor, er hatte noch so ein altmodisches goldenes Zigarettenetui. Er zeigte es mir, kurz bevor ihn sein Fahrer abholte. ›Der Frau, der das gehörte, habe ich noch im Krieg ein Ausreisevisum besorgt‹, sagte er. ›Das hätte mich den Kopf kosten können. Du siehst, wir waren keine Unmenschen . . .‹ In den Deckel war eingraviert: ›Zum Andenken an Leutnant Helmut Lilienfeld‹ oder so ähnlich, dazu das Geburtsdatum, das Regiment und der Tag, an dem er gefallen war ›für sein geliebtes Vaterland‹ – so lautete die Inschrift. Das hat mir den Rest gegeben . . .«

»Es wundert mich, daß er das Etui aufgehoben und daß er es dir gezeigt hat.«

»Ich glaube«, sagte Peter und verzog dabei seinen Mund wie damals, wenn Feldmeister Wondraschek auftauchte, um uns zu kontrollieren und dann von uns mit zwei Flaschen Lübser Pilsner bestochen werden mußte, »ich bin sogar fest davon überzeugt, daß sich mein Vetter Klaus-Günter nicht nur für tüchtig hält, sondern auch für anständig und sogar edelmütig und daß er deshalb das Etui immer bei sich trägt – als vorzeigbares Beweisstück sozusagen. Denn er hat ja der Frau nicht wegen des goldenen Zigarettenetuis das Leben gerettet. Das hätte er ja einfach behalten und sie dennoch nach Auschwitz schicken können. Nein, da gab es ganz andere Gründe: Zunächst einmal handelte es sich nicht um ein anonymes Opfer, sondern um einen lebendigen Menschen, der vor ihm stand. Auf irgendeine Weise war es der Frau gelungen, mit ihm sprechen zu können. Und dann zeigte sie ihm das Zigarettenetui ihres gefallenen Mannes, zum Beweis, daß sie eine Kriegerwitwe war. Da hat er ihr geholfen, und das Etui hat er nur behalten, um ein Andenken an seine eigene Anständigkeit zu haben . . .«

»Mag sein«, sagte ich, etwas zweifelnd.

»Bestimmt«, meinte Peter. »Ich kenne ihn besser. Typen wie mein Vetter können Zehntausende kaltblütig ermorden lassen – vom Schreibtisch aus, durch fernschriftliche Befehle mit Aktenzeichen und Betreff, und dann bilden sie sich auch noch etwas ein auf ihr Organisationstalent und ihre Tüchtigkeit. Aber glaube doch nicht, daß Klaus-Günter es fertiggebracht hätte, einen alten Mann be-

wußtlos zu schlagen und auf die Straßenbahnschienen zu zerren, oder daß er Frauen und kleine Kinder mißhandelt und auf die Straße gejagt hätte. Ich bin sicher, daß es ihm sehr schwergefallen wäre, auch nur eine leerstehende Wohnung zu demolieren oder gar eine Synagoge zu plündern und anzuzünden. Aus der Ferne Befehle erteilen, das konnte er, aber die Befehle auszuführen, das überließen er und seinesgleichen dem Gesindel ... Wir wissen es doch – Leute, die zu jeder Schandtat bereit sind, gibt es immer und überall. Aber damals, da konnten sich selbst die Strauchdiebe und Mörder austoben, ohne die geringste Furcht vor Strafe. Die Polizei hatte ja Befehl, die Verbrecher zu schützen und sich um die Opfer nicht zu kümmern. Ich weiß es von dem Wachtmeister, der mir half, den Verletzten ins Krankenhaus zu bringen. Er hatte große Angst, dafür bestraft zu werden! Die Justiz durfte ebenfalls nicht eingreifen, und Zigtausende von SA-, SS- und NSKK-Männern wurden zu Komplizen der eigentlichen Schlägertrupps gemacht. Sogar Hitlerjungen wurden dazu angehalten, die Synagogen zu plündern und die jüdischen Friedhöfe zu schänden ...«
»Einige taten das sicherlich gern – oder meinst du nicht?«
Er tat den Einwand mit einer Handbewegung ab.
»Darauf kommt es doch nicht an! Es wäre nie passiert, wenn es nicht ›von oben‹ befohlen worden wäre, wenn nicht erstklassige Fachleute, die meisten davon Akademiker, alles perfekt organisiert hätten, damit die ›Aktion‹ ›planmäßig‹ und ›schlagartig‹ – das waren ja ihre bevorzugten Ausdrücke – im ganzen Reich durchgeführt werden konnte. Die jungen Herren im Sicherheitshauptamt machten sich dabei nicht die Hände schmutzig. Sie saßen in ihren Büros und lösten dort ihre ›staatspolitisch notwendigen‹ Aufgaben, diktierten Fernschreiben und zeichneten Listen und Einsatzbefehle ab – wie mein Vetter Klaus-Günter ...«
»... und Töchter aus gutbürgerlichem Haus wie meine Cousine Gudrun halfen ihnen dabei. Sie saßen ordentlich frisiert und in weißer Bluse an ihren Schreibmaschinen und tippten sauber und ordentlich die Listen der Opfer – ein wichtiger Dienst für ›Führer‹, Volk und Vaterland ...«

15. Bei der blonden Katrein

Ich schlief schlecht in dieser Nacht. Einiges, worüber Peter und ich gesprochen hatten, ging mir nicht aus dem Kopf.
Wir hatten uns doch auch über manches Vergnügliche unterhalten und dabei viel gelacht. Wir hatten etliche Flaschen Wein miteinander getrunken und uns, ehe wir uns trennten, zu einem Wiedersehen verabredet, auf das ich mich freute.
Aber als ich dann zu Bett gegangen war, plagten mich die Erinnerungen an die dröhnenden Axtschläge, das Splittern des Holzes, die schrillen Schreie, das plärrende Grammophon, das die absurde Begleitmusik dazu spielte ...
So hatte ich den späten Abend des 9. November 1938 erlebt.

Meine Eltern waren umgezogen, während ich beim Arbeitsdienst gewesen war. Wir wohnten jetzt in einer kleineren Wohnung, im dritten Stock eines Neubaus in der nördlichen Stadt. Meine Mutter und ich waren an diesem Abend allein. Ich war erst einige Tage zuvor aus Mecklenburg zurückgekommen und sollte am 1. Dezember zur Luftwaffe einrücken. Darüber unterhielten wir uns, und natürlich hatte ich ihr vom Arbeitsdienst erzählt, von Peter und mir, den beiden ›Aburenten‹, die sechs Monate lang einen Radweg hatten planen dürfen, sogar mit Randbepflanzung und elektrischer Beleuchtung.
»Ich dachte«, hatte meine Mutter gesagt, »ihr hättet dort sehr schwer arbeiten müssen. Aber Arbeit scheint überhaupt nicht auf dem Programm gestanden zu haben.«
»Nein«, hatte ich einräumen müssen, »man hat uns vieles andere beigebracht – Bettenbauen mit Hilfe von Pappstreifen, allerlei Tricks zur Irreführung von Vorgesetzten, Exerzieren mit Spaten, die zu nichts anderem benutzt werden durften, und ›Rassen‹kunde natürlich ...«
Sie war dann zu Bett gegangen, und ich hatte noch gelesen. Ich wollte um 23 Uhr die Nachrichten des Londoner Rundfunks hören, aber dazu kam ich nicht mehr.

Zuerst achtete ich nicht auf das dumpfe Geräusch, das aus der Wand zu kommen schien. Dann, als es sich wiederholte, legte ich das Buch beiseite und ging in die Diele. Als ich die Etagentür öffnete, hörte ich es deutlich durch das Treppenhaus: dumpfe Axtschläge und nun auch das Splittern von Holz und das Klirren von zerbrochenem Glas.
Nebenan trat eine Frau aus der Tür. Die mir noch fremde Nachbarin war blaß und schien Angst zu haben.
»Um Himmels willen – das können sie doch nicht machen ...«, flüsterte sie.
Ich fragte sie, was sie meine, und sie zögerte, ehe sie noch leiser antwortete: »Im Parterre wohnen Juden ...«
Ich lief die Treppen hinunter. Auf dem letzten Absatz vor dem Erdgeschoß hielt ich inne, denn nun sah ich, was da vorging: Die Eingangstür zu der einen der beiden Parterrewohnungen war aufgebrochen. Das Glas des großen Spiegels in der Diele lag in tausend Scherben auf dem Boden, die Kommode davor war in Stücke zerhackt.
Von drinnen hörte man, wie ein Schrank voller Geschirr und Gläser krachend und scheppernd umstürzte und aufschlug. Es folgten weitere Axtschläge. Bis ins Treppenhaus flogen Holzsplitter, Bettfedern und Stoffetzen. Über diesen Lärm hinweg aber plärrte ein Grammophon mit voller Lautstärke einen Schlager: *»Bei der blonden Katrein in der ›Goldenen Gans‹, da küssen die Buben die Mädel beim Tanz, bei der blonden Katrein, ja da ...«*
Dann hörte ich einen Schrei, gleich darauf noch einen, wie von einem Kind in panischer Angst. Die Musik spielte weiter. Ich zögerte noch und warf einen Blick nach oben in der Hoffnung, jemanden im Treppenhaus zu sehen, der mitkommen würde. Ich sah nur die Nachbarin, die sich über das Treppengeländer beugte.
»Rufen Sie rasch das Überfallkommando!« rief ich ihr zu, aber sie schüttelte den Kopf.
»Die Polizei steht vor der Tür«, antwortete sie gerade so laut, daß ich sie noch verstehen konnte.
Dann sah ich meine Mutter. Sie war die Treppe heruntergekommen und stand im Morgenrock am Geländer im ersten Stock, sehr aufgeregt.
»Worauf wartest du?« fragte sie mich. »Hast du Angst?«
»Nein«, log ich.
»Also, dann gehen wir ...«
Sie kam die Treppe herunter.
»Halt!« rief ich. »Bleib oben!«

Dann lief ich die letzten paar Stufen hinunter und stieß die zerschmetterte Wohnungstür ganz auf.
Ich sah umgestürzte und offenbar mit einem Vorschlaghammer zertrümmerte Schränke, zu Kleinholz zerhackte Stühle, Tische und andere Möbel, aufgeschlitzte Sessel und Kissen, zerfetzte Vorhänge und Haufen von zerschlagenem Glas und Porzellan. Aus einem der Zimmer – ich wußte noch nicht woher, kam noch immer die laute Grammophonmusik – »... in der ›Goldenen Gans‹, da küssen ...«
Ein junger Bursche in braunen Schaftstiefeln, Breecheshosen und Rollkragenpullover war dabei, einen großen Silberleuchter in einen Sack zu stecken. Ein zweiter, ebenfalls in ›Räuberzivil‹, zerschnitt mit einem Brotmesser ein großes Ölgemälde, das ganz schief an der Wand hing.
»Seid ihr *wahn*sinnig geworden, ihr Saubande, ihr gottverfluchte?!« hörte ich mich brüllen. Sie waren zum Glück kaum älter als ich, siebzehn oder achtzehn Jahre alt und nicht sehr kräftig, und ich hatte den Vorteil der Überraschung, denn sie hatten mich in dem Lärm nicht kommen hören. Mein Geschrei, oft lautstark geübt bei der Radwegplanung, ließ sie zusammenschrecken. Das Bürschchen im Rollkragenpullover stellte den Silberleuchter rasch beiseite und sah mich abwartend an. Der andere ließ von dem Bild ab und rief: »Truppführer, hier ist einer ...!«
Die Musik brach ab. Die Tür flog auf, und aus dem Schlafzimmer kam ein Kerl von Mitte Zwanzig, groß und breitschultrig, in einer blauen Monteursjacke, die eine Hand lässig in der Hosentasche.
»Was wollen *Sie* denn?« fragte er mich und trat einen Schritt näher. Hinter ihm sah ich für den Bruchteil einer Sekunde ein verängstigtes Gesicht auftauchen, und dann huschte etwas Helles an uns vorbei zur Wohnungstür.
»Sind Sie hier verantwortlich?« fragte ich im besten Kamesaska-Ton, und ohne die Antwort abzuwarten fuhr ich fort: »Dieser Mann hier meldet sich morgen früh bei Ihrem Sturmführer, samt dem Leuchter da! Das Weitere wird sich finden. Und hören Sie jetzt gefälligst auf mit dem Krach. Sie sind doch fertig – oder?«
Ich hatte die Genugtuung, daß er, während ich sprach, die Hand aus der Tasche genommen hatte und in gehörigem Abstand stehengeblieben war. Jetzt sah er sich rasch um und sagte dann: »Jawoll, wir sind hier fertig – was ist denn mit dem Leuchter?«
»Fragen Sie den Mann selbst und vergessen Sie die Meldung nicht!« Dann drehte ich mich um, ging hinaus, nicht nach oben, sondern auf die Straße.

Draußen stand ein Schupo, damit beschäftigt, einige Passanten, die stehengeblieben waren und aufgeregt miteinander flüsterten, zum Weitergehen aufzufordern. Ich mischte mich unter die Leute, ging mit ihnen ein paar Schritte weiter und behielt unsere Haustür im Auge.
Nach zwei, drei Minuten kamen sie heraus, der breitschultrige Truppführer und die beiden Burschen. Sie gingen über den Fahrdamm zu einem Lastwagen, den ich zuvor nicht bemerkt hatte, sagten etwas zu dem Fahrer, der daraufhin die Scheinwerfer einschaltete und den Motor anspringen ließ. Dann stiegen die drei auf, und der Wagen fuhr schnell davon.
Jetzt fingen die Leute an, lauter zu schimpfen.
»Unerhört ist das! Und die Polizei steht dabei! Was sind das für Zustände!«
Ich ging rasch zurück. Da ich keinen Hausschlüssel bei mir hatte, mußte ich klingeln – einmal lang, dreimal kurz, damit meine Mutter wußte, daß ich es war.
»Was haben Sie hier zu suchen?« wollte der Polizist von mir wissen. Ich hörte es summen und drückte die Haustür auf.
»Das hätten Sie besser die Leute gefragt, die eben hier herauskamen«, gab ich ihm zur Antwort, und die Umstehenden stimmten mir zu. Der Polizist wandte sich von mir ab und schnauzte die Leute an: »Machen Sie, daß Sie weiterkommen! Los, los, weitergehen!«
Ehe ich nach oben ging, warf ich rasch noch einen Blick in die zerstörte Wohnung. Unter meinen Schuhen knirschten die Glas- und Porzellansplitter. In der Diele, unter dem zerschlagenen Spiegel, stand zwischen den Teilen der zerhackten Kommode der Silberleuchter. Ich nahm ihn auf und versteckte ihn im umgestürzten Küchenschrank unter Porzellanscherben.
Nachdem ich mich vergewissert hatte, daß niemand mehr in der Wohnung war, ging ich rasch nach oben.
Meine Mutter stand in der Tür und sagte: »Wo bleibst du denn nur?«
Sie sprach, als hätte ich auf dem Heimweg von der Schule gebummelt und käme zu spät zum Mittagessen.
»Ich habe schon zweimal bei Fräulein Bonse angerufen«, fuhr sie fort, »aber sie meldet sich nicht . . .«
»Versuch es mal bei Tante Änne«, schlug ich vor, und dann erst erkundigte ich mich: »Wer ist es denn? Hast du jemanden mit heraufgebracht?«
Sie nickte.

»Das ist jetzt nicht so wichtig – es ist die Tochter. Sie ist noch fast ein Kind ... Ich habe ihr Baldriantropfen und eine Schlaftablette gegeben, und ich hoffe, sie schläft jetzt. Aber die Eltern – sie müssen jeden Augenblick nach Hause kommen, hat sie gesagt. Die Frau, ihre Mutter, ist sehr herzkrank ... Du mußt sie warnen und ihnen auch sagen, daß die Kleine bei uns ist, sonst ...«
»Ich kenne die Leute doch gar nicht ...! Wie soll ich sie auf der Straße ...?«
»Der Vater ist ziemlich groß«, unterbrach sie mich. »Er geht etwas gebeugt, trägt einen grauen Filzhut und einen grauen Wintermantel. Die Frau ist bedeutend kleiner und etwas korpulent ...«
Sie beschrieb mir die beiden noch etwas genauer, so wie das Mädchen sie ihr geschildert hatte, und es machte mir dann keine Mühe, sie auf der Straße zu erkennen. Sie waren kaum achtzig Schritt vom Haus entfernt, als ich sie ansprach.
»Gehen Sie bitte jetzt noch nicht in Ihre Wohnung«, sagte ich, nachdem ich sie höflich begrüßt und mich ihnen vorgestellt hatte. »Lassen Sie uns noch ein Stück die Fischerstraße hinuntergehen ...«
»Aber ich muß nach Hause«, unterbrach mich die Frau, »unsere Tochter ...«
»Machen Sie sich keine Sorgen um Ihre Tochter. Sie schläft heute nacht bei uns. Meine Mutter kümmert sich um sie ...«
Wir gingen zur Fischerstraße und am alten Friedhof entlang. Nach und nach brachte ich ihnen bei, was geschehen war. Die Frau weinte leise, der Mann versuchte, sie zu trösten, und sagte dann, schon wieder recht gefaßt: »Um die Möbel ist es nicht weiter schade ... Wir haben das schon mal erlebt, gleich zu Anfang, als wir noch das Geschäft in Hilden hatten ... Wir wollen ohnehin bald nach Amerika, noch vor Ende des Jahres ...«
Dann fiel ihm etwas ein, und er fragte besorgt: »Dem Bild wird doch nichts geschehen sein? Wissen Sie, ich habe es gekauft – für alles Geld, das wir noch hatten. Es ist nämlich ›entartete Kunst‹ – die darf man mitnehmen. Wir wollen es drüben verkaufen und uns davon eine neue Existenz aufbauen ...«
»Wie sieht es denn aus?«
Er beschrieb es mir, und nach der Beschreibung wußte ich sofort, welches Bild er meinte.
»Es ist ein Chagall«, sagte er.
»Es ist zwar beschädigt«, ließ ich ihn vorsichtig wissen, »aber es ist bestimmt noch zu reparieren. Ich werde es mit nach oben nehmen, damit es nicht am Ende noch wegkommt ...« Und dann erkun-

digte ich mich, ob sie jemanden wüßten, bei dem sie für diese und vielleicht auch die nächste Nacht unterkommen könnten.
»Sonst müssen Sie eben auch mit zu uns ziehen«, fügte ich rasch noch hinzu, obwohl ich sie ungern an ihrer zerstörten Wohnung vorbei mit nach oben genommen hätte. Am Ende wären sie doch nicht davon abzuhalten gewesen, hineinzuschauen . . .
»Wir haben nur die Freunde, bei denen wir heute abend waren«, sagte der Mann, »aber die schlafen bestimmt schon . . .«
Ich fragte, ob es ›arische‹ Freunde wären und ob sie Telefon hätten. Er bejahte beides, und nachdem ich von einem Fernsprechhäuschen aus dort angerufen und die Situation erklärt hatte, konnte ich ihnen sagen, daß sie sofort kommen sollten.
»Ich werde Sie noch begleiten. Es ist ja nicht weit . . .«
Wir mußten dann aber doch etliche Umwege machen, denn unterwegs sahen wir mehrfach Menschenansammlungen, die schon von weitem erkennen ließen, daß dort ein ähnliches Zerstörungswerk im Gange war, wie ich es gerade erst erlebt hatte. Aber schließlich erreichten wir das Haus ihrer Freunde, wo sie schon erwartet und mit einer stummen Umarmung empfangen wurden.
Auf dem Heimweg sah ich, daß nun auch in der Fischerstraße etwas vor sich ging. An einem Eckhaus, fast genau dort, wo ich eine gute halbe Stunde zuvor die Eltern des Mädchens getroffen hatte, waren viele Fenster erleuchtet, und an einigen davon standen Leute, die nach oben blickten. Aus einem Fenster im obersten Stockwerk hörte man Lärm und Schreie. Dann fiel ein Schuß, Glasscherben fielen von hoch oben auf den Bürgersteig. Noch ein Schuß, und dann stürzte jemand aus dem Fenster und schlug einige Sekunden später klatschend auf das Straßenpflaster auf.
Von allen Seiten kamen Passanten und Leute aus den umliegenden Häusern zusammengelaufen. Ein Überfallkommando und mehrere Krankenwagen fuhren vor. Ein Mann neben mir sagte: »Das war Dr. Lichtenstein, der Augenarzt . . .«
Er zeigte auf den Toten, der aus dem Fenster gestürzt war, und fügte mit deutlich spürbarer Genugtuung hinzu: »Er hat sich gewehrt – einer soll tot sein, und der andere ist sehr schwer verletzt . . .«
Zwei Sanitäter trugen gerade einen Verletzten zu einem der Krankenwagen, der sofort mit gellendem Martinshorn davonfuhr. Dann brachten sie noch jemanden aus dem Haus, den sie mit einem Tuch vollständig zugedeckt hatten.
»So sollte es allen diesen Strolchen gehen«, sagte der Mann neben mir leise, aber doch von einigen der Umstehenden vernehmbar.

Niemand widersprach ihm.
Nachdem ich den Chagall aus der zerstörten Wohnung geholt und ihn unter meinem Bett versteckt hatte, war ich nochmals losgezogen, diesmal mit dem Fahrrad. In der Sternstraße konnte ich gerade noch bremsen. Da flog eine ganze Röntgeneinrichtung aus einem Fenster im ersten Stock auf die Straße. Eine Höhensonne zerbarst mit lautem Knall auf dem Pflaster, allerlei Instrumente prasselten hinterher.
Ich sah auf das Schild neben der Haustür – es war die Praxis eines Hals-, Nasen-, Ohrenarztes, die da zerstört wurde. Vor einem Jahr noch hatte mich der alte Dr. Stern behandelt und auf meine Frage, ob mir die Mandeln entfernt werden müßten, lächelnd geantwortet: »Es soll ja Kollegen von mir geben, die sofort alles wegoperieren, was sich entfernen läßt. Aber ich rate dringend davon ab, der Natur dauernd ins Handwerk zu pfuschen. Das sollte man nur im Ausnahmefall tun ... Ich betrachte meinen Beruf nicht als reinen Gelderwerb ...«
Niemand war weit und breit zu sehen. Ich sammelte rasch von den Instrumenten auf, was noch brauchbar schien. Aber als ich ihm das wenige, das ich gerettet hatte, ein paar Tage später bringen wollte, teilte mir ein mürrischer Hausmeister mit: »Hier wohnen keine Juden mehr, und der Doktor, der ist im KZ. Das ist jetzt ein arisches Haus ...«
Von der Sternstraße aus war ich in die Innenstadt gefahren. Alle jüdischen Geschäfte, die ich kannte, boten das gleiche Bild: Zertrümmerte Schaufensterscheiben, verwüstete Einrichtungen, die Waren geplündert oder auf die Straße geworfen, gleich ob es sich um Strümpfe oder um wertvolle Pelze handelte.
In einiger Entfernung sah ich einen Feuerschein am Himmel. Es war die Synagoge in der Kasernenstraße, nahe dem Schwanenspiegel, die – wie am nächsten Tag im Rundfunk zu hören war – ›einem spontanen Ausbruch des Volkszorns‹ zum Opfer gefallen und angezündet worden war. Das Volk – nur einige wenige Leute, die so spät noch auf der Straße waren – zeigte sich in Wahrheit aufs äußerste empört über diesen Akt der Barbarei, bei dem Polizei und Feuerwehr untätig zusahen. Ein dicker Kreisleiter in brauner Uniform stiefelte aufgeregt umher und schrie die murrenden Zuschauer an: »Machen Sie, daß Sie weiterkommen! Hier gibt es nichts zu glotzen! Das hat schon alles seine Ordnung!«
Auf dem Heimweg sah ich mehrmals einzelne Fußgänger oder Paare, die Koffer und Taschen mit sich trugen und sich in dunklen Hauseingängen zu verbergen suchten, wenn sie jemanden kom-

men sahen. Ich war mir nicht sicher, ob es Flüchtlinge waren oder Plünderer, die rasch aufgelesen hatten, was an Wertvollem auf der Straße zu finden gewesen war.
An der Steinstraße traf ich auf eine Frau mit einem drei- oder vierjährigen Kind. Die Frau drückte sich ängstlich an eine Hauswand, als sie den Schein meiner Fahrradlaterne sah, aber das Kind riß sich von ihr los und begann zu schreien.
Ich hielt an und fragte, ob ich ihr helfen könnte.
Sie warf mir einen, wie mir schien, haßerfüllten Blick zu, zog das Kind wieder zu sich und hielt ihm mit der Hand den Mund zu.
»Man hat uns heute nacht schon genug geholfen ...«, sagte sie bitter. »Lassen Sie uns bitte in Ruhe und ...«
Sie brach ab, denn nun waren Männerstimmen zu hören, Tritte von Nagelstiefeln, die näher kamen.
Ich trat dicht an sie heran und flüsterte ihr zu: »Bitte, haben Sie keine Angst ...«
Ich legte meinen Arm um sie, und sie war wie erstarrt. Auch das Kind war jetzt still und drückte sich in den Schatten. Vier Männer in Schaftstiefeln und ›Räuberzivil‹ gingen an uns vorbei, unbekümmert laut miteinander redend.
»Morgen mach' ich blau«, sagte einer, »war ja schließlich 'n schwerer Dienst ...«
Die anderen lachten schallend.
Einer machte noch eine deftige Bemerkung über uns, das vermeintliche Liebespaar, und wieder lachten sie, aber sie blieben nicht stehen. Ein paar Augenblicke später waren sie verschwunden, und es herrschte wieder Stille.
»Danke«, sagte die Frau, als ich meinen Arm von ihrer Schulter nahm, »und entschuldigen Sie, daß ich eben ...«
»Haben Sie eine Bleibe?«
»Nicht mehr ...«
»Kommen Sie, vielleicht kann ich Sie unterbringen ...«
Mir war eingefallen, daß gleich um die Ecke das Schneideratelier von Herrn Desch war. Er wohnte im selben Haus, und so ging ich mit der Frau und dem Kind dorthin.
An der Eingangstür zündete ich ein Streichholz an, denn es war stockfinster. Ich fand das Namensschild und klingelte, nur ganz kurz. Fast im selben Augenblick hörte ich seine gelangweilte Stimme: »Ist da jemand ...?« Ich trat zwei Schritte zurück und blickte nach oben. Ich sah niemanden. Alle Fenster waren dunkel.
»Ich bin's, Herr Desch«, sagte ich vernehmlich und nannte meinen Namen. »Verzeihen Sie die späte Störung ...«

Nach einer kurzen Pause hörten wir ihn sagen, nun in jenem Ton, den er seiner Kundschaft gegenüber benutzte: »Ach so, es ist wegen der Uniform, ich verstehe ... Sie kommen wirklich sehr spät, aber es macht nichts, ich bin noch auf. Einen Augenblick, wenn ich bitten darf ...«

Gleich darauf öffnete er uns die Haustür, sehr korrekt angezogen, wie immer. Er hatte bestimmt noch nicht geschlafen, obwohl es schon gegen halb drei Uhr morgens war. Sein Fischgesicht blieb ausdruckslos, als er die Frau und das Kind sah. Er nickte nur, hieß uns eintreten und schloß die Haustür sorgfältig wieder ab.

»Es wird etwas eng werden«, sagte er, nun wieder in seinem normalen Tonfall.

In der Schneiderwerkstatt, im Bügelzimmer und sogar zwischen den Regalen mit den Stoffballen im hinteren Teil des Ladengeschäfts lagen und saßen sie überall. Einige waren eingeschlafen, andere sprachen leise miteinander. Manche waren noch so im Schock, daß sie nicht einmal aufblickten, als wir eintraten.

»In der Kochnische nebenan finden Sie heißen Tee und Milch«, sagte Herr Desch zu der Frau mit dem Kind, »und in der Kammer dahinter ist noch etwas Platz. Fürs erste wird es gehen, denke ich, und morgen sehen wir weiter. Ich komme gleich noch mal zu Ihnen ...«

Er ging mit mir in den dunklen Laden, dessen eiserne Rolläden heruntergelassen waren. In dem schwachen Lichtschein aus der halbgeöffneten Tür zur Werkstatt sah ich auf einer Kleiderpuppe die Uniform eines SS-Führers.

»Die Verletzten sind oben in unserer Wohnung – bei meiner Frau und Fräulein Bonse«, sagte er leise. »Der Arzt war schon da. Ich weiß noch gar nicht, wohin ich die Leute bringen soll. Es sind zu viele – das kann leicht auffallen ...«

»Was ist mit Tante Änne?«

»Es geht ihr nicht gut – sie hatte einen Herzanfall ...«

»Ich werde morgen früh zu ihr fahren, hoffentlich geht es ihr besser – sie hat ein sehr schwaches Herz ... Ich dachte an den Lieferwagen der Konditorei. Damit könnte man vielleicht ...«

»Ja – das ist eine gute Idee. Ich werde gleich mal mit Fräulein Bonse darüber sprechen, wer in ihrer Bekanntschaft am Niederrhein und in der Eifel gern Kuchen ißt ...«

Er begleitete mich noch bis zur Haustür, schloß sie leise auf und hinter mir wieder ab.

Als ich gegen drei Uhr nach Hause kam, war alles still. Kurz nach acht Uhr weckte mich meine Mutter.

»Wir müssen hinunter in die Wohnung und einiges holen – das Mädchen hat ja sonst nichts anzuziehen . . .«
Schon im Treppenhaus hörten wir es hämmern. An der Eingangstür der zerstörten Parterrewohnung stand Frau Kannegießer, die Hauseigentümerin, die im ersten Stock wohnte. Zwei Schreiner waren damit beschäftigt, die Reste der alten Tür zu beseitigen und eine neue einzusetzen.
»Vielleicht«, meinte meine Mutter, nachdem wir uns begrüßt hatten, »kann der Meister sich drinnen mal umsehen, was da noch zu reparieren ist . . .«
»Wird gemacht«, sagte der ältere der beiden Schreiner, »ich hab' mich schon mal umgesehen – es sieht schlimm aus da drinnen . . . Es ist eine Schande – man schämt sich, ein Deutscher zu sein . . .«
Frau Kannegießer nickte stumm und wischte sich die Tränen aus den Augen.
»Wir gehen jetzt mal rein und holen ein paar Sachen«, sagte meine Mutter. »Die Kleine hat sonst nichts anzuziehen . . .«
»Gut, daß Sie sie zu sich genommen haben – kommen Sie, ich begleite Sie . . .«
Doch anstatt dann nur die Kleider zu holen, begannen die beiden Frauen sogleich mit dem Aufräumen. Meine Mutter forderte mich auf, den Küchenschrank wieder aufzurichten. Der eine der beiden Schreiner half mir dabei. Frau Kannegießer holte rasch zwei Eimer, Kehrschaufeln und Besen, und erst nach einer guten Stunde, nachdem alle Scherben und Splitter beseitigt waren, suchte meine Mutter die Sachen für das Mädel zusammen, das, wie ich inzwischen von Frau Kannegießer erfahren hatte, Ruth hieß.
Es waren noch zwei Frauen aus dem Haus dazugekommen, die beim Aufräumen halfen, und als wir dann nach oben gingen, kam uns unsere Etagennachbarin entgegen und fragte: »Kann ich unten noch helfen?«
»Aber gewiß«, sagte meine Mutter, »da ist noch viel zu tun . . .«, und als die Nachbarin außer Hörweite war, flüsterte sie mir zu: »Ihr Mann ist nämlich Oberregierungsrat und ein ganz strammer Nazi, der immer mit ›Heil Hitler‹ grüßt und am liebsten ständig die Hakenkreuzfahne aus dem Fenster hängen ließe. Es wird ihr guttun, sich einmal anzusehen, was die Parteifreunde ihres Mannes so alles anrichten . . .«

Als ich eine Stunde später mit der Straßenbahn in die Stadt und von dort nach Meerbusch fuhr, um ›Tante Änne‹ zu besuchen, sah ich um mich nur sehr betretene, tieftraurige oder zornige Gesich-

ter. Ein älterer Mann, der auf dem Platz für Schwerkriegsbeschädigte saß, sagte, als die Bahn vor einem demolierten und ausgeplünderten Schuhgeschäft hielt, ganz laut, so daß jeder im Wagen es hören konnte: ›Früher wurden Plünderer erschossen, heute werden sie noch von der Polizei beschützt! So weit ist es mit Deutschland gekommen! Dafür hat man nun seine Knochen hingehalten . . .«
Niemand widersprach.
Am Luegplatz stieg eine Frau zu, die eine große NS-Frauenschaftsbrosche trug. Sie spürte wohl die Feindseligkeit der anderen Fahrgäste, denn als wir kurz hinter dem Barbarossaplatz an einem zerstörten Textilladen vorbeikamen, sagte sie zu ihrer Nachbarin: »Das hätte man nicht machen dürfen. Ich bin überzeugt davon, daß auch der Führer so etwas mißbilligt . . .!«
Die Nachbarin wandte sich ab, ohne zu antworten, und aus dem Hintergrund hörte man höhnisches Lachen.
Als ich bei ›Tante Änne‹ eintraf, empfing sie mich schon an der Tür mit den Worten: »Was heute nacht den Juden angetan worden ist, werden wir Deutschen schwer büßen müssen . . . Dann werden unsere Kirchen, unsere Wohnungen und Geschäfte verwüstet werden. Da kannst du ganz sicher sein . . .«
Es gehe ihr schon wieder besser, sagte sie, und außerdem werde sie ja dringend gebraucht. Herr Desch hatte schon mit ihr telefoniert. Der Fahrer vom Lieferwagen der Konditorei wußte auch bereits Bescheid.
»Griesgen – mein Mann – macht sich Sorgen um seine Kremtorten«, sagte sie und lachte. »Er hat nämlich wirklich sehr viel auszuliefern in den nächsten Tagen . . . Sie müssen alle ins Ausland«, fügte sie ernst hinzu. »Hier in Deutschland sind sie ihres Lebens nicht mehr sicher.«
Ich erzählte ihr, was sich am späten Abend bei uns im Haus zugetragen hatte, auch von Ruth, die jetzt bei uns sei.
»Hat man sie . . . Haben ihr die Burschen etwas angetan?«
»Ich glaube, ich kam gerade noch rechtzeitig . . .«
»Sie kann nicht bei euch bleiben«, meinte sie nach kurzem Nachdenken. »In so einem Haus mit zehn Parteien, da spricht sich das herum, und einer oder eine ist bestimmt dazu fähig, es der Gestapo zu melden . . . Weißt du was – bring sie zu mir! Hier ist sie sicher für die nächste Zeit, und ich brauche jetzt etwas Hilfe . . .«
»Klar«, sagte ich und war sehr froh. »Am späten Nachmittag bringe ich sie her.«

16. Kennen Sie Buchenwald?

»Du bist verrückt«, hatte Kulle gemeint, als ich ihm kurz nach dem Abitur erzählt hatte, daß ich meine freiwillige Meldung zur Luftwaffe eingereicht hätte. »Wieso kannst du denn nicht abwarten, bis unsere Jahrgänge dran sind?«

Ich hatte es ihm zu erklären versucht: Erstens betrug die Dienstzeit für Abiturienten, die sich freiwillig meldeten, nur zwölf Monate – im Herbst 1939 würde ich alles hinter mir haben. Zweitens konnte ich mir als Freiwilliger die Waffengattung und den Standort aussuchen. Ich hatte mir ein Städtchen in Westfalen als Garnison erbeten, wo alte Freunde meiner Eltern lebten und von wo aus ich an jedem Wochenende in zweieinhalb Stunden nach Hause fahren konnte.

Der wichtigste Grund aber war, daß meine Eltern beschlossen hatten, Deutschland zu verlassen. Mein Vater war bereits im Oktober 1938 nach England gereist, um die dortigen Möglichkeiten zu sondieren. Als offiziellen Grund für die geplante Übersiedlung wollte er die Übernahme der Vertretung einer deutschen Exportfirma angeben. Das Mißtrauen der Polizei und der Devisenstelle, die den Transfer des erforderlichen Kapitals genehmigen mußte, war am ehesten zu überwinden, wenn ich, der einzige Sohn, durch freiwillige Ableistung des Wehrdienstes unsere ›nationale Gesinnung‹ bewies. In zwölf Monaten, sobald ich vom Militär entlassen war, konnte ich dann studieren, wo ich wollte. Ich hatte mich schon um ein Stipendium an einer englischen Universität beworben.

»Du bist trotzdem verrückt«, hatte Kulle gemeint. »Es kann jeden Tag der Krieg ausbrechen ...«

Das war ein berechtigter Einwand. Die Rüstung war in vollem Gange. Göring hatte die Losung ›Kanonen statt Butter‹ ausgegeben, und tatsächlich wurden bei ›Rheinmetall‹ und in den anderen Großbetrieben fast nur noch Geschütze, Maschinengewehre und anderes Kriegsgerät angefertigt, während Butter rationiert und nur noch auf Marken erhältlich war. Entlang der Grenze, von Südbaden bis in die Gegend von Aachen, hatte der Bau des ›Westwalls‹ begon-

nen, einer gigantischen Festungsanlage, zu deren eiliger Fertigstellung Hunderttausende von Arbeitern dienstverpflichtet worden waren. Auch Kulle hatte während seiner Arbeitsdienstzeit das Pech gehabt, daß sein Zug zu Westwallarbeiten herangezogen wurde, und es war eine arge Schinderei gewesen.
Im September 1938 hatte die Kriegsangst enorm zugenommen, denn Hitler schien entschlossen, die Tschechoslowakei anzugreifen. Der britische Premierminister Neville Chamberlain war zweimal nach Deutschland gekommen und hatte zu vermitteln versucht. Niemand war sich im klaren darüber, ob die Franzosen und Briten bei dem bevorstehenden deutschen Angriff auf die Tschechoslowakei ihrerseits Deutschland im Westen angreifen würden oder nicht. Die Tschechen hatten bereits mobil gemacht, doch mußten sie erkennen, daß Paris und London nicht bereit waren, ihren Beistandsverpflichtungen gegenüber Prag nachzukommen. Zwar begann auch in Frankreich die Mobilmachung von zunächst fünfundsechzig Divisionen, und die britische Flotte wurde in Alarmbereitschaft versetzt, aber die Regierungen beider Mächte wollten Hitler lieber das Sudetenland überlassen, als ernstlich einen neuen Weltkrieg riskieren.
In den letzten Septembertagen hatte sich die Kriegsangst in ganz Europa, vor allem in Deutschland und in den westlichen Hauptstädten, so weit gesteigert, daß die Menschen eine ungeheure Erleichterung empfanden, als es dann in der Nacht vom 29. zum 30. September doch noch zu einem Abkommen zwischen den Regierungen des Reichs, Englands, Frankreichs und Italiens kam und der Krieg damit vermieden wurde. Gewiß, mit dem Münchener Abkommen hatten Paris und London Hitler wieder nachgegeben und ihn damit neu gestärkt; sie hatten die Tschechoslowakei im Stich gelassen, und am 1. Oktober waren die deutschen Truppen in die Sudetengebiete eingerückt. Aber, so jedenfalls dachten die meisten, der Krieg war glücklicherweise noch einmal vermieden worden, und manche glaubten sogar, was Hitler sogleich wieder verkündet hatte, nämlich, daß er nun keinerlei territoriale Forderungen in Europa mehr habe.
Mein Vater, sonst eher skeptisch, rechnete damit, daß der Frieden noch mindestens zwei Jahre halten werde. So hatten es ihm seine englischen Freunde versichert. Dann erst, wenn England voll aufgerüstet habe, werde die große Abrechnung mit Hitler kommen. Das hatte für mich den Ausschlag gegeben. In zwei Jahren, so hoffte ich, würde ich längst nicht mehr Soldat, sondern Student und vor allem nicht mehr in Deutschland sein.

So fuhr ich Ende November, einen Tag früher als nötig, in meine zukünftige Garnison und übernachtete bei den alten Freunden meiner Eltern, dem Hoteliersehepaar.
›Onkel Franz‹ hatte sich sehr verändert.
»Der Hitler macht das gar nicht schlecht«, sagte er. »Er hat ja wohl ungeheuer geblufft, aber er hat damit tatsächlich das erreicht, was er wollte. Jetzt ist nicht nur Österreich und das Saarland, sondern auch das Sudetenland wieder deutsch – und alles ohne Krieg –, einfach fabelhaft, was?«
Wie ich später erfuhr, war er besonders froh darüber, daß das Städtchen nun wieder eine Garnison hatte. Das gab seinem Hotel, dem ›ersten Haus am Platze‹, neuen Aufschwung. Der Umsatz an Getränken, vor allem an Sekt und Wein, hatte sich dank der Stammkundschaft aus dem Offizierskorps fast verdoppelt.
Seine Frau, ›Tante Käthe‹, machte dagegen keinen sehr frohen Eindruck. Kaum hatte sich ›Onkel Franz‹ entschuldigt, weil er im Restaurant und in der Bierstube nach dem Rechten sehen mußte, sagte sie zu mir: »Ich weiß nicht, was ich machen soll – vielleicht habe ich einen großen Fehler begangen . . . Franz weiß nichts davon, und sprich auch du um Gottes willen nicht darüber in seiner Gegenwart – er ist so anders geworden in letzter Zeit . . .«
Ihr ›großer Fehler‹ war, wie ich dann erfuhr, daß sie einen Hotelgast aufgenommen hatte, einen jüdischen Fabrikanten aus einem Nachbarort.
»Es ist zwar nur für einige Tage«, sagte sie leise. »Gestern nachmittag ist er angekommen, als Franz in Bielefeld war. Ich kannte ihn von früher her – ein sehr honoriger Mann, und ich brachte es nicht übers Herz, ihn abzuweisen . . . Er wartet nur noch auf seinen Paß – dann will er nach Schweden auswandern. Seine Frau und sein Sohn sind schon dort. Nach dieser furchtbaren Reichskristallnacht vor knapp drei Wochen haben sie ihn verhaftet, und er war, glaube ich, im KZ – ein Wunder, daß er da wieder lebend herausgekommen ist . . .«
Ich fragte sie, warum sie sich Sorgen machte. Sie könnte doch schließlich im Hotel jeden Gast aufnehmen.
»Nein«, sagte sie und seufzte tief. »Seit letzter Woche *dürfen* wir keine Juden mehr ins Hotel lassen, auch nicht ins Restaurant – es ist verboten! Wir bekommen die größten Schwierigkeiten, wenn ihn jemand erkennt . . .«
»Wo soll der Mann denn hin? Er hat wahrscheinlich keine Wohnung mehr . . .«
»So ist es«, bestätigte ›Tante Käthe‹, »die Fabrik ist ›arisiert‹, die

Wohnung wurde beschlagnahmt, und sogar das Auto haben sie ihm weggenommen. Er hat es dem Winterhilfswerk stiften müssen!«

»Phantastisch! ... Was willst du jetzt machen? Du kannst ihn doch nicht auf die Straße setzen!«

»Nein«, sagte sie, »aber bleiben kann er auch nicht. Aber mir ist da eine Idee gekommen – das ist vielleicht der beste Ausweg ... Wir müßten das aber gleich erledigen, denn gegen zehn Uhr kommt Franz gewöhnlich wieder zurück.«

Ihr Vorschlag bestand darin, daß ich die Nacht nicht im Hotel, sondern in der Jagdhütte verbringen sollte. Sie waren ohnehin sehr knapp an Zimmern, so daß es ihren Mann nicht allzusehr verwundern würde, wenn sie mich umquartierte.

Natürlich sollte ich den unerwünschten Gast mitnehmen. Sie wollte für reichlich Verpflegung und auch für Getränke sorgen, uns dann auch gleich mit dem Auto hinbringen.

Ich kannte die Hütte. Sie lag nur etwa zwanzig Autominuten entfernt an einem schönen Hang des Wesergebirges mit Blick auf den Fluß und war komfortabel eingerichtet.

»Morgen vormittag hole ich dich wieder ab«, sagte sie, »und ich bringe Herrn Kahn auch die Post mit, falls welche für ihn eintreffen sollte. Vielleicht kommt sein Paß ja schon morgen. Dann kann ich ihn auch gleich mit zur Bahn nehmen ...«

Sie schien ungeheuer erleichtert, daß ich auf ihren Vorschlag eingegangen war, denn – so sagte sie – allein wollte sie Herrn Kahn dort nicht lassen. Das könne sie dem Mann nicht zumuten nach allem, was er durchgemacht habe.

So kam es, daß ich den Abend und die letzte Nacht vor Beginn meines Militärdienstes mit jemandem verbrachte, der gerade erst aus einem Konzentrationslager entlassen worden war.

Herr Kahn war ein kleiner, etwas dicklicher Mann von Ende Vierzig mit spärlichem Haar. Er mußte stark abgenommen haben, denn sein Anzug war ihm viel zu weit geworden.

Man sah es seinem Gesicht an, daß er ein lebensfroher, gewiß auch humorvoller Mensch war. Aber er stand noch ganz unter dem Eindruck seiner schrecklichen Erlebnisse.

Schon beim Abendbrot begann er, mir davon zu erzählen:

Gleich am Morgen nach der ›Kristallnacht‹, in der auch seine Wohnung zerstört worden war – zum Glück hatte er alles Wertvolle bereits verkauft, um die Vermögensabgabe bezahlen zu können, ohne die seine Familie nicht hätte ausreisen dürfen –, war er von zwei Gestapobeamten verhaftet worden. Mit einem Lastwagen, auf dem schon ein Dutzend jüdischer Männer aus den umliegenden Dörfern waren, hatten die Gestapoleute sie nach Bielefeld gebracht. Nach langem Herumsitzen in einem Warteraum waren er und andere aufgerufen worden. Jeder mußte ein Papier unterschreiben, ohne Zeit zu haben, den Text zu lesen. Gegen Mittag waren sie dann zum Bahnhof gebracht worden.

»Sie ließen uns auf dem Bahnsteig in Fünferreihen antreten. Dann marschierten wir ab, eine Treppe hinunter und durch eine Unterführung zu einem anderen Bahnsteig. Den ganzen Weg entlang standen junge SS-Männer, die mit Lederpeitschen auf uns einschlugen. Da gab es schon die ersten Schwerverletzten. Schließlich brachten sie uns doch nicht zu einem Zug, sondern fuhren uns mit dem Lastwagen weg – nach Buchenwald ... Kennen Sie Buchenwald?«

Ich sagte ihm, daß ich davon gehört hätte – ein KZ in der Nähe von Weimar, so erzählte man sich. »Ja«, bestätigte Herr Kahn, gar nicht weit von Weimar, wo Goethe und Schiller gelebt haben ...«

Insgesamt waren nahezu zwölftausend jüdische Männer ins Lager Buchenwald eingeliefert worden. Sie wurden dann in großen Baracken untergebracht, die zum Teil noch im Bau waren.

»Wir waren zu etwa sechstausend Mann in einer Baracke zusammengepfercht, die noch ohne Fußboden war. Der Boden bestand aus nassem Lehm. Wir hatten nackte Bretter zum Schlafen, keine Unterlage, keine Decke, kein Licht. Die sanitären Verhältnisse waren grauenhaft ...«

Immerhin waren sie dann mit Brot, Marmelade und Malzkaffee verpflegt worden, aber mitten in der Nacht, als gerade etwas Ruhe eingetreten war, hatten sie plötzlich Taschenlampen aufblitzen sehen, und etwa ein Dutzend von ihnen, wahllos herausgegriffen, waren von SS-Leuten herausgeholt worden.

»Wir hörten sie draußen fürchterlich schreien, und sie sind nicht mehr wiedergekommen ...«

Dies hatte sich in den beiden folgenden Nächten wiederholt, und die Gefangenen waren so verängstigt gewesen, daß sie sich in die äußersten Winkel verkrochen.

»Einige haben Tobsuchtsanfälle bekommen und mußten festgebunden werden. Man kann sich nicht vorstellen, was diese Nächte für jeden von uns bedeutet haben ... Es war die reine Hölle ... Am dritten Morgen ließ die SS uns vor der Baracke antreten – wir hatten sie bis dahin nicht verlassen dürfen –, und ein Unterführer ging die Reihen ab. Jeder, der eine sichtbare Verletzung hatte, wurde gefragt, wie es dazu gekommen sei. Die ersten antworteten wahrheitsgemäß, daß sie von der SS in Bielefeld mißhandelt worden seien. Daraufhin wurden sie zusammengeschlagen und mit der Peitsche bearbeitet, bis sie sagten, sie hätten sich die Verletzungen selbst zu Hause beigebracht. Mit solchen Schikanen wurden wir den ganzen Tag hindurch in Angst gehalten. Erst vom vierten Tag an wurde es dann etwas besser . . .«

Es waren ihnen dann fertige Baracken zugewiesen worden, wo sie etwas mehr Platz hatten, und von da an war ihnen auch gestattet worden, sich von dem Geld, das sie bei sich hatten und das ihnen nicht abgenommen worden war, Eßbestecke, Lebensmittel und warme Kleidung zu kaufen. Auch die Ärzte unter ihnen konnten dann Medikamente für die zahlreichen Kranken und Verletzten im SS-Revier käuflich erwerben.

Arbeiten mußten sie, im Gegensatz zu den anderen Häftlingen, überhaupt nicht, nur morgens und abends zum Appell antreten. Sonst waren sie den ganzen Tag sich selbst überlassen. Aber die Zählappelle dauerten manchmal mehrere Stunden, und besonders die Alten litten sehr unter dem langen Stehen in der Kälte. Es gab dadurch zahlreiche Todesfälle.

»Am zwanzigsten Tag wurde ich frühmorgens beim Appell aufgerufen, zusammen mit etwa dreihundert anderen. Wir sollten entlassen werden. Wir wurden dann alle von Häftlingsfriseuren rasiert und bekamen die Haare abgeschnitten. Dann wurden wir von einem SS-Arzt untersucht. Wer Wunden oder Prellungen hatte, mußte angeben, daß sie aus der Zeit vor der Festnahme stammten. Dann kam ein höherer SS-Führer, der uns einen Vortrag hielt und erklärte, er hoffe, daß wir uns ›gebessert‹ hätten. Wenn wir dies beweisen wollten, so hätten wir jetzt Gelegenheit dazu, reichlich für das Winterhilfswerk zu stiften. Wir wurden an den Sammelbüchsen vorbeigeführt. Der SS-Führer achtete darauf, daß jeder etwas spendete. Danach mußten wir die Eßbestecke, die wir gekauft hatten, wieder abliefern, außerdem für jedes Blechbesteck 3 RM ›Benutzungsgebühr‹ bezahlen. Dann begann der Fahrkartenverkauf. Wer kein Geld hatte, mußte rechts heraustreten. Die übrigen wurden aufgefordert, so viel Geld zusammenzulegen, daß auch die anderen sich Fahrkarten kaufen könnten. Es wurde uns erklärt, daß keiner vom Platz käme, bis jeder genügend Geld für seine Fahrkarte hätte. Als auch das geregelt war, wurde uns nochmals eine Ansprache gehalten. Es wurde uns eingeschärft, draußen kein Wort zu erzählen von dem, was wir im Lager erlebt hätten, andernfalls kämen wir zurück ins Lager und könnten dann sicher

sein, nie wieder lebend herauszukommen. Warum ich es Ihnen dennoch erzähle? Ich *muß* einfach darüber sprechen, ich will, daß andere es wissen und weitererzählen! Niemand hier soll sagen können, er habe davon nichts gewußt!«
Er war schrecklich aufgeregt.
Ich holte die Cognacflasche aus dem Proviantkorb, den ›Tante Käthe‹ uns dagelassen hatte, und schenkte ihm ein Glas ein.
Als er sich wieder etwas beruhigt hatte, erzählte er weiter: Bis alle Formalitäten erledigt waren und die zu Entlassenden sich am Lagertor aufgestellt hatten, war es 20 Uhr geworden. Sie hatten seit dem Morgen keine Verpflegung mehr erhalten und waren nach vierzehn Stunden Warten unter größter Nervenanspannung alle sehr erschöpft.
»Ein etwa 80jähriger Mann bat den Wachhabenden am Tor um eine Fahrgelegenheit, weil er die acht Kilometer bis zum Bahnhof in Weimar nicht mehr laufen könnte. Der Wachhabende lachte und erklärte, er könnte ihm ein Taxi rufen, aber für das Telefongespräch müßte der Alte bezahlen. Er gab ihm daraufhin drei Mark und bat, daß der Wachhabende doch gleich mehrere Taxis bestellen möge, denn auch die anderen könnten den weiten Weg nicht mehr laufen. Aber der SS-Mann ließ sich von jedem einzelnen Geld geben. Er kassierte fast sechshundert Mark . . .«
Herr Kahn erzählte noch lange. Immer wieder kam er zurück auf die ersten drei Nächte im KZ, als sie, in der halbfertigen Baracke zusammengepfercht, vor den ›Todeskommandos‹ gezittert hatten.
In der Nacht wurde ich einige Male wach von seinem lauten Stöhnen. Einmal schrie er ›Nicht! Nicht schlagen!‹, und erst gegen Morgen wurde es still.
Gegen 9 Uhr – wir waren gerade beim Frühstück – hörten wir ein Auto kommen. Herr Kahn erschrak sehr.
»Ich muß mich verstecken . . .!« flüsterte er mir aufgeregt zu. Dann sahen wir, daß es ›Tante Käthe‹ war.
»Ihr Paß, Herr Kahn! Der Paß ist eben angekommen!« rief sie uns schon von weitem zu, als wir ihr entgegengingen.
Er konnte es gar nicht fassen.
Seine Hände zitterten, als er den dicken Umschlag öffnete. Der Paß enthielt das ersehnte Ausreisevisum. Er mußte aber noch heute Deutschland verlassen.
»Der Zug nach Hamburg mit Anschluß nach Kopenhagen fährt kurz nach 11 Uhr von Bielefeld ab«, sagte ›Tante Käthe‹. »Ich habe mich erkundigt. Ich werde Sie zum Bahnhof fahren.«
Sie schien sehr froh zu sein.

»Bitte nicht!« sagte Herr Kahn. »Und schon gar nicht zum Bahnhof in Bielefeld – das könnte ich, glaube ich, nicht mehr ertragen . . .«
›Tante Käthe‹ war sehr erstaunt. Sie wollte etwas einwenden, unterließ es aber und sagte schließlich, etwas pikiert: »Wie Sie wünschen, Herr Kahn . . .«
»Wir packen rasch unsere Sachen zusammen, Tante Käthe«, sagte ich, »und wir werden dann Herrn Kahn an einem Taxistand absetzen.«
»Ja«, stimmte Herr Kahn zu, »das wäre sehr freundlich. Ich nehme den Zug von Herford.«
Fünf Minuten später hatten wir alles aufgeräumt und unsere wenigen Sachen zusammengepackt. Herr Kahn stand schon in Hut und Mantel an der Tür, sein Köfferchen in der Hand.
»Sehen Sie mal«, sagte er und griff in seine Brusttasche, »wie mein Vaterland dafür sorgt, daß ich mich auch in der Fremde seiner stets erinnere.«
Er zeigte mir den Reisepaß.
Auf der ersten Seite, neben das ›Hoheitszeichen‹ mit dem Hakenkreuz, das anstelle des früheren Reichsadlers dort eingedruckt war, hatte das Paßamt ein großes schwarzes ›J‹ gestempelt.

17. Das Marschieren kann eine Idee sein

»Ich weiß nicht, woher ich den Optimismus genommen habe, daß ich meine Wehrpflicht würde ableisten können, ohne daß der Krieg dazwischenkäme«, sagte ich zu Werner, als wir wieder einmal beisammensaßen. »Zwar war es im Winter 1938/39 außenpolitisch einigermaßen ruhig, aber ich hätte mir eigentlich sagen müssen, daß das die Ruhe vor dem Sturm war ...«

»Es war sicherlich jugendlicher Leichtsinn«, meinte Werner, »du warst doch erst knapp achtzehn Jahre alt. Wenn du damals mich gefragt hättest, dann wäre meine Antwort gewesen: ›Hau ab, so rasch du kannst – der Frieden dauert nicht mehr lange!‹ Ich war zum Arbeitsdienst eingezogen worden, kaum daß ich meine Lehre beendet hatte. Ich kam nach Winzeln, das liegt bei Pirmasens in der Pfalz – wo ich doch gehofft hatte, mal etwas von der Welt zu sehen ...«

»Da hattest du es zumindest nicht weit nach Hause. Bis Ludwigshafen war das doch höchstens eine Stunde Bahnfahrt?«

»Ja«, sagte Werner, »aber wir kamen nicht oft weg. Urlaub über das Wochenende gab es höchstens einmal im Monat. Die Bauarbeiten, zu denen wir dort eingesetzt waren, hatten nämlich die allerhöchste Dringlichkeitsstufe. Da wurde Tag und Nacht und sogar sonntags gebuddelt. Das ›wichtigste Loch‹ im Westwall, wie es ständig hieß, mußte in größter Eile gestopft werden. Allein in unserer Gegend waren mehr als dreißigtausend dienstverpflichtete Arbeiter eingesetzt. Und immerzu wurden wir angetrieben – ›Tempo, Tempo‹, hieß es, ›der Führer kann nicht warten!‹ Deshalb hätte ich dir sagen können, daß es mit dem Frieden nicht mehr lange dauern konnte. Denn wozu wäre es sonst nötig gewesen, die Westgrenze in derartigem Umfang und in solcher Hast zu befestigen?«

Er erzählte mir dann, wie rücksichtslos die Dienstverpflichteten ausgebeutet worden waren. Mit Stundenlöhnen von wenig mehr als 60 Pfennig und erheblichen Abzügen für Gemeinschaftsverpflegung und Sammelunterkünfte hätten die Arbeiter kaum etwas nach Hause schicken können. Die Familien waren meist auf Fürsorgeunterstützung angewiesen.

»Da merkte jeder«, sagte er, »was es heißt, keine Gewerkschaft zu haben.«

»Und die Arbeitsfront? Hat sich die nicht um die Mißstände gekümmert?«

Er lachte.

»Als sich in dem Arbeiterlager in unserer Nähe mal ein paar Leute daran machten, die Kollegen zu organisieren, um wenigstens ein paar Beschwerden über unbezahlte Überstunden und unzureichende Verpflegung gemeinschaftlich vorbringen zu können, da rief der Baustellenleiter die Gestapo an und ließ die ›Rädelsführer‹ verhaften. ›Schweine, Kaschemmenbrüder, Verbrecher und Judenknechte‹ beschimpfte er sie ... Na, und bei uns, beim Reichsarbeitsdienst, da hatten wir ja schon gar keine Möglichkeit, uns zu wehren. Da ging es stramm militärisch zu, und neben der Arbeit hatten wir auch schon eine regelrechte Infanterieausbildung, zunächst ohne, dann mit Waffen: Karabiner 98 k, Handgranaten, Ausbildung am leichten Maschinengewehr ...«

Er erzählte mir dann, wie er es angestellt hatte, daß er als Sohn eines – wie in seinen Personalpapieren vermerkt war – ›wegen staatsfeindlicher Umtriebe bestraften Kommunisten‹ dennoch von seinen Vorgesetzten für einen ›harmlosen Spinner‹ gehalten wurde.

»In der Kunstdruckanstalt, bei der ich gelernt hatte«, sagte er schmunzelnd, »da waren – neben Führerbildern und Kalendern mit germanischen Monatsnamen wie Hartung, Hornung oder Gilbhart – auch allerlei schwülstige Sprüche gedruckt worden, auf Pergamentpapier und in gotischer Fraktur, die sich hundertzehnprozentige Nazis einrahmen ließen und als Wandschmuck verwendeten. Zwei dieser Sprüche, die mir besonders idiotisch erschienen waren, hatte ich mitgenommen und beim Arbeitsdienst in meinen Spind geklebt. Der eine lautete: ›Schritthalten in Reih' und Glied, der Rhythmus der Kolonne, das ist der Takt, der unser ganzes Leben durchklingt. Marschieren, das ist die Idee, die unser ganzes Leben durchzieht. Und wer sich einer Idee verschworen hat, der vermag ohne sie nicht mehr zu leben‹ ...«

»Heinrich Anacker?«

»Nein, Baldur von Schirach – aber es macht kaum einen Unterschied. Der andere Spruch war noch schöner: ›Der Führer ist Deutschlands Retter. Unermüdlich arbeitet er für Volk und Reich. Wir wollen ihm den Teil abnehmen, den wir ihm abnehmen können.‹ Der Oberfeldmeister hat sehr gestaunt, als er bei einer

Spindkontrolle diese Meisterwerke vorfand. Er konnte nichts dagegen sagen. Er sah mich nur etwas zweifelnd an, und seitdem galt ich als stramm nationaler Schwachkopf. Meine Stubenkameraden haben den Trick natürlich durchschaut – die merkten ja, daß ich in Wirklichkeit kein Nazi war.«

»Wie ging es denn deinem Vater um diese Zeit? Hatte er wieder Arbeit am Güterbahnhof, nachdem er aus dem Gefängnis entlassen worden war?«

»Er war erst über ein halbes Jahr arbeitslos, und bei der Güterabfertigung, wo sie ihn gern wieder eingestellt hätten, durfte er als ›Staatsfeind‹ nicht mehr beschäftigt werden. Er versuchte dann, bei einer Maschinenfabrik als Hilfsarbeiter unterzukommen. Da hätte er 28 Mark brutto die Woche verdient, aber die Gestapo hat auch das nicht zugelassen. Schließlich fand er mit Hilfe eines Genossen, der dort als Fahrer des Lieferwagens arbeitete, Anstellung in einem sehr seltsamen Betrieb, in einer Branche, die 1938 einen gewaltigen Aufschwung nahm. Es war eine Bouillonwürfelfabrik . . .«

»In Ludwigshafen?«

»Nein, auf der anderen Rheinseite, in der Nähe von Mannheim. Fett und Fleisch waren ja damals sehr knapp und für die meisten unerschwinglich teuer. Also versuchten allerlei Glücksritter, aus diesem Mangel Profit zu schlagen. Der Chef meines Vaters war ein Zahnarzt, und dessen Schwager war irgendein hoher Funktionär in der NS-Ärzteschaft, der den Bouillonwürfeln hohen Nährwert, Vitaminreichtum und andere hervorragende Eigenschaften bescheinigte. Anfangs waren zwei Mädchen und der Fahrer die ganze Belegschaft der Firma, und die Produktion fand in der Waschküche der Zahnarztvilla statt, bis die Nachbarschaft sich über die ständige Geruchsbelästigung beschwerte. Der Betrieb wurde dann in eine leere Lagerhalle verlegt, und zu dieser Zeit fand mein Vater dort endlich Arbeit.«

Die Bouillonwürfel, erzählte Werner, wurden hauptsächlich aus Salz, etwas Hefe und minderwertigem Rindertalg hergestellt. Sie fanden reißenden Absatz bei Krankenhäusern, Militärküchen, Restaurants und dann auch bei den privaten Haushalten. Der Zahnarzt wurde dabei steinreich und gab seine Praxis auf. Es mußte immer neues Personal eingestellt werden, und bei Kriegsausbruch verfügte die Firma über fünfundzwanzig eigene Lieferwagen. Werners Vater hatte noch zu den ersten fünf Arbeitern gehört, sozusagen zum Stammpersonal. Aber er bekam nie mehr als 41 Pfennig Stundenlohn.

»Davon konnte er sich nicht mal eine Zigarette leisten«, sagte Werner. »Das Geld, das er und meine Mutter, die als Putzfrau arbeitete, zusammen verdienten, reichte kaum für das Allernötigste. Eine Dreier-Packung ›Eckstein‹-Zigaretten kostete zehn Pfennig. Bei etwa 18 Mark netto, die er freitags ausgezahlt bekam, war für Luxus nichts mehr übrig. 18 Mark kostete damals das billigste Paar Schuhe. Butter, das Pfund zu 1,60 RM, konnten sich meine Eltern nicht mal zu Weihnachten leisten, und die Margarine zu 70 Pfennig das Pfund auch nur einmal die Woche. Statt Fleisch gab es sogenannte ›Hermann-Göring-Koteletts‹ – kannst du dich an die erinnern?«

»Bei der Wehrmacht habe ich sie kennengelernt – es gab die unterschiedlichsten Theorien, was ihre Zusammensetzung betraf. Offiziell hießen sie ›Bratlinge‹, und sie waren angeblich aus feinstem Fischmehl. Das hat aber niemand geglaubt, denn sie schmeckten nach gar nichts . . .«

»Der Betrieb, bei dem mein Vater damals beschäftigt war«, sagte Werner, »stellte auch das Pulver für diese Bratlinge her, außerdem Eipulver in Tüten zu zehn Pfennig, die ›garantiert den Nährwert von drei Eiern‹ enthalten sollten. Der Zahnarzt muß damit ein Bombengeschäft gemacht haben, und er wurde auch noch vom Staat gefördert und steuerlich begünstigt, weil seine Ersatznahrungsmittel Devisen sparen halfen. Es wurden ja kaum noch Lebensmittel importiert, nur noch kriegswichtige Rohstoffe – ›Kanonen statt Butter‹ . . . Und was Textilien betraf, war es beinahe noch schlimmer.«

»Das weiß ich nicht mehr so genau. Ich erinnere mich nur, daß alle darüber klagten und daß viele bittere Witze gemacht wurden über diese Anzüge, Marke ›Deutscher Wald‹, die im Frühling auszuschlagen begannen, und im Herbst färbten sie sich . . .«

»Für die Arbeiter und kleinen Angestellten«, sagte Werner, »war das eine schlimme Sache. Bevor die Aufrüstung begann, konnten sie sich einen anständigen Anzug aus reiner Wolle, natürlich ›von der Stange‹, für etwa 35 RM kaufen. 1938 bezahlten sie mindestens 50 RM für einen Anzug, der nur im Schaufenster so aussah, als ob er aus Wollstoff sei. Diese Anzüge knautschten, als ob sie aus Papier wären, und hingen wie Säcke am Körper. Mein Vater hat seinen alten Sonntagsanzug vier Jahre lang getragen. Als er sich dann, buchstäblich vom Munde abgespart, zu Weihnachten 1938 einen neuen Anzug kaufte, hätte er ihn nach kurzer Zeit eigentlich wegwerfen müssen. Nur wer 150 RM und mehr für einen Anzug bezahlen konnte, bekam dafür etwas, das der normalen

Qualität noch einigermaßen entsprach. Und mit allen anderen Textilien war es um keinen Deut besser. Das Zeug wärmte nicht und war im Nu verschlissen.«

Ich mußte an Herrn Desch denken, der sein Stofflager noch rechtzeitig mit feinstem englischem Tuch aufgefüllt hatte. Weihnachten 1938 hatte ich ihn besucht, als ich nach den ersten vier Wochen Militärdienst zum erstenmal auf Urlaub nach Hause gefahren war. Er hatte sich erkundigt, wie es bei der Wehrmacht sei. Ich erzählte ihm, daß es auszuhalten wäre und daß sie mich zu den Funkern eingeteilt hätten. Sobald die Grundausbildung beendet wäre, wahrscheinlich schon in zwei Monaten, könnte ich einen Sonderlehrgang mitmachen, und den Rest der Dienstzeit hoffte ich dann bei einer Funkstelle sehr ruhig zu verbringen. Ende November würde ich die Uniform ausziehen können ... Sein Fischgesicht blieb völlig ausdruckslos.

»Hoffen wir, daß deine Rechnung aufgeht«, sagte er.

Dann, nachdem er mir versichert hatte, daß ich von Glück sagen könnte, zu den Funkern zu kommen – Funken sei mit Abstand das Beste, das man beim Militär lernen könnte, in jeder Beziehung –, riet er mir dringend, mir von ihm eine dunkelblaue Ausgehuniform machen zu lassen, aus feinstem Gabardine, wie nur er ihn noch hätte. Ich könnte, sagte er, später die Kragenspiegel und Paspeln entfernen und die Knöpfe auswechseln lassen und hätte dann einen eleganten Zivilanzug für jede Gelegenheit, der mir noch jahrelang gute Dienste leisten würde. Er war, während er mir den Stoff anpries, zu dem für gute Kunden reservierten, lebhaften Tonfall übergegangen, und ehe ich noch etwas hatte sagen können, war er schon beim Maßnehmen.

»Aber, Herr Desch, das wird doch viel zu teuer«, hatte ich einzuwenden versucht, »das kann ich mir doch gar nicht leisten!«

Er hatte daraufhin etwas von einem ›Freundschaftspreis‹ gemurmelt und daß wir ein ›Arrangement‹ treffen würden, das mir die Abzahlung in bequemen Raten ermöglichte. Dann erkundigte er sich, wie oft ich künftig auf Urlaub käme.

»Während der Grundausbildung in den beiden nächsten Monaten werde ich, wenn alles gutgeht, jedes zweite Wochenende zu Hause sein können. Vielleicht bekomme ich noch ab und zu einen Tag Sonderurlaub. Ich bin nämlich, was ich bisher nicht wußte, ein sehr guter Schütze, und wer donnerstags beim Scheibenschießen mit dem Karabiner unter den drei Besten ist, der braucht, anstatt Sonntag um Mitternacht, erst am Montagabend wieder zurück zu sein. Sobald die Ausbildungszeit vorbei ist und der Funkerdienst beginnt, also ab März nächsten Jahres, werde ich dann jedes Wochenende frei haben . . .«

»Ausgezeichnet«, meinte dazu Herr Desch, nun wieder in seinem üblichen, gelangweilten Tonfall. »Du könntest dann vielleicht Fräulein Bonse Nachhilfestunden geben . . .« Und als er meinen verwunderten Blick sah, fügte er leise hinzu: »Sie hat nämlich Interesse an der Amateurfunkerei . . .«

So kam es, daß ich eine maßgeschneiderte dunkelblaue Luftwaffenausgehuniform aus englischem Gabardine bekam, die ich, später in einen Zivilanzug ›für alle Gelegenheiten‹ umgewandelt, tatsächlich noch bis in die Gründerjahre der Bundesrepublik hinein getragen und mir damit über ein Jahrzehnt lang viele bewundernde oder auch neidvolle Blicke zugezogen habe, bis mir das immer noch gute Stück schließlich zu eng wurde. Auch bekam dann, von Mitte Januar 1939 an, Fräulein Bonse von mir, erst jeden zweiten, später an jedem Sonntag, den von Herrn Desch im Tausch gegen die Maßuniform erbetenen ›Nachhilfeunterricht‹.

Sie lernte sehr rasch das Morsealphabet – von ›Atom‹ (.-), ›Aesop ist tot‹ (.-.-) und ›Bohnensuppe‹ (- . . .) bis ›Zorndorfer Schlacht‹ (- -..) –, erreichte schon bald auf der Übungstaste sehr beachtliche, meine eigenen Fähigkeiten übertreffende Geschwindigkeiten, glänzte in den Fächern ›Sendetechnik‹ und ›Funkverkehr unter besonderen Umständen‹ und wurde von mir mit einem relativ einfachen, ständig zu wechselnden und bei sehr kurzen Texten kaum zu brechenden Code vertraut gemacht, dessen Grundlage Heinrich Heines Gedicht ›Die Wallfahrt nach Kevlaar‹ bildete. Die erste Strophe lautete:

> Am Fenster stand die Mutter
> im Bette lag der Sohn.
> ›Willst du nicht aufstehn, Wilhelm,
> zu schaun die Prozession?‹

Jeweils die erste Zeile der insgesamt zwanzig Strophen war die Chiffriergrundlage für einen Tag, und nach zwanzig Tagen begann es wieder mit der zweiten Zeile der ersten Strophe.

Fräulein Bonse machte auch im Verschlüsseln und Entschlüsseln gute Fortschritte. Als Lehrer konnte ich mit ihr sehr zufrieden sein, nur wunderten sich meine Freunde, warum ich an jedem freien Sonntag zwei kostbare Urlaubsstunden mit dieser kühlen, energischen Mittvierzigerin verbrachte, die wochentags in Rock und Pullover wie eine strenge Gewerbeoberlehrerin wirkte, sonntags wie die Vorsteherin eines frommen Damenstifts. Also erklärte ich meinen neugierigen Freunden, die mich zu necken begannen, daß die sonntägliche Doppelstunde der Pflege der englischen Konversation diene. Ich wollte doch vom Dezember 1939 an in England studieren, wozu mein Freund Kulle skeptisch bemerkte: »Wenn da mal was daraus wird – man riecht doch förmlich schon den Krieg . . .«

Als ich Werner diese Episode erzählte, meinte er: »Ich war auch fest davon überzeugt, daß es im Frühjahr 1939 losgehen würde. Es fing schon an, brenzlig zu werden, als Hitler im Januar von Polen die Abtretung des Korridors, also Posens und Westpreußens, und die Wiedervereinigung Danzigs mit dem Reich forderte.«
Zwei Monate später, im März 1939, hatte sich dann die Slowakei unter stärkstem deutschem Druck von der Prager Regierung losgesagt, am 15. März folgte die ›Erledigung der Rest-Tschechei‹. Sie war gezwungen worden, sich dem ›Schutz des Reiches‹ zu unterwerfen, und eine Woche später, nachdem die Wehrmacht einmarschiert war, hatten die Nazis das ›Protektorat Böhmen und Mähren‹ errichtet und mit Rumänien ein Abkommen geschlossen, das Deutschland alle dortigen Rohstoffvorkommen auslieferte.
»Ich weiß«, gab ich zu, »es sah ein paar Tage lang kritisch aus. Aber Hitlers Rechnung ging ja wieder einmal auf, und die anderen Großmächte begnügten sich mit Protesten. Außerdem hatte Fräulein Bonse eine, wie sie sagte, ›absolut zuverlässige‹ Nachricht aus Rom, wonach Hitler seinem Freund Mussolini die feierliche Zusicherung gegeben hatte, vor 1942 nichts mehr zu unternehmen, was zum Krieg mit Frankreich und England führen könnte . . .«
»Woher hatte sie denn nur solche damals doch bestimmt streng geheimen Informationen?« wollte Werner wissen. »Und warum lernte sie bei dir funken? Hatte sie tatsächlich einen illegalen Sender? Und mit wem stand sie damit in Verbindung?«
»Ich kann nur Vermutungen anstellen, denn wir haben nie darüber gesprochen. Ich wußte, daß sie entschieden gegen die Nazis war, außerdem absolut zuverlässig, sehr mutig und hilfsbereit, wenn es sich darum handelte, Menschen gleich welcher Herkunft und politischen Richtung vor der Gestapo zu retten. Das war mir genug. Ich wollte gar nichts Genaueres wissen. Es war besser für alle, wenn jeder nur das Nötigste erfuhr . . .«
Werner nickte nur.
»Ich vermute«, fuhr ich fort, »daß es bei ihr oder in ihrem engeren Freundeskreis einen kleinen Kurzwellensender und eine Funkverbindung nach Holland gab. So ein Minisender reichte ja für die Entfernung – bis zur Grenze waren es kaum mehr als fünfzig Kilo-

meter Luftlinie, und wenn er nur, sagen wir: einmal wöchentlich, zu wechselnden Zeiten und jeweils nur für eine halbe Minute, vielleicht sogar von unterschiedlichen Standorten aus, in Betrieb genommen wurde, war er von der Funküberwachung überhaupt nicht auszumachen, zumal es bei solchen Kurzwellensendern eine ›tote Zone‹ gibt, wo sie überhaupt nicht zu hören sind ... Ich glaube, daß ihre Gegenstation in Holland lag, denn einmal, gerade in jenen kritischen Märztagen, als die Wehrmacht in Prag einmarschierte, machte sie so eine Andeutung ...«

Es war am Sonntag, dem 13. März 1939. Ich hatte nachmittags Fräulein Bonse besucht und war mit ihr den Code noch einmal durchgegangen, bei dem sich – wegen Heinrich Heines mitunter etwas eigenwilliger Orthographie – Schwierigkeiten ergeben hatten. Es war gegen 17 Uhr, und ich wollte mich gerade verabschieden, als das Telefon klingelte.

Wie ich dann von Fräulein Bonse erfuhr, hatte Frau Ney, meine ›Tante Änne‹, angerufen, weil ›unser Jupp‹ wissen wollte, welche Apotheke an diesem Sonntag dienstbereit sei – es wäre sehr dringend.

›Unser Jupp‹, wir wußten es beide, war ›Tante Ännes‹ Bruder, der der Kommunistischen Partei angehörte und seit 1933 in Basel lebte. Er war, wie Frau Ney das Fräulein Bonse hatte wissen lassen, plötzlich bei ihr aufgetaucht – wie drei Jahre zuvor, während der Rheinland-Besetzung, sein ›Freund‹, ›der Uhrmacher‹. Offenbar hatte er sich entschlossen, schnellstens wieder aus Deutschland zu verschwinden, denn die ›dienstbereite Apotheke‹, nach der ›Tante Änne‹ in seinem Auftrag gefragt hatte, bedeutete, daß er eine Möglichkeit suchte, über die ›grüne Grenze‹ nach Belgien oder Holland zu verschwinden. Fräulein Bonse hatte zurückgefragt, ob Frau Neys Bruder ein Rezept habe, was soviel hieß wie: Ist die Gestapo ihm auf den Fersen?

›Tante Änne‹ hatte dies verneint. Was ›unser Jupp‹ brauchte, wäre rezeptfrei, und sein Hausarzt hätte es ihm empfohlen. Das wiederum bedeutete, daß seine Instruktionen lauteten, sich unter bestimmten Umständen, die offenbar eingetreten waren, sofort wieder aus Deutschland zu entfernen.

»Die Iden des März ...«, hatte Fräulein Bonse dazu bemerkt, und ich war sehr erschrocken.

Die Iden, die Monatsmitte, des März – ich wußte es aus Shakespeares ›Julius Caesar‹, mit dem wir in Obersekunda im Englischunterricht geplagt worden waren – bargen höchste Gefahr. Stand nun doch Krieg bevor?

»Es scheint sehr kritisch zu sein«, meinte dazu Fräulein Bonse sehr ernst, und dann murmelte sie, daß sie sich ›gleich mit Roermond‹ in Verbindung setzen müßte. Sie bat mich dann, in einer Stunde noch mal bei ihr vorbeizukommen und Frau Ney eine Nachricht zu übermitteln.
»Dann brauche ich nicht bei ihr anzurufen – je weniger man telefoniert, desto besser . . .«, meinte sie und lächelte ausnahmsweise, denn diese Grundregel hatte *ich* ihr in bezug auf den heimlichen Funkverkehr beigebracht.
Also verzichtete ich auf den Kinobesuch, den ich mir für den Spätnachmittag vorgenommen hatte. Die Nachricht, die ich ›Tante Änne‹, die im überfüllten Café sehr beschäftigt war, dann zu überbringen hatte, lautete: ›Die Maiwald-Apotheke ist ab 19 Uhr dienstbereit.‹
Sie nickte mir freundlich zu, bediente dabei eine Kundin, nahm von der Serviererin Bons entgegen, führte die Bestellungen aus und sagte beiläufig zu mir: »Schade, daß du unseren Jupp nun nicht kennenlernst . . .«
Dann humpelte sie nach hinten, denn ihr Hüftleiden machte ihr stark zu schaffen. Sie wollte wohl in die Backstube, die zum Hof lag, wo der Lieferwagen stand, wenn er nicht gerade mit Auslieferungen unterwegs war. An der Tür drehte sie sich noch einmal zu mir um und meinte lächelnd: »Das ist so ein netter Kerl – ihr hättet euch gut verstanden. Na – vielleicht das nächste Mal . . .«
Später hatte ich von ihr erfahren, daß ›unser Jupp‹ bereits hinten im Lieferwagen der Konditorei versteckt war, als ich ihr ausgerichtet hatte, wer ihren Bruder über die Grenze bringen sollte und wo der Treffpunkt war: Maiwald hieß eine Gastwirtschaft in Lobberich, nicht weit von der holländischen Grenze südlich von Venlo, und auf die Frage, welche Apotheke in der Nähe am Sonntagabend dienstbereit sei, hatte der Sohn des Wirts die Führung durch den Brachter Wald und ins nächstgelegene niederländische Dorf übernommen.
Als ich an diesem Sonntag kurz vor Mitternacht in meiner Garnison eintraf und, gerade noch vor Zapfenstreich, die Torwache des Kasernenbereichs passierte, sah ich zu meiner Verwunderung, daß alles noch auf den Beinen war.
»Um 0.45 Uhr ist Abmarsch«, wurde ich auf meiner Stube empfangen, »feldmarschmäßig und mit scharfer Munition – zur Mob-Übung! Hat man dich denn nicht benachrichtigt, daß du sofort aus dem Urlaub zurückzukommen hast?«
Ich war gar nicht zu Hause gewesen, und so hatte mich das Tele-

gramm nicht erreicht. Meine Mutter war nach England gefahren, zu meinem Vater. Anstatt in der leeren Wohnung, hatte ich bei Kulle übernachtet.

Jetzt sah ich die ernsten Gesichter meiner Kameraden. Vor allem die Älteren waren sehr bedrückt.

»Mob-Übung«, sagte einer, »das bedeutet Mobilmachung, und das heißt, daß es wahrscheinlich Krieg gibt . . .«

Von Begeisterung konnte wahrlich keine Rede sein.

Wir waren dann in der Nacht in langer Kolonne weit nach Südosten gefahren, in sogenannte ›Mob-Stellungen‹ am Westrand des Thüringer Waldes. Dort hatten wir den ganzen Montag über auf weitere Befehle gewartet, bis es gegen 18 Uhr hieß: ›Zurück in die Garnison – die Übung ist beendet.‹

Es gab ein allgemeines großes Aufatmen, die Spannung löste sich, und in unserem Funkwagen, einem komfortablen ›Horch‹-Achtzylinder-Pkw, hörten wir einige Radiostationen ab und erfuhren nun, was geschehen war:

Seit Montagmorgen, 6 Uhr, waren Einheiten der Wehrmacht in die Tschechoslowakei eingerückt, ohne auf Widerstand zu stoßen. Sie hatten das ganze Land besetzt, und soeben war Hitler in Prag eingetroffen und hatte verkündet: ›Die Tschechoslowakei hat aufgehört zu existieren!‹

Etwas später vernahmen wir aus den Kopfhörern auch seine Stimme. Mit deutlich spürbarem Triumph erklärte er: »Es entspricht daher dem Gebot der Selbsterhaltung, wenn das Deutsche Reich entschlossen ist, zur Wiederherstellung der Grundlagen einer vernünftigen mitteleuropäischen Ordnung entscheidend einzugreifen und die sich daraus ergebenden Anordnungen zu treffen. Denn es hat in seiner tausendjährigen geschichtlichen Entwicklung bereits bewiesen, daß es dank sowohl der Größe als auch der Eigenschaften des deutschen Volkes allein berufen ist, diese Aufgabe zu lösen . . .«

»Jetzt ist er völlig übergeschnappt«, meinte dazu Erwin, mein Funkerkollege, der als Obergefreiter die – nur aus mir und dem Fahrer Barczustowski bestehende – Besatzung des Funkwagens befehligte. »Der Kerl ist größenwahnsinnig wie der Anführer des Pavianrudels bei uns im Zoo . . .«

Erwin kam aus Wuppertal, war gelernter Elektriker und hatte für Hitler nichts übrig. Sein Vater war als Sozialdemokrat 1933 in ›Schutzhaft‹ gewesen, in dem berüchtigten ›Privat-KZ‹ Kemna, wo man ihm alle zehn Finger gebrochen und zerquetscht hatte, so daß er jetzt Invalide war.

Erwin und ich konnten uns ganz ungeniert unterhalten, denn Barczustowski, ein hundertzehnprozentiger Nazi, der seit Beginn der ›Mob-Übung‹ sehr still geworden war, saß am Steuer und konnte uns nicht hören.
Ich dachte an Fräulein Bonse und die Iden des März. War die Kriegsgefahr vorbei? Oder hatte Hitler nun den Weg beschritten, der unweigerlich zum Krieg, zur Niederlage und in den Untergang führte?
Als ich am Dienstagmorgen von der Kantine aus ›Tante Änne‹ anrief und mich erkundigte, ob alles in Ordnung sei und wie es ihrem kranken Bruder gehe, sagte sie: »Unser Jupp ist gesund, da mach dir keine Sorgen. Und die Leute, bei denen deine Eltern zu Besuch sind, die beginnen nun endlich aufzuwachen. Ich werde die heilige Jungfrau Maria bitten, daß nichts passiert, ehe du wieder vom Militär zurück bist . . .«

»Ja«, meinte Werner dazu, »den Engländern und auch den Franzosen ging nach der Zerschlagung der Tschechoslowakei endlich ein Licht auf, daß alle Versprechen und Friedensbeteuerungen Hitlers nichts als Lügen und Täuschungen waren. Viel zu spät haben sie begriffen, daß sie durch ihr Einlenken und Nachgeben diesen Erpresser nur noch gieriger gemacht hatten . . . Wir kleinen Leute – meine Eltern, deren Freunde und Genossen und sogar ich –, wir haben das sehr viel klarer gesehen. Übrigens, ich hätte uns auch solche guten Freunde und zuverlässigen Verbündeten gewünscht, wie ihr sie hattet – Leute wie diesen vornehmen Schneider, das energische Stiftsfräulein mit dem Funkgerät und die fromme Konditorsfrau mit dem Hüftleiden, die sogar Kommunisten über die ›grüne Grenze‹ half . . .«
»Es handelte sich schließlich um ihren Bruder und dessen Freunde«, wandte ich ein, aber Werner sagte: »Wir konnten auch den nächsten Verwandten nicht immer trauen. Es passierte leider immer mal wieder, daß einer sich kaufen ließ und für die Nazis zu spitzeln begann. Ein Paket mit Butter und guter Wurst, Bohnenkaffee und Speck von der NS-Volkswohlfahrt, warme Mäntel für die Kinder von der Winterhilfe und die Aussicht auf eine bessere Arbeit mit ein paar Groschen mehr Lohn – da sind viele weich geworden . . . ›Kohldampf macht schofel‹, sagte mein Vater immer, und gerade im Frühjahr '39 stand es schlimm um die Ernährung bei den Arbeiterfamilien. Die Arbeitszeit in den Betrieben war auf zehn, hier und da sogar auf zwölf Stunden erhöht worden, die Reallöhne sanken, weil alles teurer geworden war, und jeder Ar-

beitsplatzwechsel war genehmigungspflichtig – es war fast schon Sklaverei, was sie mit den Arbeitern trieben – alles im Zeichen der Kriegsrüstung, der ›Wehrhaftmachung‹, wie sie es nannten . . .«

»Und du meinst, daß unter solchen miserablen Arbeits- und Lebensbedingungen die Widerstandskraft und der Zusammenhalt abnahmen?«

»Leider ja. Dazu kam das pausenlose Trommelfeuer der Nazipropaganda, dem viele erlagen. Und dann noch die ewige Angst vor den Spitzeln und der Gestapo. Das hat viele mürbe gemacht. Nur ein breites Bündnis von den christlichen und konservativen Bürgern bis zu den Kommunisten hätte uns widerstandsfähig machen können. Aber das hat es ja nie gegeben – oder nur in Ausnahmefällen, wie bei euch, die ihr vor Spitzeln weitgehend sicher wart . . .«

Ich überlegte.

Vielleicht hatte Werner recht.

Aber waren wir wirklich so sicher vor Spitzeln gewesen? Einmal, so erinnerte ich mich jetzt, hätte ich mich um ein Haar jemandem anvertraut, von dessen Zuverlässigkeit ich überzeugt gewesen war und der sich in Wahrheit längst auf die Seite des Gegners geschlagen hatte.

18. Vorsicht – Feind hört mit!

Kurz nach Pfingsten 1939 reichte ich ein Gesuch um drei Tage Sonderurlaub ein mit der Begründung: ›Goldene Hochzeit der Großeltern, 75. Geburtstag des Großvaters, Hochzeit der Cousine‹.

Angesichts einer solchen Häufung von vorschriftsmäßigen Urlaubsgründen wurde mein Gesuch anstandslos bewilligt. Wesentlich dazu beigetragen hatte Erwin, mein Funkstellenleiter. Mein Antrag war von ihm ›dringend befürwortet‹ worden, und er hatte noch hinzugefügt, daß ich der ›einzig männliche Enkel‹ meiner – in Wahrheit bereits seit vielen Jahren verstorbenen – Großeltern und der ›Trauzeuge‹ meiner – keine Hochzeit planenden – Cousine wäre. Nachdem er noch mit Grünstift am Rand des Gesuchs vermerkt hatte: ›Bescheinigung des Standesamts liegt vor‹, brachte er es selbst zur Schreibstube und schmuggelte es dort in den Korb ›Zur Vorlage beim Kompaniechef‹.

»Man muß es so machen wie unser Führer: Sich nicht mit bloß einer faustdicken Lüge begnügen, sondern auch noch damit auftrumpfen«, hatte Erwin dazu bemerkt. Er war auch nicht neugierig gewesen und hatte mich nicht einmal gefragt, warum ich denn nun wirklich so eilig nach Berlin wollte.

»Amüsiert euch gut und grüß von mir – leider unbekannterweise«, war alles, was er dazu bemerkte, und ich ließ es gern dabei.

Freitag früh wurde ich zur Schreibstube gerufen, um meinen erst tags zuvor beantragten Urlaubsschein in Empfang zu nehmen. Er galt für Sonnabend, Sonntag und Montag. In der Mittagspause meinte Erwin: »Du kannst schon heute fahren, eigentlich erst nach Dienstschluß. Aber für heute nachmittag ist ja eine Funkübung angesetzt. Wir fahren nach Bielefeld, auf den Hünenberg. Barczustowski wird dich schon auf der Hinfahrt dort am Bahnhof absetzen, dann bekommst du noch den D-Zug um 14.50 Uhr. Wir werden auch ohne dich zurechtkommen . . .«

So gewann ich noch einen halben Urlaubstag, und der hundertzehnprozentige Barczustowski trug das Seine dazu bei, weil Erwin ihm erlaubt hatte, anschließend seine Freundin zu besuchen. Erwin würde dann einige Q-Gruppen senden – ›Technische Störung – Breche Funkverkehr ab‹ – und sich irgendwo am Hünenberg einen schattigen Platz zum Schlafen suchen, denn es war ein sehr heißer Junitag.

Als ich dann bereits kurz vor drei Uhr nachmittags in meiner von Herrn Desch angefertigten dunkelblauen Extrauniform – ich hatte mich im Funkwagen umgezogen – im Zug nach Berlin saß, ließ ich mir alles noch einmal durch den Kopf gehen.

Am Mittwochabend hatte ich mit meiner Mutter telefoniert. Sie war vor kurzem aus London zurückgekommen. Noch vor Jahresende, sobald ich vom Militär entlassen war, wollten wir nach England übersiedeln – vorausgesetzt, Hitler machte uns nicht doch noch einen Strich durch die Rechnung. Denn wenn er bis zum Herbst einen Krieg anfing, war an eine Entlassung aus der Wehrmacht nicht mehr zu denken.

Fräulein Bonse rechnete mit einem baldigen Kriegsbeginn. Am vergangenen Sonntag hatte ich mit ihr darüber gesprochen. Ich hatte ihr zu bedenken gegeben, daß die Nazis doch gerade erst die Rest-Tschechoslowakei zerschlagen und daraus das ›Reichsprotektorat Böhmen und Mähren‹ gemacht hätten. Diese Länder, dazu aus dem Vorjahr Österreich und das Sudetenland sowie seit kurzem auch das Memelgebiet – das müßte ihnen doch eigentlich reichen.

Fräulein Bonse war anderer Meinung.

Hitler, sagte sie, sei ein Hasardeur, und wie jeder Glücksspieler wollte er seine bisher so erfolgreiche Strähne unbedingt fortsetzen und wisse nicht, daß er jetzt eigentlich aufhören müßte. Er fiebere geradezu danach, wieder alles auf eine Karte zu setzen.

»Der Westwall ist noch lange nicht fertig«, wandte ich ein. »Ich weiß von Freunden, daß da fieberhaft gearbeitet wird, aber die Befestigungsanlagen werden bestimmt erst nächstes Jahr fertig . . .«

Fräulein Bonse meinte, dieser Umstand sei das einzige, was noch Hoffnung biete. Wenn Hitler aber dennoch in diesem Jahr Krieg führen wolle, müsse er das spätestens im September tun, gleich nach der Ernte, also schon in siebzig, achtzig Tagen. In diesem Fall müßten die Vorbereitungen bereits in vollem Gange sein, und eine bestimmte Anzahl von Leuten in Schlüsselstellungen müßte es dann schon wissen.

»Du fährst doch bald nach Berlin«, meinte sie dann. »Habt ihr in eurem dortigen Bekanntenkreis oder in der Verwandtschaft nicht irgendeinen hohen Ministerialbeamten, Wehrwirtschaftsführer,

General oder meinetwegen auch einen SS-Gruppenführer? Es wäre ungeheuer wichtig, eine wirklich zuverlässige Information zu bekommen, und zwar so bald wie möglich! Es wäre doch auch für deine eigenen Pläne von entscheidender Bedeutung . . . Denk doch mal darüber nach!«
Das hatte ich getan, und es war mir auch etwas eingefallen, das zumindest einen Versuch wert schien.
Aber der eigentliche Grund, weshalb ich so eilig nach Berlin mußte, war ganz anderer Art. Herr Desch hatte mich am letzten Sonntag gebeten, so rasch wie möglich einen Kontakt zur jüdischen Gemeinde in Berlin herzustellen, natürlich ›unter Wahrung strengster Diskretion‹, wie er sich ausdrückte. In Berlin wohnten noch die meisten Juden. Viele waren erst in den letzten Jahren aus den Klein- und Mittelstädten dort hingezogen, weil sie sich in der Großstadt sicherer fühlten. Die ›Freunde‹ des Herrn Desch hatten nun die Absicht, einer größeren Anzahl davon, etwa zweihundertzwanzig bis -dreißig Personen, die Einreise in die USA noch im Laufe dieses Sommers zu ermöglichen – mit einem niederländischen Schiff, das Anfang August von Rotterdam nach New York fahren sollte. Sie wünschten, daß der Vorstand der Berliner Gemeinde die Auswahl derer träfe, die für diese Rettungsaktion in Frage kämen.
»Die Leute müssen von Berlin ins Rheinland und über die grüne Grenze gebracht werden«, hatte Herr Desch mir erklärt, aber das Wichtigste war zunächst, einen zuverlässigen Mittelsmann zu finden, der dem Gemeindevorstand die Nachricht überbringen könnte und dem dieser auch Glauben schenken würde. Er kannte den Plan selbst erst seit wenigen Tagen, und seine bisherigen Versuche, einen solchen Mittelsmann zu finden, waren fehlgeschlagen.
»Ich habe mit deiner Mutter gesprochen«, sagte er dann. »Sie erzählte mir, daß dein Vater einen Jugendfreund in Berlin hat, den du auch gut kennst – einen Herrn Dr. Elkan . . .«
»Klar, ›Onkel Erich‹, er war Rechtsanwalt und Notar. Er wohnt in der Lietzenburger Straße. Was ist mit ihm?«
»Nach meinen Informationen«, sagte Herr Desch, und es klang noch gelangweilter als sonst, »ist dieser Herr als Syndikus im Vorstand der jüdischen Gemeinde . . .«
»Tatsächlich? Das wundert mich sehr. Ich bin nämlich mit seinem Sohn zusammen auf der Volksschule gewesen, und der war vom Religionsunterricht befreit, weil er und seine Eltern keiner Kirche angehörten. Er lebte damals bei seiner Mutter in der Prinzregen-

tenstraße, gleich neben der Synagoge. Die Eltern waren geschieden. Ich erinnere mich, daß ich damals sehr gern mal an einem jüdischen Gottesdienst teilgenommen hätte – nur aus Neugier –, und daß ich ihn fragte, ob er mit mir hingehen würde am Freitagabend. Aber er wollte nicht und sagte: ›Meine Eltern sind ausgetreten!‹ Er und seine Mutter leben jetzt in Schweden. Sie sind schon 1933 ausgewandert, als ›Onkel Erich‹ seine Praxis aufgeben mußte . . .«
»Vielleicht«, meinte dazu Herr Desch, »ist Dr. Elkan der Gemeinde dann wieder beigetreten, als die Verfolgung begann. Auf jeden Fall scheint er mir der richtige Mann zu sein, und da ihr euch gut kennt, wird es hoffentlich keine Probleme geben. Die Sache eilt sehr . . .«
Er hatte mir dann noch ausführliche Instruktionen gegeben, die ich mir genau gemerkt hatte, denn Notizen machte ich mir vorsichtshalber nicht.
Auf der Rückfahrt in meine Garnison an diesem Sonntagabend war mir eingefallen, daß ich möglicherweise noch einen besseren Kontakt zur jüdischen Gemeinde von Berlin finden könnte. Ein Freund von mir, Heinz Elsässer, war vor ein paar Tagen bei meiner Mutter gewesen. Er hatte seine Rückfahrt nach Berlin in Düsseldorf unterbrochen, um mich wiederzusehen, und es sehr bedauert, mich nicht anzutreffen. Wir waren zusammen aufgewachsen. Seine Eltern hatten damals ganz in unserer Nähe in einer bescheidenen Hinterhauswohnung gelebt. Wir waren gemeinsam im Kindergarten gewesen, hatten auf der Straße und im Stadtpark zusammen gespielt und waren eine Zeitlang auf dieselbe Schule gegangen. Etwas später, kurz vor unserem Wegzug von Berlin, hatten wir uns bei den ›Roten Falken‹ wiedergetroffen, aber seit ich im Rheinland wohnte, waren wir uns nicht mehr begegnet.
Der Vater von Heinz war damals Kantor an der Neuen Synagoge in der Oranienburger Straße, in der nördlichen Innenstadt. Seine Mutter, eine große, stattliche Frau, stammte aus Bad Tölz und sprach noch immer bayerischen Dialekt. Sie war, wie ich mich erinnerte, weil dergleichen sehr selten vorkam, ihrem Mann zuliebe vom katholischen zum jüdischen Glauben übergetreten, so daß Heinz nach den ›Nürnberger Gesetzen‹ der Nazis nun als ›Volljude‹ galt.
Heinz Elsässer hatte bei meiner Mutter seine neue Anschrift hinterlassen, so daß ich ihn diesmal besuchen konnte. Er wohnte bei seinen Eltern, die in den Osten der Stadt umgezogen waren, irgendwo zwischen Jannowitzbrücke und Schlesischem Bahnhof. Wenn Heinz' Vater noch Kantor war, dachte ich, müßte über ihn

der gewünschte Kontakt leicht herzustellen sein, und ich nahm mir vor, gleich nach der Ankunft als erstes die Elsässers aufzusuchen.
So stieg ich, als ich gegen acht Uhr abends in Berlin ankam, zwar am Bahnhof Zoo aus und rief zunächst Tante Elsbeth an, um ihr meinen Besuch anzukündigen und ihr zu sagen, daß ich erst gegen elf Uhr käme, aber dann fuhr ich gleich mit der S-Bahn weiter zum Schlesischen Bahnhof.
Tante Elsbeth hatte sich über mein Kommen sehr erfreut gezeigt und gesagt, es würde ihr nichts ausmachen, auf mich zu warten. Das täte sie ohnehin, denn Onkel Karl sei zu einem Kursus für Luftschutzwarte, und meine Cousine Gudrun käme heute auch erst spät nach Hause. Sie sagte auch gleich, wie ich es erwartet hatte, daß sie genug zu essen für mich hätte und daß sie das Gästezimmer gleich herrichten würde.
Am Schlesischen Bahnhof erging es mir wie jedem Berliner, der weit im Westen der Stadt aufgewachsen war: Ich kannte mich überhaupt nicht aus und kam mir vor wie in einer anderen, fremden Großstadt. Es war eine trübselige Gegend. Die Menschen sahen abgearbeitet, blaß und gehetzt aus. Viele Frauen schienen jetzt erst von der Arbeit zu kommen.
Ich fragte mich durch zu der Straße, in der die Elsässers jetzt wohnten, und fand das Haus. Es war eine riesige Mietskaserne. Vor dem großen dunklen Durchgang zu den Hinterhöfen saß ein älterer Mann in Pantoffeln auf einem Küchenstuhl. Trotz der Wärme trug er eine Strickjacke und daran ein Parteiabzeichen.
»Wo wollnse denn hin?« fragte er, als ich an ihm vorbeiging, denn die Elsässers wohnten im 2. Hinterhaus.
Ich legte den Finger an die Lippen, kniff ein Auge zu und sagte im Weitergehen: »Der Kavalier genießt und schweigt . . .«, wobei ich dachte, daß es unter den sicherlich mehr als achtzig Mietsparteien doch einige weibliche Wesen geben müßte, denen er meinen Besuch zutraute.
Draußen war es noch heller Tag. Im Treppenhaus des Seitenflügels im zweiten Hinterof mußte ich die trübe Beleuchtung einschalten, um mich zurechtzufinden. Im zweiten Stock fand ich unter einem Klingelknopf das Namensschild. Frau Elsässer öffnete vorsichtig die Tür. Sie erschrak, als sie meine Uniform sah.
»Erkennen Sie mich nicht, Frau Elsässer?«
Ich nannte meinen Namen.
»Jessas!« rief sie, und dann versicherte sie mir, daß sie und erst recht ihr ›Bua‹, der Heinz, sich ›narrisch‹ freuen würden, mich wiederzusehen. Nur war der Heinz leider nicht zu Hause. Auch

ihr Mann, der Kantor, war noch nicht von der Synagoge zurück, müßte aber bald kommen, weil ja der Sabbat gleich beginne.
Ich hatte nicht daran gedacht, daß es Freitagabend war. Sie bat mich einzutreten und zum Essen zu bleiben, aber ich sagte, meine Tante erwarte mich. Dann schrieb ich ihr deren Telefonnummer auf und fragte: »Ob mich der Heinz wohl morgen früh anrufen kann?«
Sie zögerte.
»Ich weiß nicht, ob er heute nach Hause kommt«, sagte sie schließlich. Es schien ihr nicht angenehm zu sein, mich dies wissen zu lassen.
»Macht nichts«, sagte ich, »er soll mich anrufen, sobald er kann. Ich würde ihn gern morgen irgendwo treffen ...«
Es fiel mir ein, daß es gar nicht so leicht sein würde, einen Treffpunkt zu bestimmen, der sowohl Heinz, dem nunmehrigen ›Volljuden‹, als auch mir, dem Soldaten in Uniform, ohne weiteres zugänglich war.
»... vielleicht im Hauptpostamt in der Spandauer Straße«, fuhr ich fort, und Frau Elsässer sah mich verwundert an, so daß ich schnell hinzusetzte: »Wir können das ja noch ausmachen – Hauptsache, er ruft mich bald an!«
»Ich werde es ihm ausrichten, sobald ich ihn sehe«, sagte Frau Elsässer. Sie schien sehr besorgt. »Es ist doch nichts ... nichts Unangenehmes?«
»Keineswegs«, beruhigte ich sie und verabschiedete mich.
»Pfüa'di«, sagte Frau Elsässer und versuchte zu lächeln, »und gut' Schabbes.«
Anstatt zurück zum Schlesischen Bahnhof ging ich nun in entgegengesetzter Richtung und war froh, als ich nach ein paar Minuten den S-Bahnhof Jannowitzbrücke sah.
Auf der eisernen Treppe zum Bahnsteig stieß ich mit jemandem zusammen, der mir eilig entgegenkam.
Es war eine junge Frau.
»Hoppla«, sagte sie und wollte weiter. Dann stutzte sie.
»Nanu – kennen wir uns nicht? Sie sind doch ... Natürlich bist du's! Menschenskind, ist das aber 'ne Überraschung ...!«
Es war tatsächlich Ulla.
Ich hatte sie jahrelang nicht gesehen. Sie war unsere Führerin bei den ›Roten Falken‹ gewesen, und ich hatte sie damals besonders gern gemocht.
Wir umarmten uns. Rechts und links an uns vorbei drängelten die Leute, die zum Bahnsteig wollten.

»Habta keen Zimma?« fragte einer.
Ich schlug Ulla vor, mit mir zum Alexanderplatz zu fahren und dort in irgendein Lokal zu gehen.
»Gern«, sagte sie, »aber ich muß erst mal rasch nach Hause – so wie ich aussehe . . . Sagen wir, in einer Stunde?«
Sie nannte mir ein Lokal, wo ich sie erwarten sollte.

Sie kam mit kleiner Verspätung, hatte sich zurechtgemacht und ein hübsches Sommerkleid angezogen, aber man merkte ihr dennoch an, wie müde und abgespannt sie war.
»Wir müssen furchtbar ran im Betrieb«, erzählte sie mir, »zehn bis zehneinhalb Stunden täglich, und morgen früh um fünf muß ich aus den Federn – ich kann nicht lange bleiben.«
»Wo arbeitest du denn?«
»Bei der AEG, in der G-Abteilung. G bedeutet ›geheim‹. Wir werden so angetrieben, daß man meinen könnte, schon nächste Woche gibt's Krieg . . . Mein Bruder arbeitet in Wittenau, ganz im Norden. Da ist ein Zweigbetrieb von den ›Dürener Metallwerken‹, wo nur Flugzeugteile hergestellt werden. Da ist es noch schlimmer als bei uns. Zwölf Stunden täglich arbeiten die neuerdings, und sie werden noch dauernd angetrieben – und das für 35 Mark in der Woche, wovon 17 gleich abgezogen werden für Beiträge, Essen und Spenden . . . Ich hab' 24 Mark brutto die Woche, das sind 15 Mark netto. Kein Mensch kann davon leben. Wenn wir den Garten nicht hätten . . .«
»Ich komm' dich am Sonntag besuchen«, sagte ich. »Wenn du Zeit und Lust hast, gehen wir zusammen aus. Ich muß dir noch soviel erzählen, und wer weiß, wann wir uns das nächste Mal sehen – noch vor Weihnachten, sobald meine Dienstzeit beendet ist, will ich hier weg, nach England . . .«
»Wenn daraus mal was wird«, meinte Ulla. »Mein Bruder hat den Abteilungsleiter sagen hören, spätestens am 1. September fängt der Krieg an. Vielleicht geht's ja doch noch einmal gut – ich wünsch' es dir. Hier ist es wirklich nicht zum Aushalten – vor allem, daß man immerfort bespitzelt wird, macht einen ganz krank . . .«
Die letzten Worte sprach sie etwas lauter, und ein Mann am Nebentisch, der sich weit zu uns herübergebeugt und offensichtlich versucht hatte, das Gespräch zu belauschen, wandte sich rasch ab.
»Komm«, sagte sie, »wir gehen . . .«, und fügte leise hinzu: »Sei nicht so unvorsichtig!«
Ich brachte sie zur S-Bahn. Unterwegs fragte sie: »Was hast du eigentlich bei uns in der Gegend zu tun gehabt?«

»Ich wollte Heinz besuchen, Heinz Elsässer, aber er war nicht zu Hause. Vielleicht treffe ich ihn morgen – du erinnerst dich doch noch an ihn. Er war in unserer Gruppe – was hast du?«
Sie war stehengeblieben und schaute mich an.
»Wann hast du Heinz zum letzten Mal gesehen?« erkundigte sie sich, und ich erzählte ihr, daß ich jahrelang keinen Kontakt mehr zu ihm gehabt hätte.
»Aber vor etwa zehn Tagen tauchte er plötzlich bei meiner Mutter in Düsseldorf auf und fragte nach mir. Er hinterließ mir seine neue Adresse, und da ich hier etwas zu erledigen habe, wobei er mir sehr behilflich sein könnte . . .«
»Vergiß es«, sagte Ulla. Sie war ganz verändert. Sie schien zu überlegen, ob sie mir etwas sagen sollte oder nicht. Wir waren schon an der Sperre, als sie sich endlich dazu entschlossen hatte, mir reinen Wein einzuschenken: »Hör zu, ich kann es nicht beweisen, aber ich bin ganz sicher, daß der Heinz ein Gestapo-Spitzel ist«, flüsterte sie so leise, daß ich sie gerade noch verstehen konnte. »Er war voriges Jahr nach der ›Kristallnacht‹ sechs Wochen im KZ, und seit er wieder frei ist, passieren die merkwürdigsten Sachen. Überall schnüffelt er herum, und mehrmals flog dann hinterher etwas auf. Jemand hat mich vor ihm gewarnt, gerade noch rechtzeitig, denn zwei Tage später traf ich ihn, ganz zufällig, wie es schien. Er stellte dann so allerhand Fragen – nach meinem Bruder, ob der noch mit seinen alten Freunden Kontakt habe und so weiter. Wahrscheinlich wollte er herausbekommen, ob mein Bruder Max noch mit den Genossen in Verbindung steht. Ich habe den Heinz ganz schön abblitzen lassen. ›Max ist geheilt‹, sagte ich. ›Der ist jetzt in der SA. Ich würde mich an deiner Stelle nicht bei ihm sehen lassen . . .‹ Da ist er wieder abgezogen. Also, nimm dich ja vor ihm in acht!«
»Darauf kannst du Gift nehmen! Ein Glück, daß ich dich getroffen habe . . .«
Wir trafen noch rasch eine Verabredung für Sonntagnachmittag. Dann fuhr ich in entgegengesetzter Richtung mit der S-Bahn nach Charlottenburg. Es war genau elf Uhr, als ich bei Tante Elsbeth eintraf.

Sie nahm mich mit großer Herzlichkeit in Empfang, bewunderte die Extrauniform, meinte dann, es sei doch ein Glück, daß wir jetzt, dank dem Führer, eine starke Luftwaffe hätten, sonst wären die Polen womöglich schon in Berlin eingefallen. Dann brachte sie mir eine Platte mit kaltem Braten, eine Schüssel mit Kartoffelsalat, fragte mich, ob ich ein Bier dazu haben wollte, und erzählte mir dann von ihrer kaum noch zu bewältigenden Arbeit in der NS-Frauenschaft, beim Winterhilfswerk und bei der NS-Volkswohlfahrt.

»Es gibt leider immer noch soviel Not«, sagte sie, »obwohl doch der Führer schon wahre Wunder vollbracht hat durch die Beseitigung der furchtbaren Arbeitslosigkeit . . .«

Dann kam Onkel Karl nach Hause, ganz erschöpft von der Hitze des Tages und dem anstrengenden Luftschutzkursus. Er trank noch ein Glas Bier mit mir und sagte dann: »Der Gauobmann hat erklärt, wir stehen jetzt unmittelbar vor der großen Bewährungsprobe – was kann er damit gemeint haben? Hoffentlich nicht, daß es bald Krieg gibt . . .«

»Hoffentlich nicht«, pflichtete ich ihm bei.

Er ging dann schon zu Bett, sehr bedrückt und nachdenklich, wie mir schien, und gar nicht, wie sonst, zu allerlei Späßen aufgelegt. Tante Elsbeth wartete, bis er gegangen war. Dann sagte sie leise zu mir: »Er macht sich solche Sorgen, vor allem, seit er weiß, daß ich die Schiffskarten zurückgegeben habe . . .«

Sie sah meinen erstaunten Blick.

»Wir haben doch im September Silberhochzeit«, erklärte sie mir, »und da hatte ich mir ausgedacht, Onkel Karl eine besondere Freude mit einer Schiffsreise zu machen. Ich habe uns eine Kabine auf der ›Wilhelm Gustloff‹ reserviert – die macht im September eine Kreuzfahrt nach Madeira . . . Es soll ein herrliches Schiff sein – naja, sonst wäre es ja auch nicht nach einem so großen Mann, einem Märtyrer der Bewegung, benannt worden!«

Gustloff, offiziell der Leiter der ›Ortsgruppe Schweiz‹ der NSDAP, in Wahrheit für den dortigen Spitzelapparat und die antisemitische Hetze durch bezahlte Journalisten zuständig, war Anfang 1936 von einem jüdischen Studenten, David Frankfurter, erschossen worden. Außer meiner Tante Elsbeth gab es wohl niemanden, der den Ermordeten für einen ›großen Mann‹ gehalten hatte. Aber darum ging es ja nicht, sondern um die zurückgegebenen Schiffskarten. Sie waren bestimmt sehr schwer zu bekommen gewesen, denn die Leute rissen sich darum, an einer solchen ›Kraft durch Freude‹-Kreuzfahrt teilnehmen zu können. Um so erstaunlicher war es, daß Tante Elsbeth die schon sicheren Plätze freiwillig aufgegeben hatte.

Ich fragte sie danach, und nach kurzem Zögern gab sie mir flüsternd zur Antwort: »Also, dir kann ich es ja sagen, aber du darfst kein Sterbenswörtchen darüber zu irgend jemandem sagen, denn man weiß ja nie, wo eine solche Information landet – der Feind

hört ja überall mit! Gudrun hat es mir unter dem Siegel der Verschwiegenheit vor acht Tagen mitgeteilt: Die ›Gustloff‹ kann im September gar nicht mehr nach Madeira fahren, weil sie anderweitig gebraucht wird – als Truppentransporter . . .«
»Nanu – meinst du damit, daß es vor September Krieg gibt?!«
»Pst, nicht so laut! Gudrun *weiß* es – der SS-Gruppenführer, für den sie bei ihrer Firma arbeitet und mit dem sie sich wohl demnächst verloben wird, hat es . . .«
Sie brach ab und schaute ängstlich zur Tür.
»Gudrun kommt – kein Wort mehr darüber!«
Durchs offene Fenster hörte man eine Autotür klappen. Eine männliche Stimme und die Worte ›Also, dann Heil Hitler, meine Süße!‹ waren vernehmbar. Dann jagte das Auto davon, und eine Minute später erschien meine Cousine Gudrun mit strahlendem Gesicht und glänzenden Augen: »Stell dir vor, Mutti, wir haben uns verlobt!« rief sie. »Und am Sonntag kommt Horst-Eberhard gegen elf, um mit euch darüber zu sprechen – ist das nicht wahnsinnig schön?!«
Dann sah sie mich, und wir begrüßten uns herzlich.
»Ich gratuliere dir«, sagte ich, »und jetzt laß ich euch allein, denn du hast deiner Mutter sicherlich viel zu erzählen. Also, gute Nacht!«

Am nächsten Morgen nach dem Frühstück rief ich ›Onkel Erich‹ an. Er freute sich, daß ich ihn besuchen wollte, erkundigte sich, wie es meinen Eltern gehe, und fragte dann, ob es etwas Besonderes gebe.
»Ja«, sagte ich. »Deshalb habe ich mir Sonderurlaub verschafft und bin hergefahren. Ich habe etwas Wichtiges mit dir zu besprechen – sofern du wirklich Syndikus bei der Stelle bist, die ich meine . . .«
Es entstand eine Pause, und ich stellte mir sein erstauntes Gesicht vor. Sicherlich dachte er jetzt angestrengt nach und zwirbelte seinen Schnurrbart.
»Ja, das bin ich«, bestätigte er dann in deutlich verändertem Ton.
Er zögerte noch, wie ich merkte, mehr zu sagen.
Dann schien ihm eine Idee gekommen zu sein.
»Hör zu«, sagte er, »wir treffen uns besser irgendwo in der Stadt . . . Ich hatte vergessen, daß heute Sonnabend ist. Da kommt Frau Malzan nicht, die mir den Haushalt macht, und es ist dann nicht sehr gemütlich bei mir . . . Erinnerst du dich an das Lokal, wo wir uns das letzte Mal nachmittags getroffen haben?«

»Ja«, antwortete ich, etwas zögernd, weil ich mich nicht mehr genau erinnerte. Die Begegnung hatte vor einigen Jahren stattgefunden.
»Also, sagen wir, um 16 Uhr heute nachmittag treffen wir uns dort zum Tee. Paßt dir das? Fein – und, sag mal, stehst du noch im Dienst des Vaterlands?«
Jetzt war alles klar, und ich sagte sehr erleichtert: »Ja, natürlich. Ich bin in Uniform, und ich freue mich schon auf den schönen Ausblick – so etwas gibt es ja nur einmal in Berlin, nicht wahr?«

Der Treffpunkt, den er mit mir ausgemacht und dessen Namen er wohl absichtlich nicht genannt hatte, weil er es für möglich hielt, daß unser Telefongespräch abgehört wurde, konnte nur das große Café ›Vaterland‹ sein, und dort natürlich der Teesalon, der am Sonnabendnachmittag sicherlich überfüllt war.
Das ›Haus Vaterland‹, in dem sich dieses vor allem bei Besuchern aus der Provinz sehr beliebte Café befand, lag direkt am Potsdamer Platz, dem verkehrsreichsten Punkt Berlins, auf den fünf der belebtesten Hauptstraßen mündeten. In der Mitte des Platzes stand ein Verkehrsturm, wie es ihn nirgendwo sonst gab, und von dessen gläserner Kanzel aus regelte ein Polizist mit Hilfe von Ampeln und Zeigern den von allen Seiten über den Platz flutenden Strom von Autos, Lastwagen, Omnibussen, Straßenbahnen und Fußgängern.
Warum wohl, ging es mir durch den Kopf, als ich kurz vor 16 Uhr am Potsdamer Platz aus der U-Bahn stieg, hat sich ›Onkel Erich‹ für unser Rendezvous ausgerechnet diese belebteste Gegend Berlins und das populärste Konzertcafé der Stadt ausgesucht?
Als ich mich durch das Gewühl bis zur Rolltreppe durchgekämpft hatte und eingekeilt zwischen Männern mit Aktentaschen, Hausfrauen mit großen Einkaufstaschen und Büroboten mit Stapeln von Kartons nach oben fuhr, wurde es mir klar: Man fällt nirgendwo weniger auf als in einer großen und geschäftigen Menschenmenge . . .
Punkt vier Uhr betrat ich den Teesalon. Er war so überfüllt, wie ich es vermutet hatte. Dann sah ich ›Onkel Erich‹, allein an einem Fenstertisch sitzend. Er stand auf und nickte mir freundlich zu, als er mich am Eingang stehen sah.
Ich ging zu ihm. Eine Kellnerin kam mir, in beiden Händen Tabletts haltend, entgegen und lächelte mir zu.
»Der Herr Major erwartet Sie schon«, sagte sie im Vorübergehen. Zum Glück bemerkte sie nicht mehr meine Verblüffung. Er hatte

tatsächlich etwas Militärisches an sich, ohne daß ich genau hätte sagen können, woran das lag. Vielleicht an den kurzgeschnittenen grauen Haaren, die sein breites Gesicht noch eckiger erscheinen ließen, an dem gestutzten Schnurrbart, der früher länger gewesen war, an seiner betont geraden Haltung oder an dem Schnitt seines hellgrauen Anzugs? Ich begrüßte ihn jedenfalls zunächst stramm militärisch. Dann nahm ich rasch die Mütze ab, klemmte sie unter den linken Arm, entledigte mich des rechten Handschuhs und ergriff mit einer korrekten Verbeugung die Hand, die er mir entgegenstreckte.

Er faßte meine Schultern, umarmte mich kurz und flüsterte mir dabei ins Ohr: »Wundere dich bitte nicht über das Theater . . .«

Danach trat er einen halben Schritt zurück, musterte mich und meine maßgeschneiderte Ausgehuniform vom Sitz des Scheitels bis zu den spiegelblank geputzten schwarzen Halbschuhen, nickte sehr befriedigt und bat mich, Platz zu nehmen.

Ich überließ meine weiße Mütze und die ebenfalls weißen Glacéhandschuhe der freundlichen Kellnerin, die gekommen war, meine Bestellung aufzunehmen.

»Haben hier ausjezeichneten Kuchen«, teilte mir ›Onkel Erich‹ mit. »Empfehle dir besonders das Spritzjebäck!«

Er sprach ziemlich laut und in jenem näselnden und saloppen Ton, der in den Kasinos feudaler Regimenter üblich war. Dann begann die Musik zu spielen.

›Blutrote Rosen‹ hieß das erste Stück, das zweite war ›Schöner Gigolo, armer Gigolo‹ und das dritte, allermodernste ›Du hast Glück bei den Frau'n, Bel Ami‹, und währenddessen besprachen wir alles, was zu besprechen war.

Ich sagte ihm, es ginge um die mögliche Rettung von mehr als zweihundert Menschen innerhalb der nächsten Wochen, erklärte ihm, daß der Vorstand der Berliner Gemeinde nur die Auswahl zu treffen und für den Transport ins Rheinland zu sorgen hätte – alles andere besorgten die ›Freunde‹.

Er hörte sehr aufmerksam zu, und nur in den kurzen Pausen zwischen den Musikstücken machte er einige an den Nebentischen deutlich vernehmbare Bemerkungen wie ›Zijarette jefällig?‹, ›Bin heute morjen im Tierjarten mit einem Rrrementskammraden jeritten – hält einen in Form . . .‹ oder ›Müssen uns unbedingt neue Revue im Admiralspalast anseh'n – einfach kolossal!‹

Ich erfuhr von ihm, daß der Vorstand der Berliner jüdischen Gemeinde, dem er sich als inoffizieller Berater und Kontaktmann ›in diffizilen Angelegenheiten‹ zur Verfügung gestellt habe, von der geplanten Rettungsaktion der Quäker in großen Zügen unterrichtet sei und auch schon die ›Auswanderer‹ bestimmt habe: etwa hundertachzig Jungen und Mädchen zwischen sechzehn und einundzwanzig Jahren, die nach Amerika wollten und in einem Lehrlingsheim Sprach- und Handwerkskurse absolviert hätten, sechzig Kinder aus einem in der ›Kristallnacht‹ zerstörten Waisenhaus mit ihren Betreuern sowie einige besonders bedrohte Personen. Man habe schon sehnsüchtig auf das avisierte Auftauchen einer Kontaktperson gewartet, um die genauen Einzelheiten zu erfahren.

»Du bist also bei mir genau an der richtigen Adresse«, sagte er leise, »und was den Transport der Leute ins Rheinland betrifft, so ist auch schon alles gut vorbereitet . . .«

In der letzten Juli-Dekade sollte ein großer Möbelwagen mit Anhänger in vier bis fünf Nachtfahrten die Auswanderer zu den von Herrn Desch angegebenen Zielorten im Raum Erkelenz-Kempen-Krefeld bringen. Es müsse nur noch verabredet werden, bei wem und wie man sich von Berlin aus vor der Abfahrt jedes Transports erkundigen könne, ob alles in Ordnung sei.

»Das macht eine Dame«, sagte ich, »vielleicht notierst du dir mal die Telefonnummer . . .«

»Bel Ami, Bel Ami, Bel Ami . . .!« endete gerade die Musik, und in den fünf Minuten, in denen sich der Pianist, der Akkordeonspieler und die Herren an den Streichinstrumenten und am Schlagzeug ihren Erfrischungen zuwandten, war ›Onkel Erich‹ schweigsam und schien angestrengt nachzudenken.

»Haben Herr Major vielleicht einen besonderen Wunsch?«, erkundigte sich der Geiger, der an unseren Tisch gekommen war. ›Onkel Erich‹, in Gedanken sicherlich mit ganz anderem beschäftigt, nickte ihm freundlich zu.

»Vielleicht 'was von Lincke, was? Wäre kolossal nett!« erklärte er und strich sich seinen Schnurrbart.

»Eines Tages werde ich vielleicht auch mal deine und deiner Freunde Hilfe benötigen«, sagte er leise, als die Musik wieder eingesetzt hatte. »Ich bin dabei, mir eine zweite Identität aufzubauen – Major a. D. Erich v. Elken . . . Ich habe noch eine zweite Wohnung, in einer kleinen Pension am Botanischen Garten – für alle Fälle . . . Ich verfüge zum Glück noch über etwas Geld – und ganz gute Nerven. Jedenfalls habe ich nicht die Absicht, mich von diesen Halunken wie Ungeziefer behandeln zu lassen . . . Man kommt sich zwar dabei wie ein Hochstapler vor, aber es handelt sich schließlich um Notwehr!«

Ich dachte daran, wieviel Überwindung ihn diese Rolle gekostet haben müßte, den angesehenen Anwalt, an dessen Praxis am Pariser Platz, gegenüber dem Brandenburger Tor, ein Emailschild mit einem grimmigen Adler und der Aufschrift ›Preußisches Notariat‹ geprangt hatte.

›Donnerwetter, Donnerwetter, wir sind Kerle ...‹, spielte die Kapelle gerade, und ich sagte: »In ein paar Wochen werden wir Krieg haben, Onkel Erich – spätestens Anfang September ... Sollte man nicht – solltest du nicht besser hier verschwinden, solange noch die Möglichkeit dazu besteht?«

Er sah mich an.

»Wahrscheinlich hast du recht – aber, wer so erzogen ist wie wir, der bleibt, solange er noch dringend gebraucht wird ...«

Ich wußte nicht, wen er mit ›wir‹ meinte – vielleicht seine Generation oder die alteingesessenen jüdischen Bürgerfamilien Berlins, aber heimlich wünschte ich mir, daß dieses ›wir‹ auch mich einbezog.

›... also wirklich, Donnerwetter, tadellos‹, endete die Musik, und ›Onkel Erich‹ und ich klatschten, wie wir es der Kapelle schuldig waren.

Am Abend telefonierte ich mit Herrn Desch, wie ich es vorher mit ihm verabredet hatte.

»Wie steht's mit der Ware?« erkundigte er sich.

»Sie bekommen Ihre Stoffe – sogar ein bißchen mehr. Das Kontingent ist erhöht worden, alles bestens ausgesuchte Ware. Auch der Versand geht in Ordnung ...«

»Na, ausgezeichnet. Ich warte nämlich schon darauf. Ich brauche die Sendung ganz dringend. Die Kundschaft bedrängt mich nämlich jetzt. Der eine will noch vor dem Manöverball alles fertig haben, der andere braucht seine Bestellung unbedingt noch in diesem Monat, weil dann in der Gegend die Feste beginnen. Wird sich das machen lassen – vielleicht schon nächste Woche?«

Es war mir klar, daß sich die Lage verändert haben mußte. Offenbar standen im Grenzgebiet Manöver und der Beginn von Befestigungsarbeiten bevor.

»Ich werde mich sofort darum kümmern, und ich denke, es wird sich machen lassen. Bis morgen abend – ich fahre besser schon früher zurück und komme dann gleich zu Ihnen ...«

Zum Glück erreichte ich ›Onkel Erich‹, als ich in seiner alten Wohnung in der Lietzenburger Straße anrief. Er war sofort damit einverstanden, den Transport schon am kommenden Montag beginnen zu lassen.

»Je eher, desto besser«, sagte er, »wir sind froh, wenn wir unser Lager räumen können ...«

Am nächsten Morgen, gleich nach dem Frühstück, fuhr ich mit der S-Bahn zur Jannowitzbrücke, um mich von Ulla zu verabschieden, denn ich wollte gleich nach dem Mittagessen wieder abreisen und den Rest meines Sonderurlaubs in Düsseldorf verbringen.
Sie war sehr überrascht, mich so früh zu sehen. Ich blieb nur ein paar Minuten, denn ich sah, daß ich sie bei der Arbeit störte. Sie hatte gerade einen Kessel voll Wäsche zum Kochen aufgesetzt und vor sich auf dem Küchentisch einen Berg von Sachen zum Stopfen und Flicken.
»Sonntag ist die einzige Gelegenheit«, sagte sie entschuldigend.
Ich erklärte ihr, daß ich früher abreisen müßte und mich nur von ihr verabschieden wollte.
»Hat alles geklappt?« erkundigte sie sich.
»Ja, und zum Glück ohne die Hilfe von Heinz ...«
»Hat er sich bei dir schon gemeldet? Nein? Solltest du ihn noch treffen, dann sei ja vorsichtig! Er ist im Grunde kein schlechter Kerl«, fügte sie nachdenklich hinzu. »Aber sie haben ihn fertiggemacht und ihm angedroht, ihn noch mal in die Mangel zu nehmen, wenn er nicht ständig Informationen liefert ...«
»Bist du sicher?«
Sie antwortete nicht, aber ich sah ihr an, daß sie es wußte. Als sie mich zur Tür brachte, sagte sie noch: »Paß auf dich auf – es kommen bald noch gefährlichere Zeiten. Und wenn du mal in Berlin bist, dann laß dich bei uns sehen.«
Gegen zwölf Uhr war ich wieder bei Tante Elsbeth und Onkel Karl. Ihr zukünftiger Schwiegersohn, der SS-Gruppenführer, hatte sie gerade erst verlassen, und sie waren noch ganz benommen von der großen Ehre, die ihnen zuteil geworden war. Tante Elsbeth hatte gehofft, er würde zum Mittagessen bleiben. Sie war schon seit dem frühen Morgen mit den Vorbereitungen dafür beschäftigt gewesen. Aber zu ihrem großen Kummer hatte sich der Gruppenführer mit dringenden Dienstgeschäften entschuldigt und war mit Gudrun, obwohl es doch Sonntag war, gleich wieder zurück in die ›Firma‹ gefahren. Sie beschrieb mir den wunderbaren schwarzen ›Horch‹, der vor der Tür auf ihn gewartet hatte, mit uniformiertem Fahrer *und* einer Ordonnanz ...!
Ich zeigte mich gebührend beeindruckt und fragte dann, ob jemand für mich angerufen habe.
»Ach ja«, sagte Tante Elsbeth, »beinahe hätte ich das vergessen:

Ein Freund von dir – Heinz, sagte er nur – wollte dich sprechen. Ich habe ihm erklärt, daß du schon früher abreisen mußt. Er wollte wissen, mit welchem Zug – vielleicht kommt er zum Bahnhof . . .«
Ich ging dann ein paar Minuten früher als nötig zum Bahnhof Zoo, nahm den Eingang zur Gepäckabfertigung und beobachtete aus einiger Entfernung den Aufgang zur Fernbahn. Heinz stand neben der Sperre und hielt nach mir Ausschau. Ich konnte niemanden entdecken, der so aussah, als würde er ihn überwachen. Also ging ich auf ihn zu, und wir begrüßten uns. Er sah blaß aus und schien sehr nervös.
Er begleitete mich auf den Bahnsteig, wo der Zug gerade einlief, und noch auf der Treppe stellte er die erste Frage: »Hast du jemanden von unseren alten Freunden getroffen? Einen aus der Gruppe?«
»Ich habe Verwandte besucht – meine Cousine hat sich verlobt.«
»Hast du niemanden sonst gesehen? Meine Mutter sprach davon, daß du etwas sehr Wichtiges mit meinem Vater besprechen wolltest . . . Um was geht es denn?«
Ich hatte ein leeres Abteil gefunden, er stieg mit ein und sagte: »Ich fahr' bis Charlottenburg mit. Dann können wir uns noch ein bißchen unterhalten . . .«
»Warum spitzelst du, Heinz?« fragte ich und sah ihm dabei ins Gesicht.
Er riß die Augen auf und wurde noch blasser.
»Wie kommst du denn *dar*auf? Wer hat dir . . .«, begann er sehr aufgeregt, doch dann gab er auf. Er schluchzte und hielt sich an mir fest. »Ihr habt doch alle keine Ahnung«, sagte er mit fast tonloser Stimme. »Ihr wißt doch nicht, was sie mit mir gemacht haben und womit sie mir drohen . . .«
Sein Gesicht war von Tränen überströmt. Er machte keine Anstalten sie abzuwischen.
»Warum haust du nicht ab, Heinz?«
»Dann . . . dann . . .«, begann er, und ich sah die Verzweiflung in seinen Augen, »dann nehmen sie sich meine Mutter vor . . .«
Ich wußte, wie sehr er an ihr hing, und hatte plötzlich großes Mitleid mit ihm.
Der Zug fuhr an. In wenigen Minuten würde er am Bahnhof Charlottenburg halten, und bis dahin mußte ich ihn dazu gebracht haben, meinen Vorschlag anzunehmen, nicht nur seinetwegen, sondern auch wegen der vielen anderen Leute, die er ins Unglück bringen würde.

»Wann mußt du dich wieder bei ihnen melden?«
Er schnaubte sich gerade die Nase und warf mir einen ängstlichen Blick zu.
»Nächsten Sonnabend. Es ist immer der Sonnabend . . . – warum fragst du? Was hast du vor?«
»Du fährst mit mir mit – zu mir nach Hause, und keine Widerrede! Ich verspreche dir, daß deine Eltern im Laufe der Woche nachkommen, und noch vor nächsten Sonnabend seid ihr über die Grenze und in Sicherheit. Es ist eine einmalige Chance!«
»Du bist verrückt! Ich kann doch nicht . . . Ich habe nicht mal das Geld für die Fahrkarte . . .!«
Er redete noch viel, aber in seinen verheulten Augen glimmte so etwas wie Hoffnung auf.
»Du nimmst meine Militärfahrkarte – viele fahren in Zivil auf Sonntagsurlaub. Ich werde mit dem Schaffner schon zurechtkommen . . .«
Der Zug hielt in Charlottenburg. In den drei Minuten bis zur Weiterfahrt hatte ich ihn so weit, daß er einwilligte.
An einer großen Reklametafel auf dem Bahnsteig, direkt vor unserem Abteilfenster, hing ein großes, noch feuchtes Plakat: ›Vorsicht bei Gesprächen! Feind hört mit!‹ Das dazugehörige Bild zeigte Zivilisten und Soldaten an einem Wirtshaustisch, dahinter die große schwarze Silhouette eines Lauschers.
»Hast du keine Angst, daß ich . . ., daß ich dich . . .?« begann Heinz.
»Nein, jetzt nicht mehr.«
Dann wurde die Abteiltür aufgerissen und eine Mutter mit zwei kleinen Mädchen und ein Luftwaffengefreiter nahmen bei uns Platz. Der Gefreite öffnete sofort das Fenster und beugte sich hinaus.
Der Zug setzte sich in Bewegung.
Der Gefreite brüllte: »Halt! Noch nicht abfahren! Karl! Egon! Wo bleibt ihr denn?!«
Wir verließen bereits die Bahnhofshalle, und der Zug fuhr schneller. Der Gefreite schloß das Fenster und setzte sich neben mich.
»Verdammt!«, sagte er. »Jetzt sind die beiden Kumpel nicht mehr mitgekommen, und ich habe ihre Fahrscheine . . .«
»Laß man gut sein«, beruhigte ich ihn, »das kriegen wir alles hin. Ich zum Beispiel habe meinen Fahrschein liegenlassen . . .«

19. Der Anfang vom Ende

»Es wird höchste Zeit, daß der Führer durchgreift«, sagte ›Onkel Franz‹, »das Martyrium der Deutschen in Polen kann nicht länger hingenommen werden . . .«

Ich war bei ihm und ›Tante Käthe‹ zum Abendbrot. In ihrem Hotel, dem ›ersten Haus am Platz‹, waren in dieser vorletzten Augustwoche überhaupt keine Gäste mehr. Auch das Restaurant war gähnend leer. Teils hielten sich die Leute bei der herrschenden Hitze lieber irgendwo im Freien auf, teils hockten sie zu Hause am Radioapparat und warteten auf neue Nachrichten. Die Propaganda der Nazis gegen Polen war zur unverhüllten Hetze übergegangen. Die Verhandlungen zwischen London, Paris und Moskau über eine gemeinsame Garantie für das bedrohte Polen hatten sich festgefahren. Es hieß, Hitler habe den Tag X für den Angriff vorverlegt, jeden Augenblick könnte es losgehen. Die Zeitungen hatten Schlagzeilen wie: ›Warschau droht mit Beschießung Danzigs – Unglaubliche Ausgeburt polnischen Größenwahns!‹

›Drei deutsche Passagierflugzeuge von Polen beschossen. Deutsche Familien flüchten vor polnischen Unmenschen. Im Korridor viele deutsche Bauernhäuser in Flammen!‹

»Ich begreife nur nicht«, sagte ›Onkel Franz‹, »daß sich der Führer mit den Bolschewisten eingelassen hat!«

Zwei Tage zuvor, am 23. August, war überraschend der Abschluß eines deutsch-sowjetischen Nichtangriffs- und Freundschaftspakts bekanntgegeben worden. Die Nachricht hatte wie eine Bombe eingeschlagen! Weder die Nazis noch ihre heimlichen Gegner konnten sich erklären, wie dieser Pakt zustande gekommen war und was dahintersteckte – ausgenommen die Tatsache, daß Hitler nun freie Hand gegenüber Polen hatte. Aber wog das die Gefahren eines Bündnisses mit der Führungsmacht des Kommunismus auf? Das konservative Lager, aber auch viele ›Alte Kämpfer‹, wurden von Zweifeln geplagt.

»Das *kann* nicht gutgehen«, meinte auch ›Onkel Franz‹.

Ich wurde einer Stellungnahme enthoben, weil endlich der erwar-

tete Anruf kam, dessentwegen ich mich von ›Tante Käthe‹ zum Abendbrot hatte einladen lassen.
Es war Herr Desch.
»Die Ware ist eingetroffen«, ließ er mich als erstes wissen, »und deinem Freund Heinz und seinen Eltern geht es gut . . .«
Sie waren also alle bereits in New York! In meine große Erleichterung, daß die gesamte Rettungsaktion geglückt war, mischte sich leiser Neid.
»Wie steht's mit dem Sonntagsurlaub?« erkundigte sich Herr Desch, gelangweilt wie immer.
»Den wird es wohl nicht geben, denn wir sitzen hier, sozusagen, auf gepackten Koffern, schon reisefertig . . .«
»Ach ja? Vielleicht ändert sich das. Ich hörte eben die Nachrichten . . .«
Als ich vom Telefon zurück an den Tisch kam, erfuhr ich, was Herr Desch gemeint hatte: Der Rundfunk hatte soeben gemeldet, daß Großbritannien mit Polen einen Beistandspakt geschlossen habe!
»Das hat uns gerade noch gefehlt«, rief ›Onkel Franz‹ empört, »jetzt sind unsere englischen Freunde offen ins Lager des Gegners übergegangen, und wir sind mit den russischen Bolschewisten verbündet!«
Abends in der Kaserne erzählte mir Erwin, daß die ›Mob-Übung‹ verschoben worden sei. Eigentlich hätten wir in der kommenden Nacht abrücken sollen.
»Der Adolf hat kalte Füße bekommen«, meinte Erwin, aber der Schock, den die englische Garantie für Polen bei Hitler bewirkt und ihn zur Rücknahme des schon erteilten Angriffsbefehls bewogen hatte, hielt nicht lange an.
Am nächsten Vormittag, Samstag, dem 26. August 1939, saßen wir zu dritt im Funkwagen, Erwin, der hundertzehnprozentige Barczustowski und ich, und hörten die Rundfunknachrichten aller erreichbaren Stationen ab. Es hieß, die Briten, aber auch Mussolini und sogar der Papst, bemühten sich, doch noch eine friedliche Lösung des Konflikts mit Polen herbeizuführen.
»Hoffentlich gelingt es ihnen«, sagte Barczustowski, sehr kleinlaut.
Aber schon gegen Abend, als deutlich zu werden begann, daß alle europäischen Mächte, das faschistische Italien und das nun mit Polen verbündete England eingeschlossen, im Grunde nur bemüht waren, sich aus dem drohenden Krieg herauszuhalten, wurde uns klar, daß Hitler nun losschlagen würde.

Um 23 Uhr – wir waren gerade zu Bett gegangen – heulten die Sirenen. Kurz vor Mitternacht rückte die Abteilung ›feldmarschmäßig‹ aus.
»Jetzt kriegen die Polacken ihr Fett«, freute sich Barczustowski. »Nächste Woche sind wir in Warschau, und dann geht's weiter gen Osten! Das deutsche Volk braucht Lebensraum ...«
Erwin brüllte ihn an: »Halten Sie die Schnauze! Sie kommen vor ein Kriegsgericht, Barczustowski, wenn Sie die geheimen Pläne der obersten Führung preisgeben!«
Dann riß er den Umschlag auf, der unseren Marschbefehl enthielt, las ihn und grinste.
»Mal herhören, Leute!«
Barczustowski und ich, seine Funkwagenbesatzung, und der Kradmelder Pliechelko, der uns ›mob-mäßig‹ zugeteilt war, stürzten herbei.
»Unsere Funkstelle rückt in eine vorgeschobene Stellung vor, die wir morgen früh, 3.30 Uhr, erreicht haben müssen. Es herrscht bis auf weiteres absolute Funkstille. Die Scheinwerfer sind mit Verdunkelungskappen zu versehen. Pliechelko fährt dem Funkwagen fünfhundert Meter voraus und sichert gefährliche Kreuzungen. Marschtempo: 50 km/h. Sonst noch Fragen?«
»Wo geht's denn hin?« erkundigte sich Pliechelko.
»Richtig«, sagte Erwin, »Das hätte ich fast vergessen! Wir fahren zunächst bis Paderborn, und dann folgen wir der Reichsstraße I in westlicher Richtung bis ...«
»In *westlicher* ...?«
»Unterbrechen Sie mich nicht, Barczustowski! ... in westlicher Richtung bis Ratingen. Dort biegen wir wiederum nach Westen ab. Unsere Mob-Stellung befindet sich in Kaiserswerth, direkt am Rhein, acht Kilometer nördlich von Düsseldorf. Und da wird dann der Polacke sein Fett kriegen, nicht wahr, Barczustowski?«

Vom Sonntag, dem 27., bis zum Donnerstag, dem 31. August 1939, verbrachte unser Funktrupp eine äußerlich sehr ruhige, aber von ungeheurer Spannung beherrschte Woche in einem Gasthaus am Rhein, wo wir einquartiert worden waren.
Da Funkstille angeordnet war, hatten wir nichts zu tun. Wir hörten von früh bis spät die Rundfunkmeldungen ab, und Pliechelko fuhr ab und zu mit seinem Motorrad zum Stabsquartier, das in der Nähe untergebracht war, oder in die Stadt, wegen dieser oder jener dienstlichen Besorgung, etwa eines bestimmten Rasierwassers für den Kompaniechef oder von Wäscheklammern für die Feldküche.

Natürlich begleitete ich Pliechelko als Beifahrer, der ihn – wie Erwin sagte – ›einweisen‹ sollte, da ich mich in Düsseldorf ja auskannte. So sah ich sie alle noch, trotz Urlaubs- und Ausgangssperre, ehe es dann losging – meine Mutter, ›Tante Änne‹, Fräulein Bonse und Herrn Desch. Alle waren sie sicher, daß diesmal der große Krieg bevorstand.

»Wir müssen es durchstehen«, meinte ›Tante Änne‹, »aber ohne Krieg werden wir diese Pest nicht mehr los . . .«

Herr Desch sagte, die meisten Leute klammerten sich noch an die Hoffnung, daß die Krise in letzter Minute durch Verhandlungen und Zugeständnisse beigelegt werden könnte. Vor allem die Hitler-Anhänger glaubten fest daran, daß es dem ›Führer‹ wieder gelingen würde, London und Paris zu beschwichtigen.

»Das wäre katastrophal«, meinte Herr Desch, »denn sollten sie diesmal wieder nachgeben, dann sind sie selbst als nächste an der Reihe, und dann könnte es sein, daß sie den Krieg verlieren . . .«

»Werden sie ihn denn gewinnen, wenn sie jetzt losschlagen? Sind Sie sicher, daß Hitler unterliegen wird?«

»Ganz sicher«, sagte Herr Desch. »Hoffen wir nur, daß es nicht allzu lange dauert, und daß wir alle diesen Wahnsinn nicht gar so teuer bezahlen müssen.«

Am nächsten Morgen, Freitag, dem 1. September, hörten wir, daß die Entscheidung gefallen war: ». . . Ich habe mich daher nun entschlossen, mit Polen in der gleichen Sprache zu reden, die Polen seit Monaten uns gegenüber anwendet . . . Meine Friedensliebe und meine endlose Langmut soll man nicht mit Schwäche oder gar Feigheit verwechseln . . . Seit heute früh, 5.45 Uhr, wird jetzt zurückgeschossen, und von jetzt ab wird Bombe mit Bombe vergolten!«

Es war eine Aneinanderreihung von Lügen, eine dreister als die andere. Alle, die ihn hörten, wußten es.

Ich fuhr mit Pliechelko in die Stadt. Nirgendwo sah man größere Menschenansammlungen, es gab keine Spur von Jubel oder gar jener wilden Begeisterung, wie sie – die Älteren hatten uns davon erzählt – bei Kriegsausbruch im August 1914 überall in Deutschland geherrscht hatte.

Hier und da standen kleine Gruppen an den Zeitungsständen. Sie redeten dort sehr leise miteinander, wirkten bedrückt und eher ängstlich. Keiner winkte uns zu oder schmückte uns gar mit Blumen, wie es 1914 die Soldaten erlebt hatten.

»Sie glauben alle noch nicht so recht daran«, meinte Pliechelko,

der selten etwas sagte. »Sie haben wohl gedacht, irgendwie würde es auch diesmal noch gutgehen.«
Dann machte er kehrt und fuhr zurück nach Kaiserswerth.
»Wie sieht es in der Stadt aus?« erkundigte sich Erwin. »Hier im Ort sind die Leute wie betäubt. Aber das wird nicht lange anhalten. Sie werden bald merken, was sie sich da haben einbrocken lassen.«

BERNT ENGELMANN

Bis alles in Scherben fällt

Wie wir die Nazizeit erlebten, Band 2
1939–1945
272 Seiten, stb 97, DM 16,80

*

Zwischen Blitzkrieg und totaler Niederlage. Deutschland hat Europa mit Krieg überzogen und fast über den ganzen Kontinent seine Terrorherrschaft errichtet. Täglich sterben tausende Soldaten an allen Fronten, Nacht für Nacht zerbomben alliierte Flugzeuge Deutschlands Städte. Am Boden geht es zuletzt nur noch ums Überleben.
Auch im zweiten Band seiner Trilogie zeigt Bernt Engelmann die großen Widersprüche dieser Zeit: Er berichtet vom rauschhaften Leben seiner Cousine, die mit einem an der Judentötung beteiligten SS-General verheiratet war – und beschreibt die immer gefährlicheren Aktionen eines Widerstandskreises, dem er bis zu seiner Verhaftung selbst angehörte.